Avenue de Champagne

EPERNAY

Photographies de Michel Jolyot
Préface de Pierre Arditi

Du même auteur : Michel Jolyot
Éditions Atelier Michel Jolyot

Caves de Champagne ▪ 2014
(Nouvelle Version)

Traces de la guerre
14-18 dans la Marne ▪ 2013

Cathédrale Notre-Dame
de Reims ▪ 2013

La Champagne vue du ciel ▪ 2011

Aÿ, Champagne !!! ▪ 2011

Hautvillers,
berceau du Champagne ▪ 2011

Les Riceys en Champagne ▪ 2010

La Champagne à Verzenay ▪ 2009

Noirs et Blancs
en Champagne ▪ 2007

Caves de Champagne ▪ 2005

Bouzy ▪ 2006

La Petite Montagne
de Reims ▪ 2006

Epernay ▪ 2005

Reims ▪ 2004

Terres de Champagne ▪ 2003

Saisons en Champagne
▪ 2003 et 2007

Horizons de Champagne ▪ 2000

www.jolyot.com
www.lachampagnevueduciel.com

Atelier Michel Jolyot   28, rue François Dor   Tél. 03 26 47 44 12
jolyot@jolyot.com   51100 Reims, France   Fax. 03 26 47 39 88

TOUS DROITS RÉSERVÉS,
REPRODUCTION TOTALE OU PARTIELLE INTERDITE
©ATELIER MICHEL JOLYOT - 2014
ISBN N° 978-2-9537745-6-6

Dans les années soixante, j'accompagnais régulièrement mon père à la bibliothèque d'Epernay, dans le majestueux Château Perrier. Mes premiers pas dans l'avenue de Champagne restent très présents dans ma mémoire.
Depuis plus de trente ans, j'ai eu la chance de photographier la vie des maisons de Champagne qui la bordent, les événements qu'elle accueille, et je l'arpente inlassablement pour mon plaisir de collectionneur d'images.

Michel Jolyot

As a child in the 1960s I would often accompany my father on his visits to the library in Epernay, in the majestic Château Perrier. Those were my first forays into the world of Champagne and they will remain forever fresh in my memory.
For more than 30 years now, it has been my pleasure and privilege to photograph the Champagne Houses and events that make up that world – a world that will always hold endless fascination for me as an image collector.

Michel Jolyot

Après plus de deux ans de travaux, l'avenue de Champagne offre, depuis 2009, un nouveau visage aux Sparnaciens et aux touristes. Véritable « avenue-parc », elle a retrouvé ses pavés, bordés d'un parquet de pierres, et laisse surtout la place belle aux promeneurs, invités à découvrir tout le charme de cette avenue si singulière.

Car l'avenue porte en elle toute l'âme de ces femmes et ces hommes qui ont fait d'Epernay la Capitale du Champagne. Son histoire est riche de plusieurs siècles de labeur, au fond de 110 kilomètres de caves, qui renferment aujourd'hui 200 millions de bouteilles.

L'avenue de Champagne... Rien que son nom fait rêver. Chaque année, elle attire des centaines de milliers de touristes, émerveillés devant toutes ces marques prestigieuses qui s'égrènent le long de l'avenue. Il suffit de voir leur regard pétiller pour comprendre que le lieu est unique, d'autant que le patrimoine de l'avenue est tout aussi remarquable. Les demeures, les grilles, les jardins, et les caves bien sûr, ajoutent encore au plaisir des yeux. Effervescente par essence, l'avenue de Champagne est également redevenue, depuis quelques années, un lieu de fête. Elle accueille régulièrement de grands événements tout aussi prestigieux que populaires, illuminée par des feux d'artifice ou habillée de lumière, en fonction des saisons.

Vivante, vibrante, exceptionnelle, l'avenue de Champagne est aujourd'hui, tout naturellement, l'un des sites témoins de la candidature « Coteaux, Maisons et Caves de Champagne » au Patrimoine mondial de l'Unesco. Pour que le Champagne, roi des vins, et la Champagne s'inscrivent à jamais dans la mémoire de l'Humanité.

Franck Leroy
Maire d'Epernay

After more than two years of works, the Avenue de Champagne has offered, since 2009, a new face to Epernay inhabitants and tourists alike. As a real « park-avenue », it has found back its paving stones, lined with a stone floor, and opens the way to walkers, invited to discover the full charm of this so peculiar avenue.

Indeed, this avenue holds in it all the soul of these women and men who turned Epernay into the Capital of Champagne. Its history is rich with several centuries of labour, at the bottom of 110 kilometres of cellars, containing 200 million bottles today.

The Avenue de Champagne... Its name alone makes us dream. Each year, it attracts hundreds of thousands of tourists, dazzled in front of all the prestigious brands running along the avenue. You just have to see their glance sparkle to understand this place is unique, all the more since the heritage of the avenue is quite remarkable too. The mansions, the gates, the gardens, and the cellars, of course, add to the pleasure of the eyes.

Effervescent by essence, the Avenue de Champagne has also become, for a few years, a place of celebrations. It regularly welcomes great events which are both prestigious and popular, illuminated by fireworks of dressed in light, according to the seasons.

Lively, vibrant, outstanding, the Avenue de Champagne is today, naturally, one of the test sites for the application « Slops, Houses and Cellars of Champagne » to Unesco's World Heritage. Thereby, Champagne, the king of wines, and the Champagne area, shall be listed forever in the memory of Humanity.

Franck Leroy
Mayor of Epernay

Lors du tournage d'un épisode de la série « Le sang de la vigne », j'avais été frappé par la beauté de la géographie champenoise, qu'elle soit en surface, ou encore souterraine. Ces fameuses crayères que j'avais arpentées et qui semblaient ramener au « Mystère de la grande Pyramide », ou bien encore ces vignes alignées comme une armée verte et qui, montant ainsi jusqu'au ciel, semblaient vous inviter à boire une coupe avec Dieu : tout cela m'avait ébloui.

Une autre géographie, architecturale celle-là, m'avait à la fois intrigué et fasciné. A Epernay, existe un lieu qui est, à lui tout seul, une partie importante de l'histoire de la région, de l'histoire tout court : l'avenue de Champagne, que je surnommerai volontiers « Les Champs-Elysées de la Bulle ». Cette avenue dit l'histoire du Champagne et de la Champagne.

On y découvre des salons, des jardins, des caves parfois secrètes, on y croise, si on est très attentif, les fantômes de ceux qui bâtirent cette avenue, mais on croise aussi ce que la vie, la nôtre, celle d'aujourd'hui, apporte à ce lieu et à ceux qui ont la curiosité d'aborder ses rives.

Un émerveillement comme celui qu'on peut lire dans les yeux des enfants à Noël. On deviendrait presque « Tintin reporter » devant « Le Temple du Soleil ».

« *Quand le passé n'éclaire plus le présent, l'humanité marche dans les Ténèbres* », disait Toqueville.

L'avenue de Champagne est éclairée par une lumière qui est celle de la vie, passée, présente et à venir... Une lumière qui ne s'éteint jamais.

Pierre Arditi

During the shooting of an episode of the French series « Le sang de la vigne » - (the blood of the vine), I was struck by the beauty of the Champagne area geography, whether in surface, or even underground.

These famous Crayères - chalk pits - I had been striding in and which seemed to bring back to the « Mystery of the great Pyramid », or even these vines aligned like a green army and which, climbing up to the sky, seemed to invite you to drink a glass with God: all this had dazzled me.

Another kind of geography, architectural this one, had both intrigued and fascinated me.

In Epernay, there is a place which, on its own, is an important part of the history of the region, of history alone: the Avenue de Champagne, that I will gladly call «The Champs-Elysées of the Bubble». This avenue tells the story of the Champagne wine and the Champagne area.

There you can discover lounges, gardens, cellars, which are sometimes secret, if you are observant, you can even meet the ghosts of those who built this avenue, but you can also meet what life, our life, today's life, brings to this place and to those who were curious enough to approach its shores. The kind of wonder you can read in children's eyes at Christmas time. You could nearly become « Tintin reporter » in front of « Prisoners of the Sun ».

« When the past no longer illuminates the future, the spirit walks in darkness », Tocqueville said.

The Avenue de Champagne is illuminated by a light which is that of life, the past life, the present life and the life to come ... A light that shall never be quenched.

Pierre Arditi, French actor

L'Avenue de Champagne, son histoire

■ Premier plan

C'est au XVIe siècle que l'avenue se voit appeler « rue de la Folie ». Par décision du 10 frimaire an II, elle change de nom, comme d'autres rues à la Révolution et devient, déjà, rue du Commerce. Mais cette appellation ne perdure pas car elle se nomme de nouveau « rue de la Folie » sur le cadastre napoléonien de 1831. Elle prendra définitivement le nom de « rue du Commerce » entre 1831 et 1837, date où, pour la première fois, ce nom est de nouveau mentionné dans les délibérations du Conseil municipal.
Enfin, par délibération du 27 février 1925, elle devient « avenue de Champagne ».

- Cadastre napoléonien, section D, 2e feuille (1831), Archives municipales d'Epernay, série G non coté.
- Extrait du registre des délibérations du Conseil municipal d'Epernay (septembre 1924 - mars 1926), Archives municipales d'Epernay, 1 D 59.

In the 16th century, the avenue was called « Rue de la Folie ».
Upon decision on 10th Frimaire year II, its name changed, as did other street names during the French Revolution and became, already, Street of Commerce. But this name was not to last long since it was named again « Rue de la Folie » in the Napoleon land registry from 1831. It shall take definitely the name of « Rue du Commerce » between 1831 and 1837, date on which, for the first time, this name is mentioned again in the deliberations of the City Council.
Eventually, upon deliberation on 27th February 1925, it became « avenue de Champagne ».

- *Napoleonic land registry, section D, 2nd paper (1831), Municipal Archives of Epernay, series G not rated.*
- *Extract from registry of deliberations of the City Council of Epernay (September 1924-March 1926), Municipal Archives of Epernay, 1 D 59.*

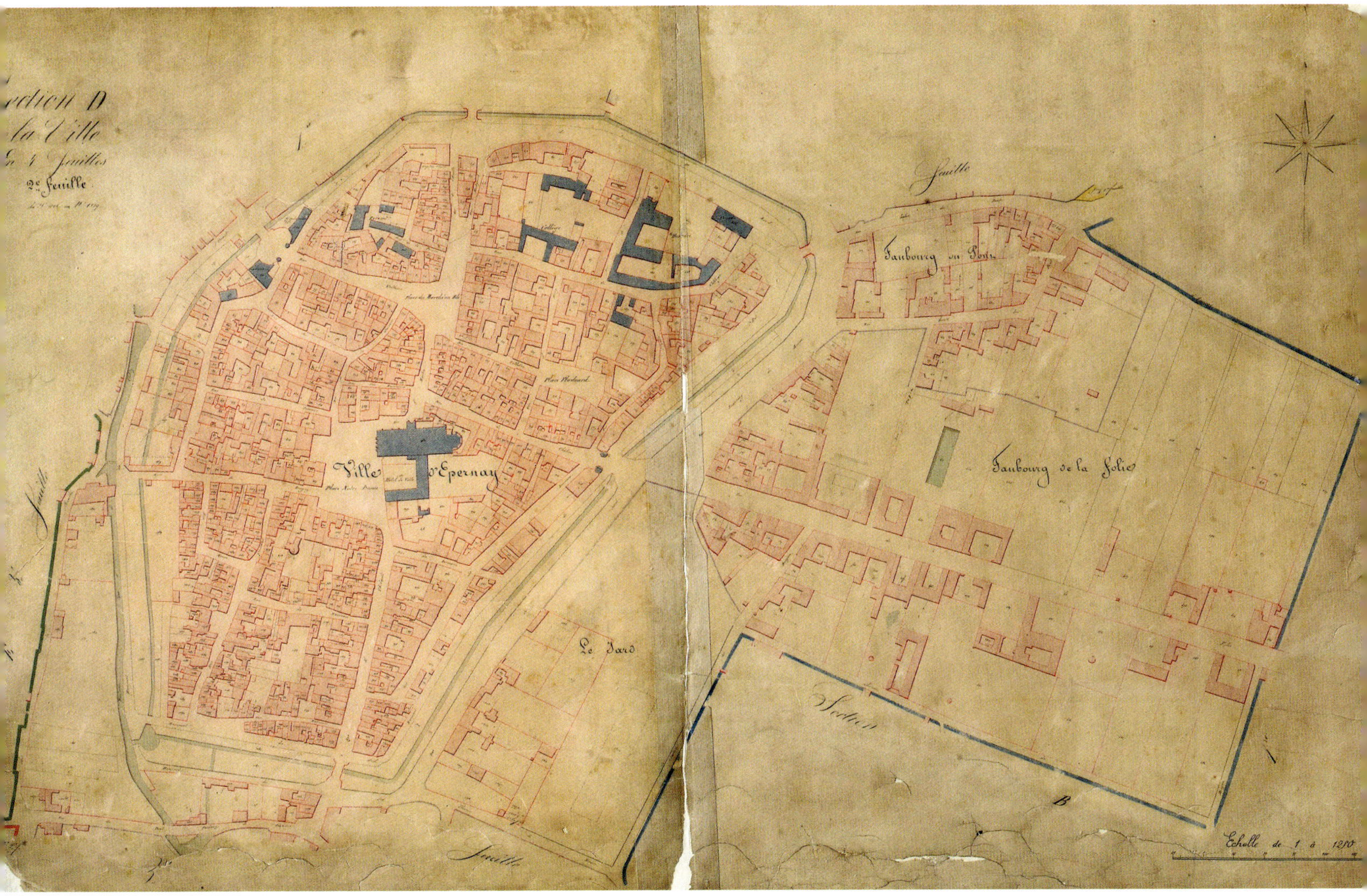

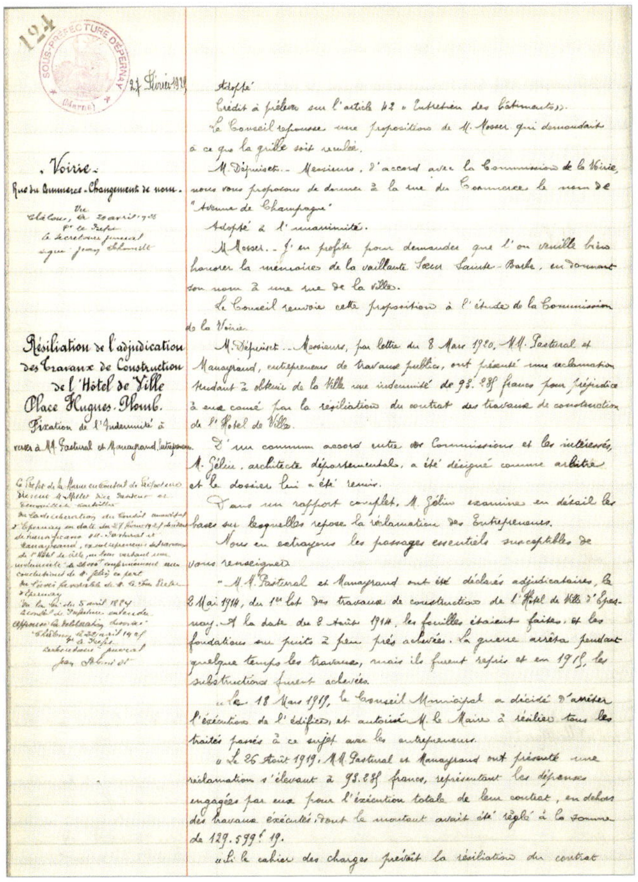

124

SOUS-PRÉFECTURE D'ÉPERNAY (Marne)

27 Février 1920

Adopté

Crédit à prélever sur l'article 42 « Entretien des bâtiments ».

Le Conseil repousse une proposition de M. Mosser qui demandait à ce que la grille soit reculée.

Voirie.

Rue du Commerce. Changement de nom.

M. Dépuiset. – Messieurs, d'accord avec la Commission de la Voirie, nous vous proposons de donner à la rue du Commerce le nom de "Avenue de Champagne"

Adopté à l'unanimité.

M. Mosser. – J'en profite pour demander que l'on veuille bien honorer la mémoire de la vaillante Sœur Sainte-Barbe, en donnant son nom à une rue de la ville.

Le Conseil renvoie cette proposition à l'étude de la Commission de la Voirie.

Résiliation de l'adjudication des travaux de Construction de l'Hôtel de Ville Place Hugues-Plomb. Fixation de l'Indemnité à verser à MM. Pastural et Manayraud, entrepreneurs.

M. Dépuiset. – Messieurs, par lettre du 8 Mars 1920, MM. Pastural et Manayraud, entrepreneurs de travaux publics, ont présenté une réclamation tendant à obtenir de la Ville une indemnité de 93.285 francs pour préjudice à eux causé par la résiliation du contrat des travaux de construction de l'Hôtel de Ville.

D'un commun accord entre vos Commissions et les intéressés, M. Gélin, architecte départemental, a été désigné comme arbitre et le dossier lui a été remis.

Dans un rapport complet, M. Gélin examine en détail les bases sur lesquelles repose la réclamation des Entrepreneurs.

Nous en extrayons les passages essentiels susceptibles de vous renseigner.

« MM. Pastural et Manayraud ont été déclarés adjudicataires, le 2 Mai 1914, du 1er lot des travaux de construction de l'Hôtel de Ville d'Epernay. A la date du 2 Août 1914, les fouilles étaient faites, et les fondations sur puits à peu près achevées. La guerre arrêta pendant quelque temps les travaux, mais ils furent repris et en 1915, les substructions furent achevées.

« Le 18 Mars 1919, le Conseil Municipal a décidé d'arrêter l'exécution de l'édifice, et autorisé M. le Maire à résilier tous les traités passés à ce sujet avec les entrepreneurs.

« Le 26 Août 1919, MM. Pastural et Manayraud ont présenté une réclamation s'élevant à 93.285 francs, représentant les dépenses engagées par eux pour l'exécution totale de leur contrat, en dehors des travaux exécutés dont le montant avait été réglé à la somme de 129.599f 19.

« Si le cahier des charges prévoit la résiliation du contrat

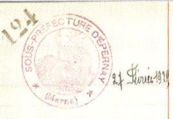

Faubourg de la Folie

Au XVIIe siècle, le faubourg de la Folie est déjà un lieu où le commerce et l'activité économique sont bien ancrés. Les délibérations du Conseil de ville mentionnent en 1622 une foire marchande. En 1634 et 1636, par règlement, les personnes qui viennent se louer pour les vendanges sont tenues de rester à l'extérieur de la ville, dans le faubourg de la Folie, qui se trouve en dehors des remparts.

- Registre des conclusions du Conseil de ville (1619-1636), Archives municipales d'Epernay, BB 1.

In the 17th century, the Faubourg de la Folie is already a place where commerce and economic activities are well settled. The deliberations of the City Council mention a trade fair in 1622. In 1634 and 1636, upon agreement, the people offering their services for harvest work are asked to remain outside the city, in the Faubourg de la Folie, which is located out of the city walls.

- From the Registry of conclusions of the City Council (1619-1636), Municipal Archives of Epernay, BB 1.

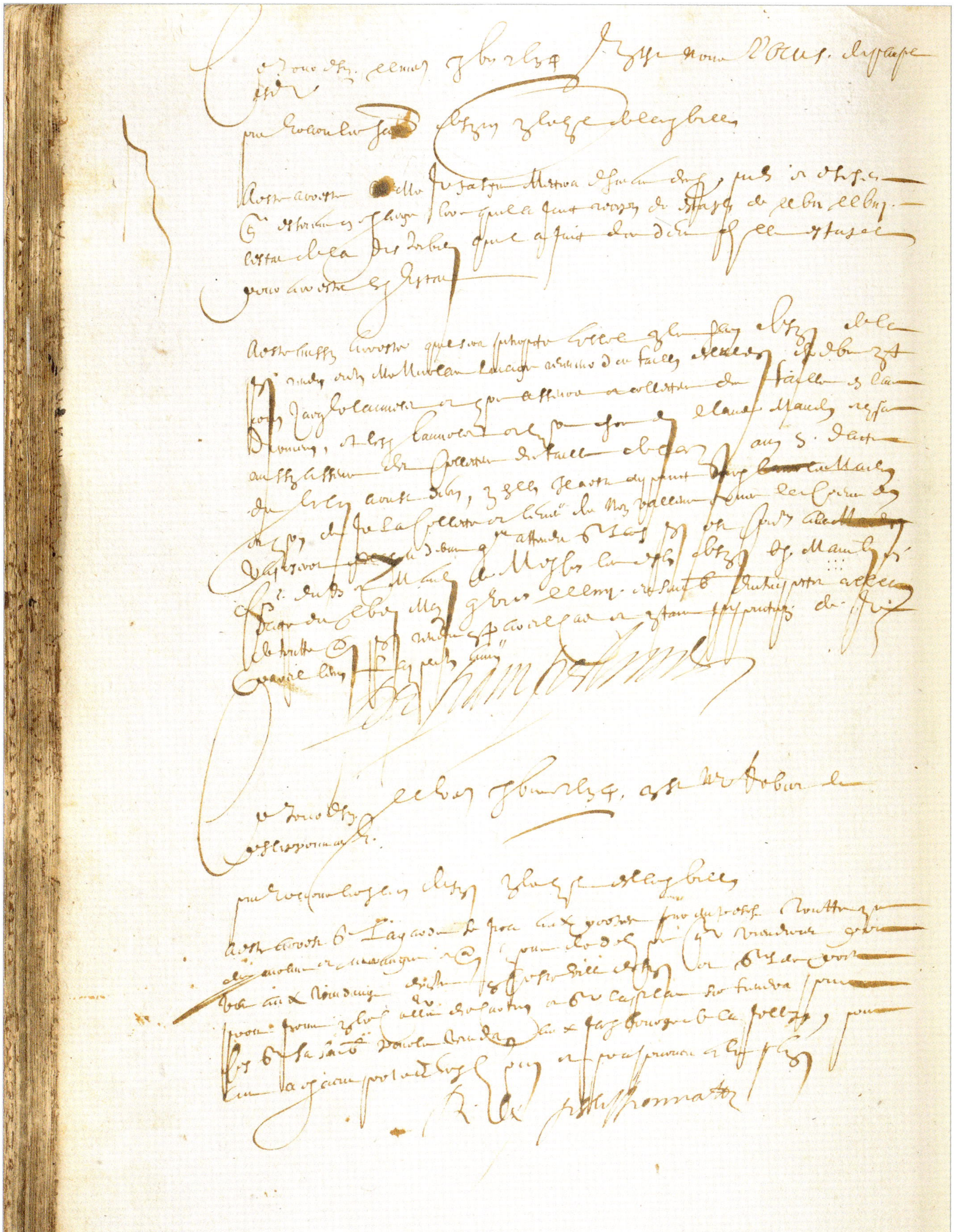

Clés de la Ville

Les clés de la Ville sont conservées à l'Hôtel de Ville. Elles auraient été offertes à Henri IV en 1592 après le siège de la ville, puis, lors du passage de Louis XIV le 19 octobre 1653. Il est fort probable que le Roi se rendait à Sainte-Menehould dont le siège allait commencer le 22 novembre de la même année. La Fronde touchait à sa fin. Il dormit une nuit à Epernay.

Le 1er septembre 1828, lors de son discours d'accueil de Charles X à qui il remet également ces clés, le maire Jean-Remy Moët indique qu'elles ont aussi été présentées à Louis XV.

The keys of the City are kept in the City Hall. They are said to have been offered to Henri IV in 1592 after the siege of the city, then, during the visit of Louis XIV on 19th October 1653. It is highly likely that the King was on his way to Sainte-Menehould whose siege was due to start on 22nd November of the same year. The Fronde was coming to an end. He spent a night in our city.
On 1st September 1828, during his welcoming speech to Charles X to whom he also gave the keys, the Mayor Jean-Remy Moët mentions that the latter were also presented to Louis XV.

Route royale

Les travaux d'établissement de la route royale Paris-Strasbourg commencent en 1743 pour s'achever un an plus tard. Cette nouvelle route, qui prolonge le faubourg de la Folie, forme donc un axe rectiligne jusqu'à la porte de Châlons. Avec la Marne, Epernay se voit ainsi dotée d'une deuxième voie de communication propice à la commercialisation et au transport des bouteilles de Champagne.

- Plan d'alignement, Archives municipales d'Epernay, 1 O 3

The settlement works of the royal Paris-Strasbourg road start in 1743 to be finished one year later. This new road, which extends the Faubourg de la Folie, forms a straight section up to the door of Châlons. With the Marne River, Epernay finds itself equipped with a second way of communication opportune for the commercialization and transport of bottles of Champagne.

- Alignment Plan, Municipal Archives of Epernay, 1 O 3

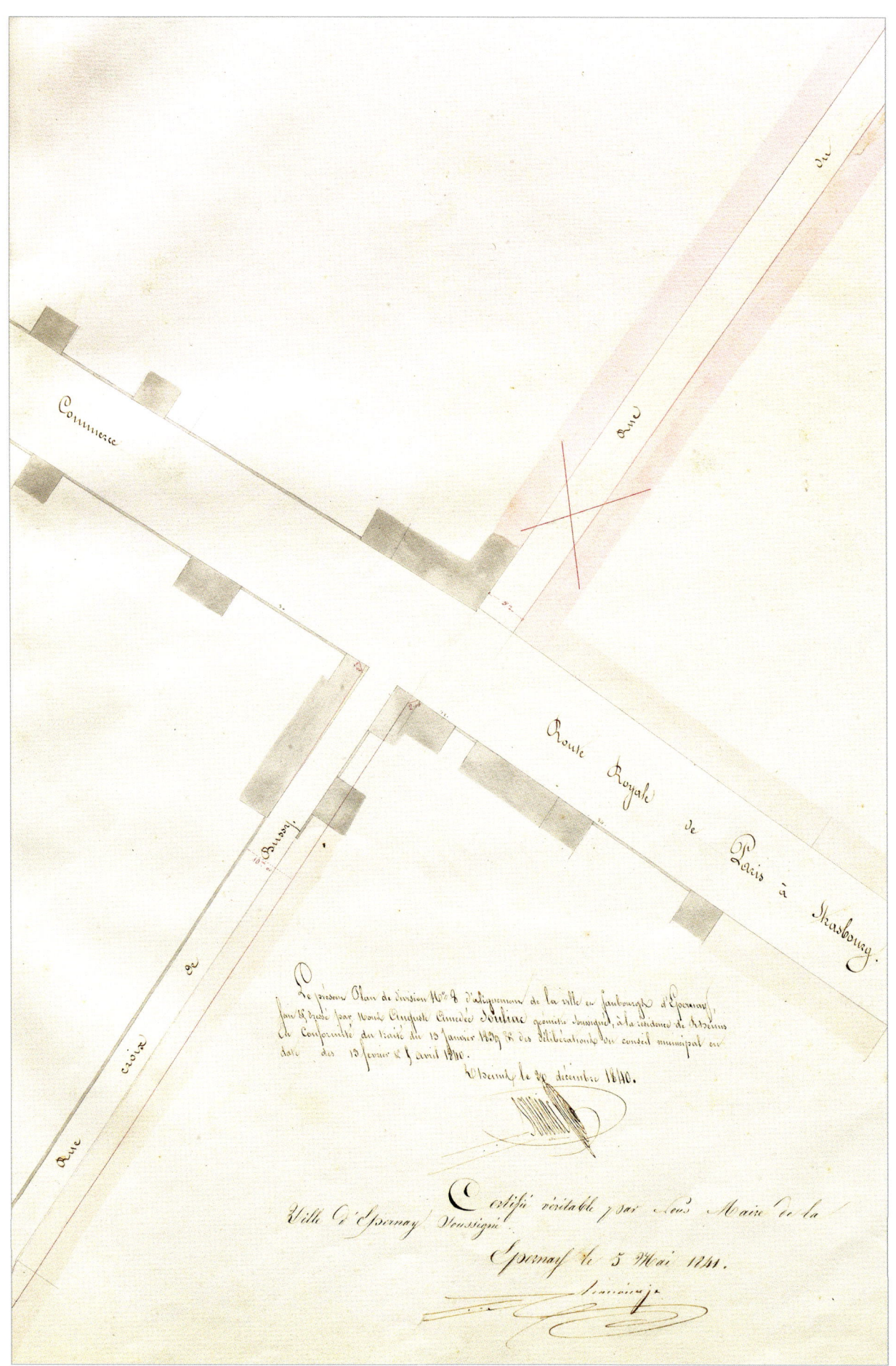

Napoléon 1ᵉʳ

Dès 1801, Napoléon, alors Premier Consul, passe commande à la Maison Moët & Chandon. D'autres suivront.
L'Empereur s'arrêtera plusieurs fois chez le maire Jean-Rémy Moët en 1804, puis tous les ans de 1807 à 1810. L'impératrice Joséphine et Jérôme Bonaparte, frère de l'Empereur, seront également reçus.
La dernière visite de Napoléon a lieu le 17 mars 1814, lors de la Campagne de France. Arrivant victorieux de Reims, il s'arrête pour la nuit. Son armée défile dans la ville jusqu'au soir et stationne aux alentours du faubourg de la Folie. Il repart vers l'Aube le lendemain, après avoir décoré le maire de la Légion d'honneur. Par ce geste, il tient à la fois à remercier la Ville pour son attitude face à l'ennemi et à célébrer l'homme public et le capitaine d'industrie.

- Gravures, médiathèques d'Epernay (réserve précieuse) et fonds Champagne Moët & Chandon (1807)

As from 1801, Napoleon, then First Consul, places orders to the House Moët & Chandon. Others will follow.
The Emperor will stop many times at Jean-Remy Moët's in 1804, then every year from 1807 to 1810. The Empress Josephine and Jérôme Bonaparte, brother of the Emperor, will also be hosted.
The last visit from Napoleon took place on 17ᵗʰ March 1814, during the French Campaign. Coming victorious from Reims, he stops for the night. His army marches until the evening and stops nearby the Faubourg de La Folie. He leaves the next morning for Aube, after decorating the mayor with the Legion of Honour. Through this gesture, he wants both to thank the City for its attitude with the enemy and to celebrate the public man and the grand industry leader.

- Prints, Epernay media-libraries (precious reserve) and Champagne Moët & Chandon funds (1807)

MOËT & CHANDON, ÉPERNAY
LE 26 JUILLET 1807, NAPOLÉON I.ᵉʳ REND
VISITE A J. MOËT, MAIRE D'ÉPERNAY

NAPOLÉON I.ᴱᴿ VISITANT LES CAVES DE MOËT & CHANDON, LE 26 JUILLET 1807

Arrivée du train

Le 2 septembre 1849, la section Paris-Epernay de la ligne Paris-Strasbourg est inaugurée en présence du Prince-Président (futur Napoléon III).

Le tracé de la ligne, passant par Epernay, a été le fruit de nombreuses batailles politiques durant plusieurs années - Reims et Epernay souhaitant profiter de cette opportunité pour désenclaver leur territoire et développer l'économie.

Le chemin de fer va peu à peu remplacer la voie fluviale pour le transport des bouteilles de Champagne vers la capitale et à l'exportation.

- Château de monsieur Ch. Perrier, dessiné et lithographié par Charles Fichot. Médiathèque d'Epernay, cote Chandon M 95-14
- Vue de l'établissement principal de M. E. Mercier et Cie à Epernay. Médiathèque d'Epernay, non coté.

On 2nd September 1849, the Paris-Epernay section of the line Paris-Strasbourg is inaugurated in the presence of the Prince-President (the future Napoleon III).

The route of the line, going through Epernay, was the fruit of numerous political battles for several years - Reims and Epernay wishing to take this opportunity to open up their territory and develop economy.

The railway will gradually replace the waterway to transport bottles of Champagne towards the Capital and for exportation.

- Château of. M. Charles Perrier, drawn and lithographed by Charles Fuchot Media-library of Epernay, Chandon list M95-14
- View of the main establishment of M. E Mercier & Cie, Media-library of Epernay, not rated

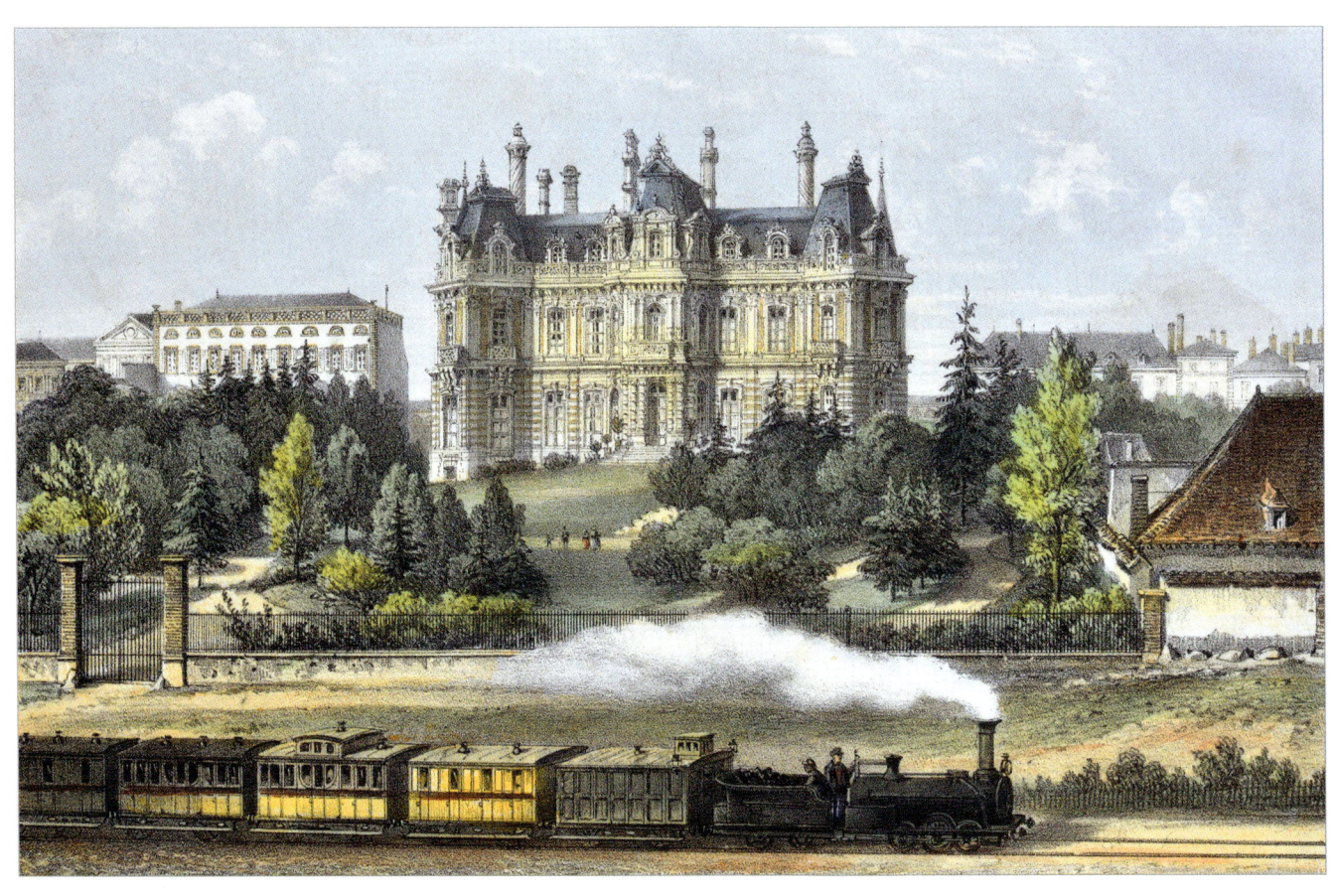

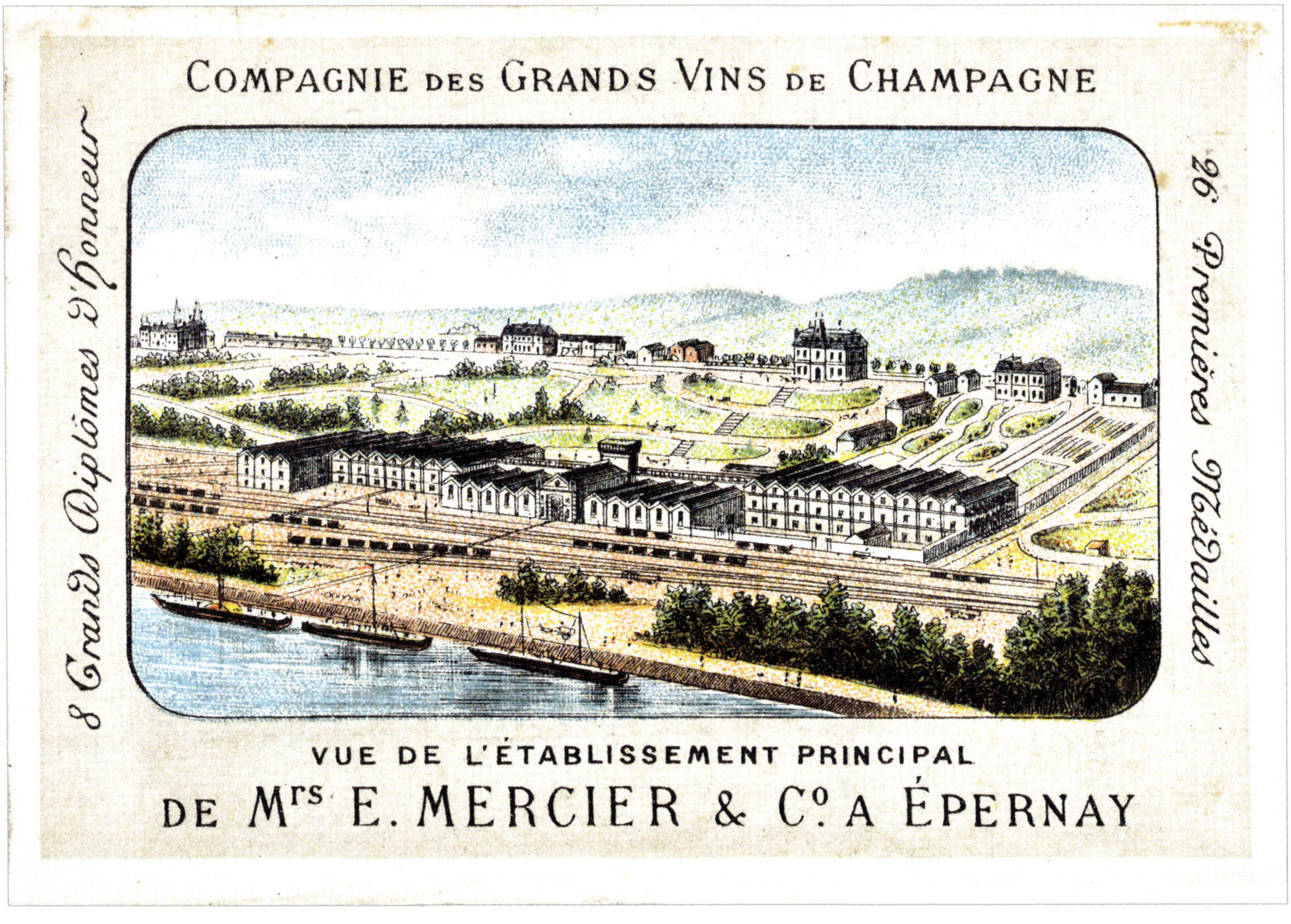
COMPAGNIE DES GRANDS VINS DE CHAMPAGNE
8 Grands Diplômes d'Honneur
26 Premières Médailles
VUE DE L'ÉTABLISSEMENT PRINCIPAL
DE Mrs E. MERCIER & Co. A ÉPERNAY

Place de la République

L'actuelle place de la République a changé de nom de nombreuses fois. D'abord située en dehors de la ville, puisqu'à l'extérieur des remparts, elle a toujours été circulaire ; elle était d'ailleurs parfois appelée « place circulaire ». Son premier nom fut « place du marché à la paille ». Trouvé peu attractif par les élus, ce nom fut remplacé brièvement par « place de la Révolution » (1798) puis par « place Louis Philippe » en 1841. Devenue place du Maréchal Pétain en 1941, elle fut baptisée de son nom actuel par délibération en date du 30 septembre 1944.

Agrandie au XIXe siècle en rognant sur les rues qui la bordent, dont la rue du Commerce, elle a accueilli le CBR (chemin de fer de la banlieue de Reims) de 1903 à 1937.

- Plan d'alignement, Archives municipales d'Epernay, 1 O 3

The current « Place de la République » changed its name many times. First located outside the City, because out of the city walls, it has always been circular; it was sometimes called « Circular Place ». Its first name was « Place du marché à la paille » – Straw market. Found little attractive by the officials, this name was briefly replaced by « Place de la Révolution » (1798) then by «Place Louis Philippe » in 1841. Called Place du Maréchal Pétain in 1941, it was baptized with its current name upon deliberation on 30th September 1944. Enlarged in the 19th century by cutting back on the streets bordering it, including Rue du Commerce, it welcomed the CBR (railway of Reims suburbs) from 1903 to 1937.

- Alignment Plan, Municipal Archives of Epernay, 1 O 3

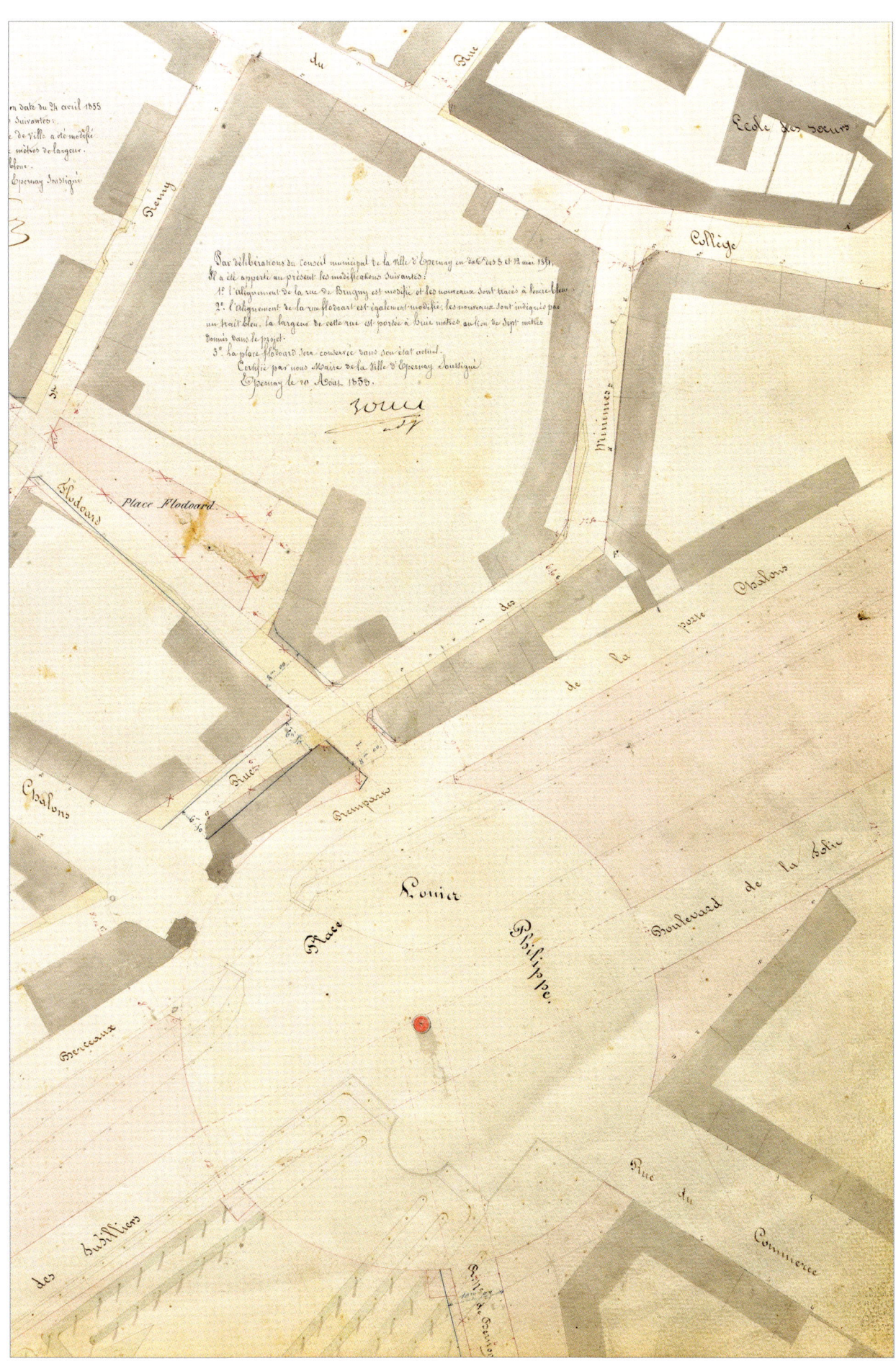

Guerre de 1870

Le 8 septembre 1870, les Prussiens envahissent la ville. Ils resteront jusqu'au 1er novembre 1872. Epernay se retrouve sous administration allemande. La vie économique est préservée : les vignes ne sont pas touchées. Mais une forte amende de guerre, des réquisitions, des impositions et le logement des troupes ont endetté la ville. La population subit aussi de nombreuses exactions.

Le peintre sparnacien Gabriel Gruchy retranscrit en peinture la fuite des Uhlans, reconnaissables à leurs lances et leurs casques. Sur la droite, apparaît l'entrée du Château Perrier. La perspective de l'avenue guide le regard sur les coteaux dessinés à l'arrière-plan du tableau.

- Graffiti dans les caves, Champagne Moët & Chandon.
- Esquisse de Gruchy, Musée d'archéologie et du vin de Champagne, Epernay.

On 8th September 1870, Prussians invade the city. They will stay until 1st November 1872. Epernay finds itself under German management. The economic life is preserved: the vineyards are not modified. But a high war fine, requisitions, taxes and the housing of troops have driven the city into debt. The population also undergoes many atrocities.

The native painter Gabriel Gruchy transcribes in painting the precipitation of Uhlans, recognizable with their spears and helmets. On the right, the entry of Château Perrier appears. The perspective of the avenue directs the look onto the slopes drawn in the background of the frame.

- *Graffiti in Champagne Moët & Chandon cellars.*
- *A Sketch by Gruchy, Museum of archaeology and Champagne wine, Epernay.*

EPERNAY le 26 Aout 1870
Quelques Soldats sortent des Ambulances et Repoussent
un détachement de uhlans
Esquisse

Visite de Sadi Carnot

Le 19 septembre 1891, le Président de la République Sadi Carnot est à Epernay. Ce sont les caves d'Eugène Mercier qu'il décide de visiter, pour la modernité de leurs installations. La visite se fait en calèche à la lueur des flambeaux. Elle est suivie d'un banquet réunissant l'ensemble du personnel, quelques personnalités de la ville et des journalistes.

- Photographie de la visite du Président Sadi Carnot chez Mercier (1891), collection Champagne Mercier.

On 19th September 1891, The French President Sadi Carnot is at Epernay. He decides to visit the cellars of Eugène Mercier, for the modernity of their installations. The visit is made in a carriage by torchlight. It is followed by a banquet gathering all the staff, a few public figures from the city and some journalists.

- Photograph of the visit of President Sadi Carnot at Mercier's (1891), Champagne Mercier funds.

Foudre Mercier

Pour réaliser à grande échelle des assemblages de vins de différents cépages, Eugène Mercier décide vers 1870 la confection d'un tonneau de taille exceptionnelle : 150 chênes de Hongrie, 3 ans de séchage, 7 ans pour le cintrage des douves et 2 ans de montage seront nécessaires pour sa fabrication. Pour le décorer, Eugène Mercier fait appel à Gustave Navlet, sculpteur châlonnais. L'une des faces représente les armoiries de la ville d'Epernay et des villages fournissant les plus grands crus et l'autre face « l'Union de la Champagne à l'Angleterre ». Le tonneau est rempli pour la première fois après les vendanges de 1887.

Arrière-petit-fils d'Eugène Mercier, Emmanuel Mercier, ambassadeur de la Maison Mercier, sait mieux que quiconque raconter la vie et le génie de son illustre aïeul. « *C'était un autodidacte et un avant-gardiste, qui a créé sa propre Maison à 20 ans, en 1858 ! Intéressé par tout ce qui était technique et moderne, il a aussi réalisé le premier film publicitaire avec les Frères Lumière. Visionnaire, il a fait voyager son foudre jusqu'à Paris pour l'Exposition universelle de 1889, dont seuls le foudre et la Tour Eiffel subsistent encore aujourd'hui.* »

- Départ du foudre Mercier pour l'Exposition Universelle le 17 avril 1889, rue Jean-Jaurès à Epernay. Collection Champagne Mercier.
- Le foudre Mercier en route vers Paris, avec la Tour Eiffel au fond, d'après une étiquette. Carte postale, collection Champagne Mercier.

To make large-scale wine blending from various grape-varieties, Eugène Mercier decides around 1870 to build a barrel with an exceptional size: 150 oaks from Hungary, 3 years of drying, 7 years for the barrel-staves bending and 2 years of assembling will be required for its make. One of its faces represents the coats of arms of the city of Epernay and villages providing for the great growths, the other face represents the Union of Champagne to England. The barrel is filled for the first time after the wine harvest in 1887.

The great grandson of Eugène Mercier, Emmanuel Mercier, ambassador of the House Mercier, knows better than anyone else how to tell the life and genius of his famous great grandfather. « He was a self-taught and vanguard man, who created his own House at 20 years, in 1858! Interested in everything being technical and modern, he also directed the first short film with the Brothers Lumière. A visionary, he took his barrel up to Paris for the Universal Exhibition of 1889, of which only the barrel and the Eiffel Tower still subsist today. »

- *Departure of the Mercier Wine Barrel for the Universal Exhibition, on 17th April 1889, street Jean-Jaurès in Epernay, Champagne Mercier funds.*
- *The Mercier Wine Barrel on its road to Paris, with the Eiffel Tower in the background, after a label, Champagne Mercier funds.*

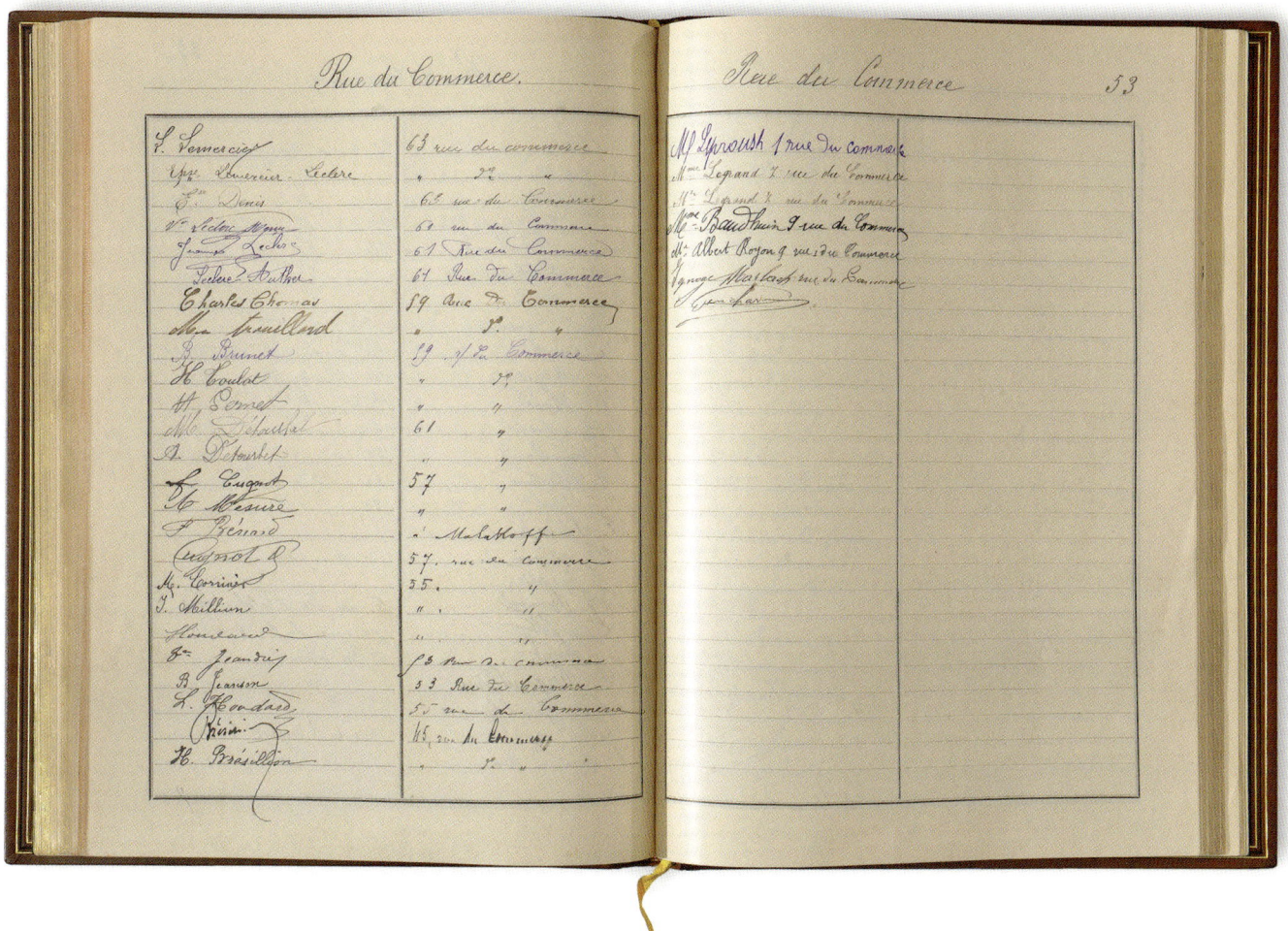

Livre d'Or de Maurice Pol-Roger

En 1914, l'histoire se répète. Epernay est occupée par les Allemands du 4 au 11 septembre. Le maire est alors Maurice Pol-Roger, négociant. Pris en otage avec d'autres membres du Conseil municipal, plusieurs fois menacé de mort, il réussit à limiter les conséquences de l'occupation pour la ville. En remerciement, les Sparnaciens lui offrent un livre d'or avec leurs signatures.

- Couverture du livre d'or remis par les Sparnaciens à Maurice Pol-Roger, 1914, collection de Billy

In 1914, history repeats itself. Epernay is occupied by the Germans from 4th to 11th September. The Mayor is Maurice Pol-Roger, a wine-trader. Held hostage with other members of the City Council, threatened to death several times, he succeeds in limiting the consequences of the German occupation for the city. In gratitude, Epernay people offer him a golden book with their signatures.

- Cover of the golden book handed by Epernay people to Maurice Pol-Roger, 1914, collection de Billy.

Première Guerre mondiale

Entre 1914 et 1918, 695 bombes et 1800 obus tombent sur Epernay, principalement en 1917 et 1918. Plus de la moitié des habitations est touchée. La rue du Commerce n'est pas épargnée. Le 18 juillet 1918, la Maison Moët & Chandon subit un grave incendie.
Est reconstruit un ensemble de bâtiments de style Art Déco, typique de l'époque, regroupant de manière rationalisée la plupart des activités liées à la production et à la commercialisation.
- Photographie aérienne, fonds Champagne Moët & Chandon (1929).

Between 1914 and 1918, 695 bombs and 1,800 shells fall in Epernay, mainly in 1917 and 1918. More than half of houses are touched. The rue du Commerce is not spared either. On 18th July 1918, the House Moët & Chandon knows a serious fire.
Many buildings are built again in Art Deco style, typical from the period, gathering most activities linked to production and sale in a rational way.
- *An aerial photography, Champagne Moët & Chandon funds (1929).*

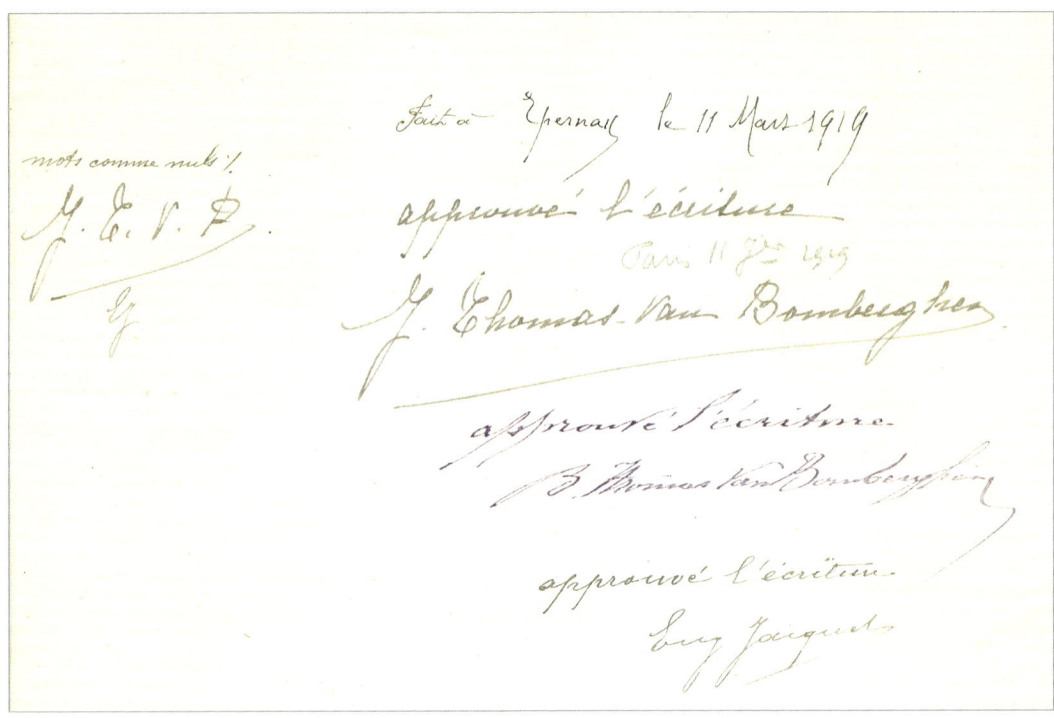

Achat de l'hôtel Auban-Moët

L'hôtel Auban-Moët est vendu par Mme Van Bomberghen à la Ville en 1919. Construit en 1857-1858, il était dès l'origine entouré d'un grand parc. L'ensemble fait pratiquement 15 000 m². Il fut l'objet de nombreux travaux pour l'adapter à l'accueil d'une administration, tout en lui conservant son cachet.
La salle du Conseil correspond à l'ancien grand salon, la salle des commissions à la salle à manger et la salle des mariages à un petit salon.
L'Hôtel de Ville a été classé Monument Historique par arrêté du 6 décembre 2012.

- Promesse de vente de l'hôtel particulier Auban-Moët, futur Hôtel de Ville, entre Mme Van Bomberghen et son époux et la Ville d'Epernay pour 1 006 526 Francs (1919), Archives municipales d'Epernay, 1 M 2.

The hotel Auban-Moët is sold by Mrs Van Bomberghen to the City in 1919. Built in 1857-1858, it was surrounded by a large park as from the origin, whose total surface nearly reaches 15,000 m². Many works were carried out to adapt it for housing an administration, while keeping its overall appearance. The Council room corresponds to the former large sitting-room, the room of commissions to the dining-room and the room of weddings to a former small sitting-room.
The City Hall has been listed Historic Monument by order on 6th December 2012.

- Purchase option of the particular Auban-Moët Hotel, future City Hall, between Mrs Van Bomberghen and her husband and the City of Epernay for 1 006 526 Francs (1919), Municipal Archives of Epernay, 1 M 2.

Hôtel de Ville.

ENTRE LES SOUSSIGNES:

1° Madame Eugènie Albertine Henriette Marie Van BOMBERGHEN, épouse assistée et autorisée de Monsieur Benjamin Ghislain THOMAS, Propriétaire, avec qui elle est domiciliée à Epernay et réside à Paris Avenue d'Iéna, n° 50.

" Agissant en son nom personnel.

D'UNE PART.

2° Et Monsieur Eugène JACQUET, Propriétaire demeurant à Epernay.

" Agissant au nom et pour le compte de la VILLE
" d' EPERNAY, en sa qualité de Maire de cette
" Ville, et sous réserve des approbations voulues
" par la loi, à défaut desquelles les présentes de-
" meureront sans effet.

D'AUTRE PART.

IL DEMEURE CONVENU CE QUI SUIT:

PROMESSE DE VENTE

Par les présentes, Madame Thomas Van Bomberghen promet et s'oblige de vendre sous les garanties de droit à La Ville d'Epernay,

Ce accepté par E. Jacquet, son Maire, sous la réserve ci-dessus stipulée, des approbations légales.

LA PROPRIETE dont la désignation suit:

DESIGNATION

UN HOTEL PARTICULIER situé à Epernay avec différentes dépendances formant un ensemble donnant sur la Rue Jean Moët où il porte le n°6, sur la Rue du Pont de Marne, où il porte le n°2, sur la rue du

Croix de Guerre 14-18

Le 8 février 1920, le président de la République Raymond Poincaré vient remettre à la Ville d'Epernay la Croix de guerre. Accueilli à la gare par le maire et le Conseil municipal, il se rend à pied jusqu'à l'Hôtel de Ville, salué par la foule. Le président Poincaré était passé deux fois à Epernay pendant la guerre.
Ce jour voit également l'inauguration du nouvel Hôtel de Ville.

- Procès-verbal de la remise de la Croix de guerre à la Ville d'Epernay (1920), Archives municipales d'Epernay, 3 K 1.

On 8th February 1920, The French President Raymond Poincaré comes to award the City of Epernay with the War Cross. Welcomed at the train station by the Mayor and the Municipal Council, he walks to the City Hall, greeted by the crowd. president Poincaré had been twice in Epernay during the war.
This day also marks the inauguration of the new City Hall.

- Minutes of the handing of the War cross to the City of Epernay (1920), Municipal Archives of Epernay, 3 K 1.

PROCÈS-VERBAL
DE LA
REMISE DE LA CROIX DE GUERRE
A LA VILLE D'ÉPERNAY

Par M. Raymond POINCARÉ, Président de la République

Le 8 Février 1920

Manifestation franco-italienne

Le 29 mai 1921, le ministre de la Guerre, Louis Barthou, l'ambassadeur d'Italie et le général Albricci sont accueillis à Epernay. Lors de cette manifestation franco-italienne, la Ville souhaite remercier l'Italie de lui avoir remis, en 1919, la Croix de guerre italienne.
La cérémonie a lieu à l'Hôtel de Ville. Les titres de citoyen d'honneur et de défenseur de la ville sont remis au général Albricci.

- Photographies (1921), Archives municipales d'Epernay, 1 Fi non coté.

On 29th May 1921, The War Minister, Louis Barthou, the Ambassador of Italy and General Albricci are received in Epernay. During this first French-Italian event, the City wants to thank Italy for awarding it, in 1919, the Italian War cross.
The ceremony takes place in the City Hall. The titles of Honour Citizen and City Defender are given to General Albricci.

- Photographs (1921), Municipal Archives of Epernay, 1 Fi not rated.

35

Inauguration du collège

Le nouveau collège de garçons est inauguré le 1er juillet 1923. Un banquet est organisé en présence du ministre français de la Marine et de l'ambassadeur d'Italie, car l'inauguration de l'établissement est couplée à une manifestation franco-italienne en mémoire des combats de la Grande Guerre.

Le premier collège avait pu voir le jour grâce à un don de terre de Pupin, en 1558, au faubourg de la Folie. Le nouvel établissement s'établit tout proche de ce don originel.

- Photographie du bas : Poyet (1923), Archives municipales d'Epernay, 1 Fi non coté.

The new secondary school for boys is inaugurated on 1st July 1923. A banquet is organized with the presence of the French Minister of the Navy and the Ambassador of Italy, because this inauguration is coupled with a French-Italian event in memory of the Great War battles.

The first secondary school had been built thanks to a land gift from Pupin, in 1558, at the Faubourg de la Folie. The new establishment is located quite near this original gift.

- Photograph Poyet (1923), Municipal Archives of Epernay, 1 Fi not rated.

COLLEGE DE GARÇONS

Inauguration du Monument Aux Morts

C'est lors d'une autre manifestation franco-italienne que, le 6 juillet 1924, le Monument aux Morts de la Première Guerre mondiale d'Epernay est inauguré devant l'Hôtel de Ville. Le projet remonte à 1921, lorsqu'un concours avait été lancé afin de choisir un architecte. C'est Giraud qui sera retenu, accompagné du sculpteur Dechin. Les Sparnaciens ont contribué à l'érection du monument par le biais d'une souscription. La présence des noms des Sparnaciens morts pour la France sur le monument est vu comme un Livre d'or par les officiels de l'époque. Les palmes tenues par les manifestants rappellent celles qui accompagnent la statue de la Victoire.

- Photographie Poyet, Archives municipales d'Epernay, 1 Fi non coté.

It is during another French-Italian event that, on 6th July 1924, the Monument to the Deaths of the First World War of Epernay is inaugurated in front of the City Hall. The project dates back to 1921, when a competition had been launched to choose for an architect. Giraud together with sculptor Dechin will be chosen. Epernay inhabitants have contributed to the erection of the monument via a subscription. The presence of the names of the inhabitants died for France on the monument is seen as a Golden Book by the officials of the time. The palms held by the attendees remind of those near the statute of Victory.

- Photograph Poyet, Municipal Archives of Epernay, 1 Fi not rated.

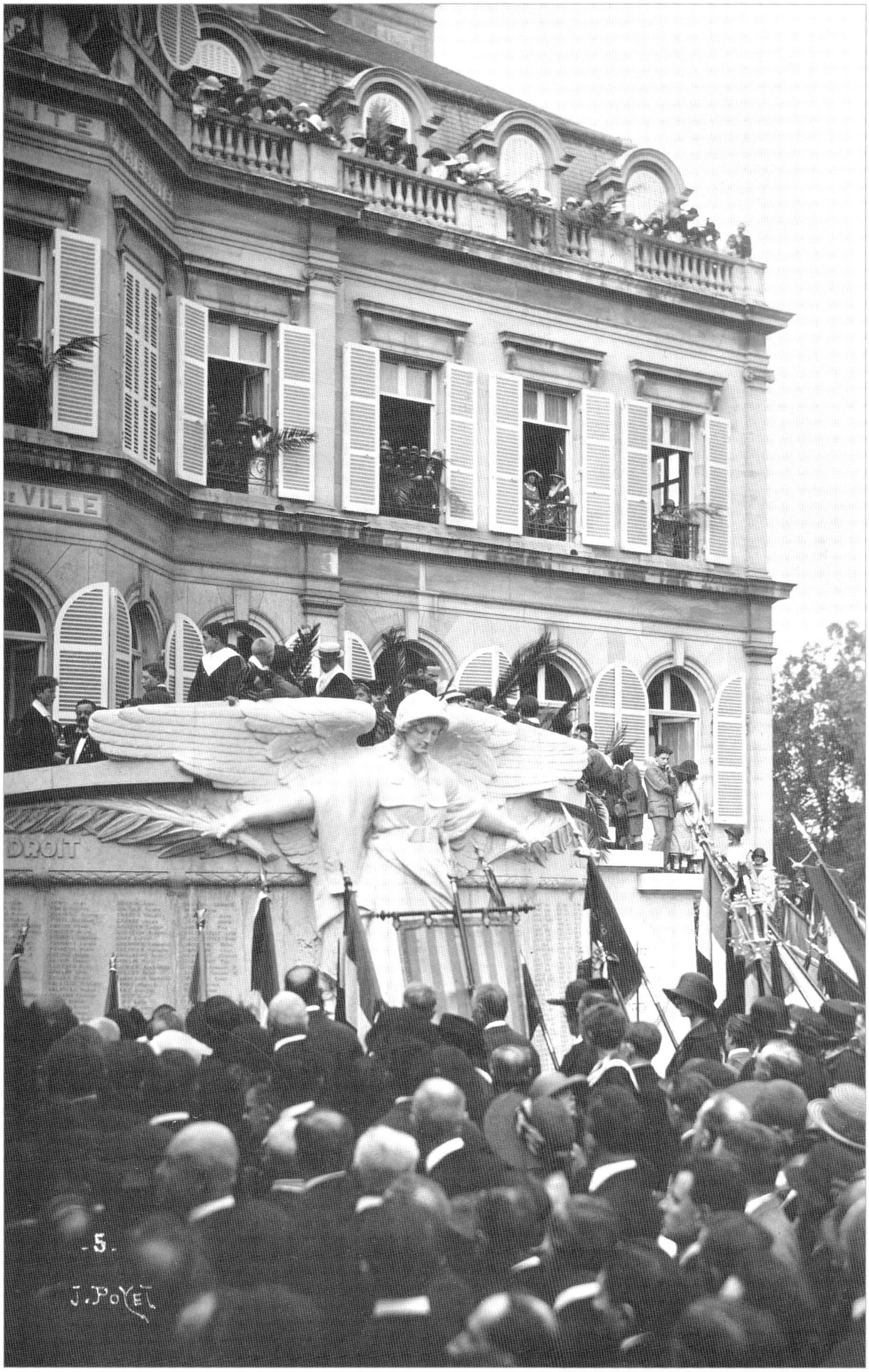
VILLE
DROIT
-5.
J. POYET

Jean-Remy Chandon-Moët

Le 20 février 1930 sont organisées des funérailles municipales pour Jean-Remy Chandon-Moët, maire. Le comte, décédé à Paris quelques jours plus tôt des suites d'une opération, avait 60 ans. Ayant toujours soutenu la population sparnacienne par ses libéralités et actions publiques, notamment pendant la Grande Guerre, il était particulièrement aimé. L'album réalisé à la suite de ses funérailles témoigne de ses relations dans le monde politique, économique et administratif local, mais également à l'international. Il fut le dernier maire issu d'une grande famille du champagne (1919-1925, 1929-1930).

- Album souvenir des funérailles de Jean-Remy Moët, (1930), Archives municipales d'Epernay, 1 I 3

On 20th February 1930, municipal funerals are organized for Jean-Remy Chandon-Moët, the Mayor. The Count, deceased in Paris a few days before from a serious operation, was 60 years old. Always supporting the Epernay population with his liberalities and public actions, especially during the Great War, he was particularly appreciated. The album made after this funeral testifies of his relations in the local political, economic, and administrative world, but also at international level. He was the last Mayor issued from a Champagne family (1919-1925, 1929-1930).

- Souvenir album of the funeral of Jean-Remy Moët, (1930), Municipal Archives of Epernay, 1 I 3

FUNÉRAILLES

de MONSIEUR JEAN-REMY CHANDON-MOËT

MAIRE D'ÉPERNAY

CHEVALIER DE LA LÉGION D'HONNEUR

20 FÉVRIER 1930

Monsieur Jean-Remy Chandon-Moët

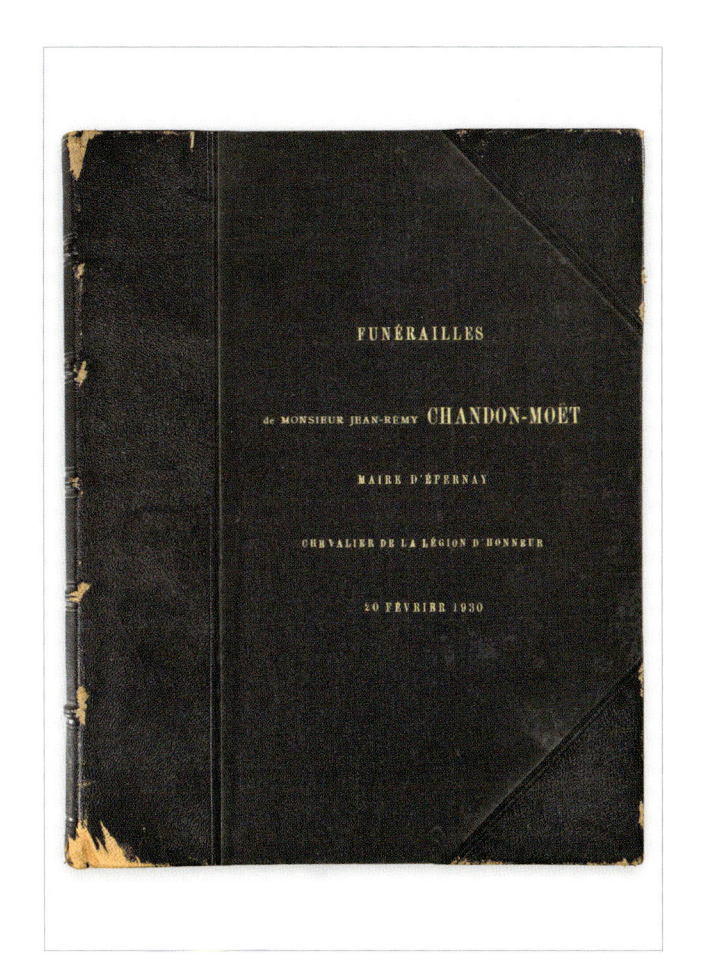

À la Mémoire
de
Monsieur le Comte Jean Remy Chandon-Moët

Chevalier de la Légion d'Honneur
Titulaire de la Médaille Commémorative 1914-1918
Titulaire de la Médaille de la Reconnaissance Française
Chevalier de l'Ordre de Saint Jean de Jérusalem
Commandeur de l'Ordre Impérial du Dragon d'Annam
Commandeur du Nicham Iftikhar
Commandeur de Saint Grégoire le Grand
Commandeur de l'Ordre de la Couronne Royale d'Italie
Commandeur de l'Ordre de Saint Stanislas de Russie
Commandeur de l'Ordre du Christ de Portugal
Président du Conseil d'Administration de la Maison Moët et Chandon
Maire de la Ville d'Épernay
Licencié en Droit
Président du Tribunal de Commerce
Membre du Conseil Académique
Censeur de la Banque de France
Membre de l'Académie d'Éducation et d'Entre d'Aide Sociales
Président du Syndicat des Négociants en Vins de Champagne
et Vins Mousseux de la région d'Épernay
Président de la Commission Administrative de l'Hôpital Auban-Moët
Président de la Société d'Horticulture et de Viticulture
Délégué Provincial de Champagne des Scouts de France
Président de la Société de Crédit Immobilier
Président du Comité de Propagande des Vins de Champagne
Président de la Société de Secours aux Blessés Militaires
Membre du Conseil d'Administration de l'École Supérieure de Commerce de Reims

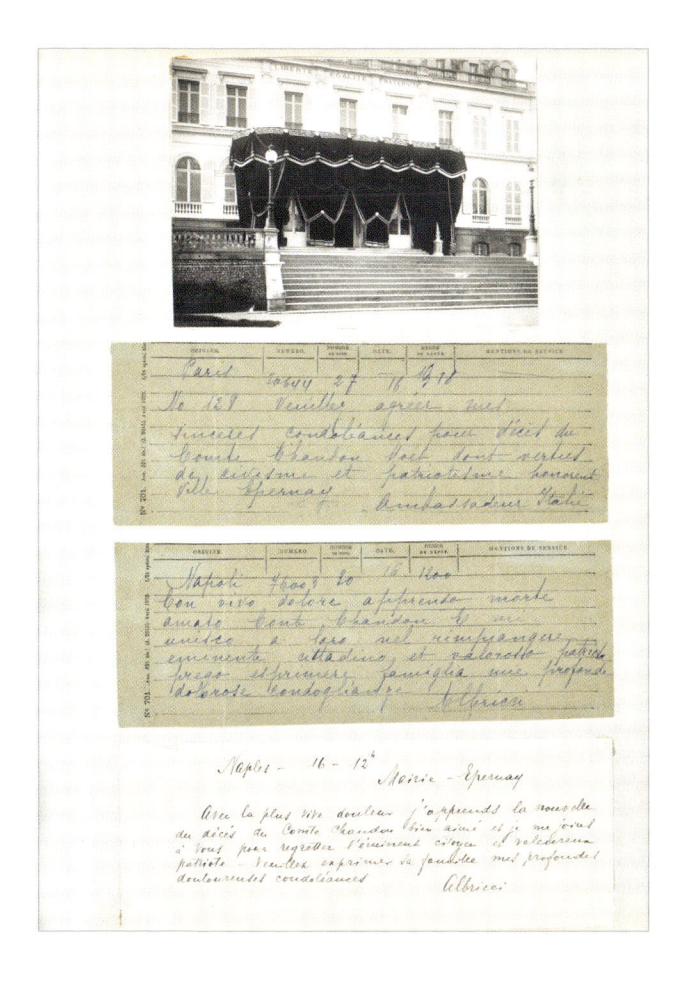

Paris envoi 27 16 1930
Nº 525 Veuillez agréer avec sincères condoléances pour décès de Comte Chandon Moët tous regrets de civisme et patriotisme honoré ville Épernay. Ambassadeur Italie

Napoli trasp. to 12 1400
Con vivo dolore apprendo morte amato Conte Chandon e vi unisco a loro nel rimpiangere eminente cittadino, e valoroso patriota presso esprimere famiglia mie profonde doloroso condoglianze. Albricci

Naples - 16 - 12ᵉ   Mairie - Épernay
Avec la plus vive douleur j'apprends la nouvelle du décès de Comte Chandon bien aimé et je me joins à vous pour regretter l'éminent citoyen et valeureux patriote - veuillez exprimer de ma part mes profondes douloureuses condoléances. Albricci

■ Centenaire de l'harmonie municipale

1931 marque le Centenaire de l'harmonie municipale d'Epernay. À cette occasion, une grande manifestation est organisée. Un concours d'ensemble et de solistes, mais également des défilés. Et enfin des concerts : harmonie municipale de Granges-sur-Vologne le vendredi soir, musique du 1er régiment des Guides de Bruxelles le samedi et un grand bal par le Super-Jazz de Radio Paris sur le Jard. Le samedi après-midi a également lieu une présentation artistique dans les jardins de l'Hôtel de Ville par la section féminine du Club sportif du Palais de la Nouveauté de Paris.

- Photographies Petit, Archives municipales d'Epernay, 1 Fi non coté.

1931 marks the Centenary of Epernay's local band. For the occasion, a great event is organized. A contest for bands and soloists is held, with parades. Concerts are organized too: the local band of Granges-sur-Vologne on the Friday evening, music of the 1st Regiment of Brussels Guides on the Saturday and a grand ball by Super-Jazz of Radio Paris in the Jard. On the Saturday afternoon, an artistic presentation took place in the gardens of the City hall by the feminine section of Palais de la Nouveauté of Paris sports club.

- Photographs Petit, Municipal Archives of Epernay, 1 Fi not rated.

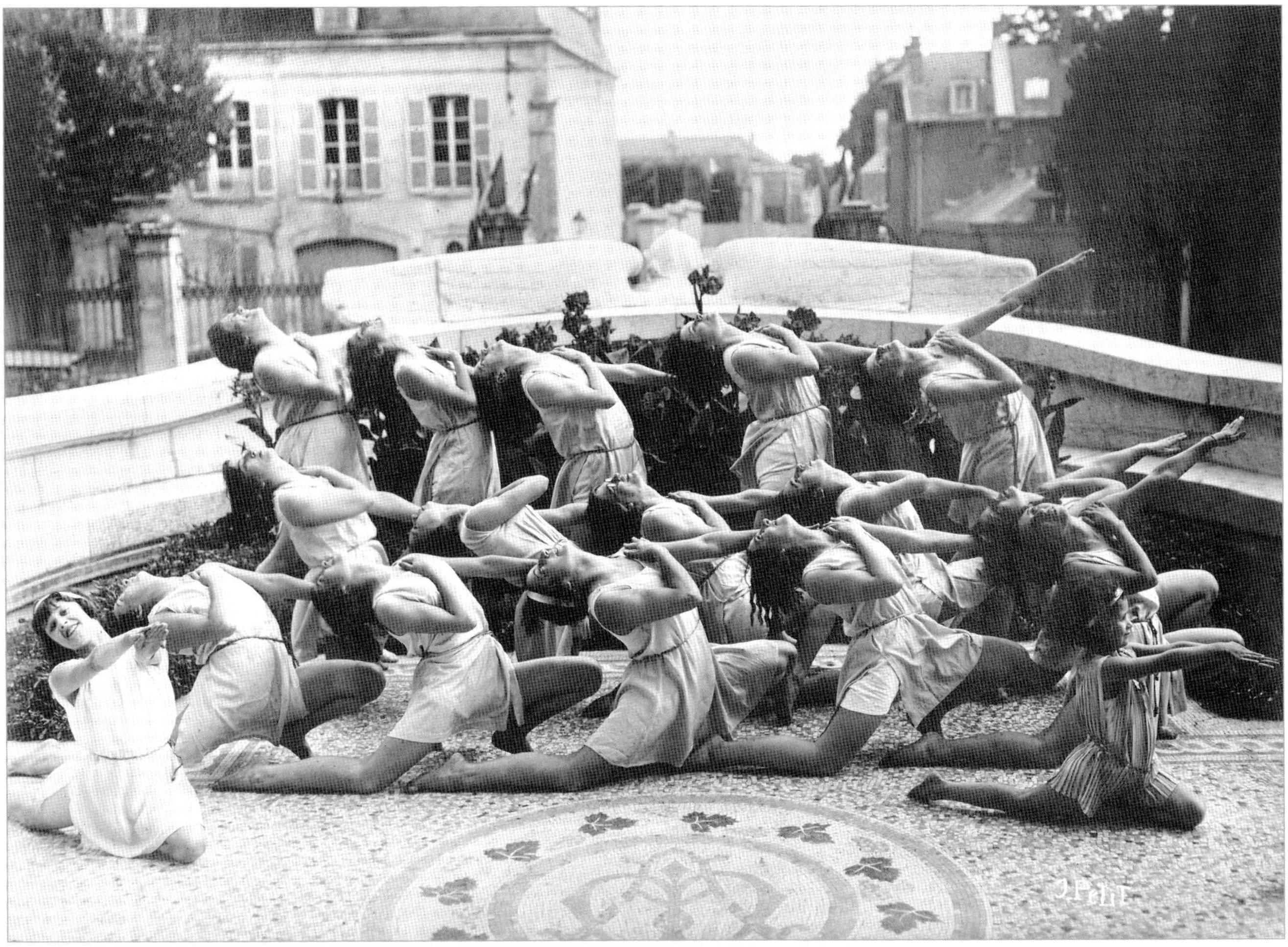
J.Petit

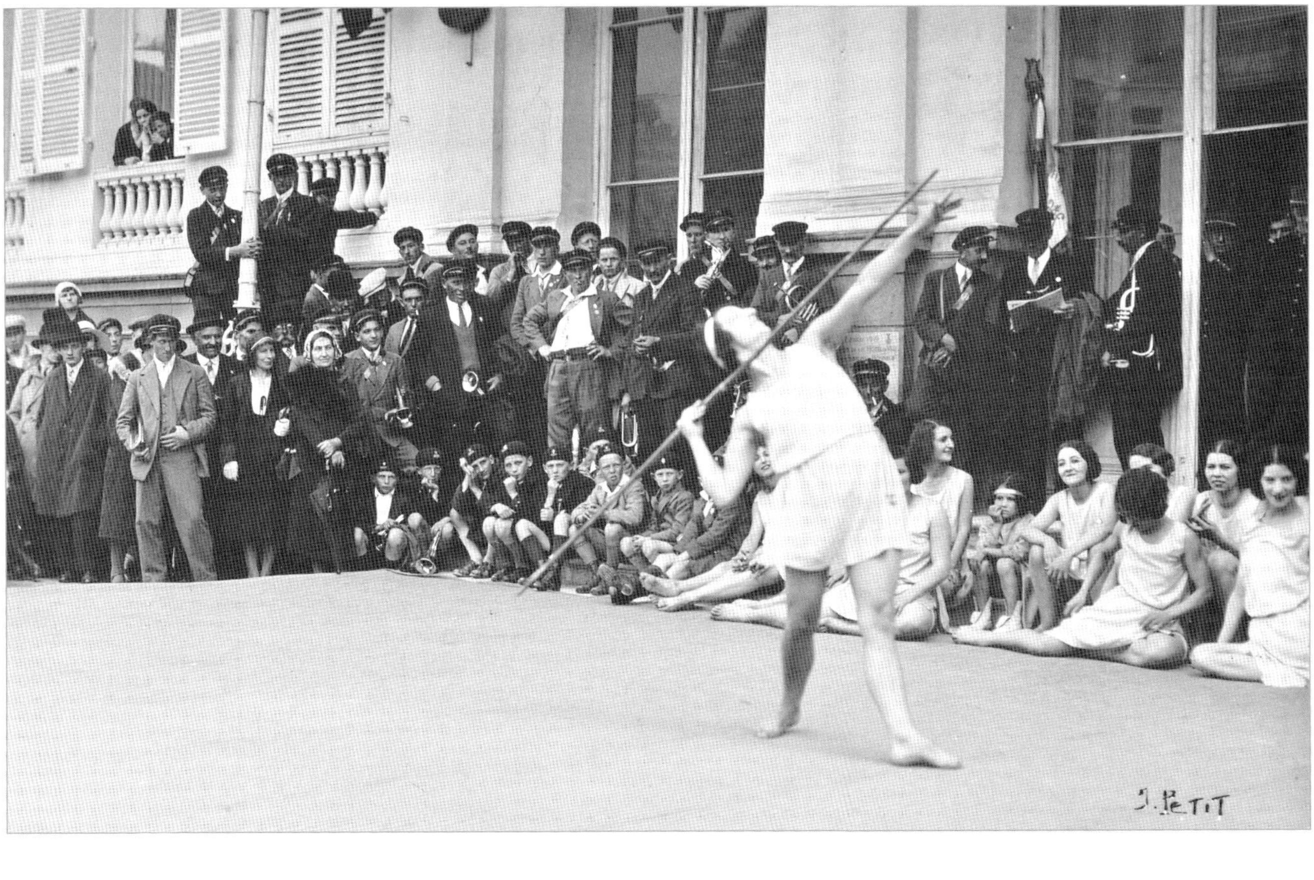
J.Petit

Croix de Guerre 39-45

Le 7 mai 1950, le président de la République, Vincent Auriol, vient remettre à Epernay la Croix de Guerre 1939-1945 et inaugurer le monument aux Martyrs de la Résistance.
La cérémonie a donc lieu place de la République, qui accueillera désormais les cérémonies patriotiques. Une cérémonie d'autant plus émouvante que, faute de fonds suffisants, les anciens Résistants ont œuvré eux-mêmes en partie à l'érection du monument.

- Photographie, Archives municipales d'Epernay, 1 Fi non coté.
- Diplôme de la Croix de Guerre 1939-1945 décerné à la Ville d'Epernay, Archives municipales d'Epernay, 3 K non coté.

On 7th May 1950, The French President, Vincent Auriol, comes to award Epernay with the 1939-1945 War cross and inaugurate the monument of Martyrs of the Resistance.
The ceremony is held Square République, which will now welcome all patriotic ceremonies. The ceremony is all the more moving, since, because of a lack of funds, the former war Resisters have
partly built themselves the monument.

- *Diploma of the 1939-1945 War cross granted to the City of Epernay, Municipal Archives Epernay, 3 K not rated.*
- *Photographs, Municipal Archives of Epernay, 1 Fi not rated.*

ASSOCIATION NATIONALE DES CROIX DE GUERRE
4, Boulevard des Invalides, Paris.

DIPLÔME DE CROIX DE GUERRE

NOM. *Ville d'Épernay*

CITATION. *à l'Ordre de la Brigade*

"Ville de la Marne ayant connu au cours des siècles de nombreuses invasions, mais ayant toujours fait preuve du plus noble et du plus pur patriotisme. Continua, pendant la guerre 1939-1945 la belle tradition de ses aïeux en créant un Centre de Résistance qui fut sur l'ensemble de la Région Champenoise, parmi les plus actifs et les plus efficaces."

Cette citation comporte l'attribution de la Croix de Guerre avec étoile de Bronze.

Copie certifiée conforme à l'original
Le Président Général :
H. Martin

Fait à Paris, le 11 Novembre 1948
Signé : Max Lejeune

1914-1918 — TOE — 1939-1945

N° 1672

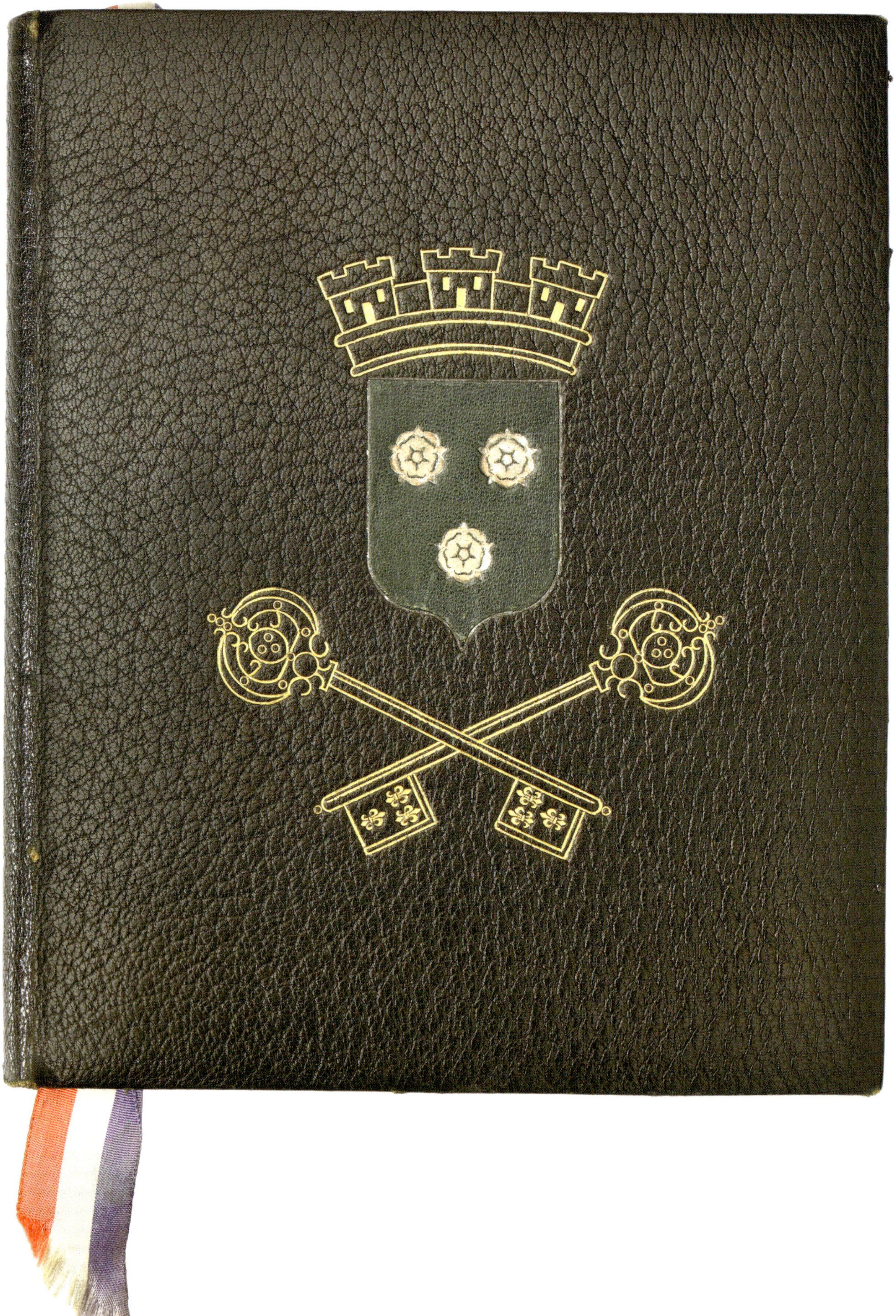

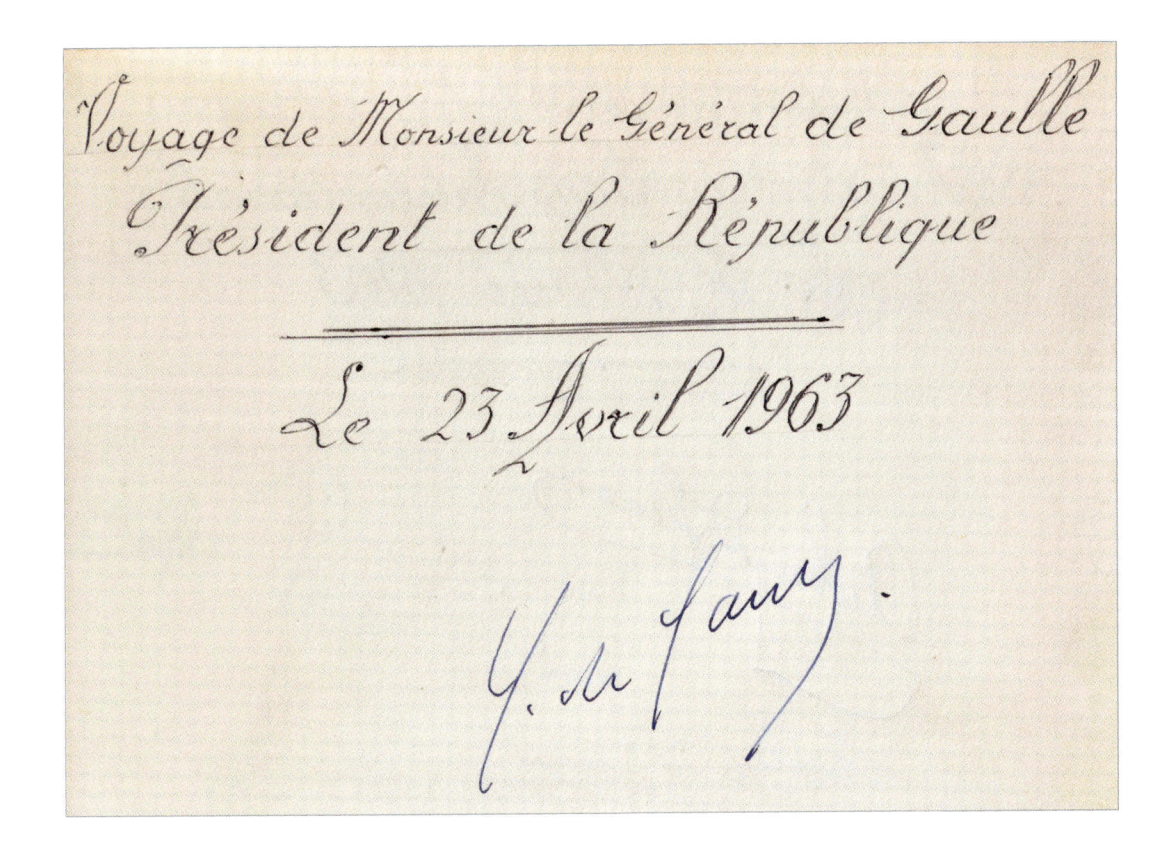

> *Voyage de Monsieur le Général de Gaulle*
> *Président de la République*
>
> *Le 23 Avril 1963*

■ Livre d'or de la Ville

Du 22 au 28 avril 1963, le Général de Gaulle effectue un voyage en Champagne-Ardenne et en Moselle. Le 23, le président arrive à Epernay, à 17h10. Les cloches des églises sonnent à toute volée.

Le parcours est chronométré à la minute près. Accueilli à l'Hôtel de Ville par le maire Roger Menu, il rencontre le Conseil municipal et des notabilités (autorités judiciaires, militaires, religieuses, haute administration, représentants du monde économique).

La médaille de la Ville est remise à l'illustre visiteur par le maire. Le Président signe le livre d'or de la Ville et fait une allocution place Hugues-Plomb.

Le Général part ensuite pour Châlons-sur-Marne, à 17h55, où il dînera et passera la nuit.

- Photographies du Livre d'Or de la ville

From 22nd to 28th April 1963, General de Gaulle makes a trip to Champagne-Ardenne and Moselle. On 23rd, the President arrives in Epernay, at 5.10 pm. The church bells ring out loud.
The route is controlled down to the minute. Welcomed at the City hall by the Mayor Roger Menu, he meets the City Council and local figures (law, military, religious, administrative authorities, representatives of the economic world).
The Medal of the City is given to the famous visitor by the Mayor. The President signs the Golden Book of the City and makes a speech Square Hugues-Plomb.
Then the General leaves for Châlons-sur-Marne, at 5.55pm, where he shall dine and spend the night.

- Photographs of the City Golden Book

■ Années 70-80

Après l'inauguration du monument aux Martyrs de la Résistance en 1950, les cérémonies ne se font plus avenue de Champagne. Elle redevient une artère fonctionnelle, une entrée de ville. Le garage Lemaire Frères y installe même une station essence en 1954.
Ce n'est qu'après sa réhabilitation à la fin des années 2000 que l'avenue redonnera un nouveau décor aux Maisons de Champagne qui y sont installées.
- Photographies [années 1970-1980], Archives municipales d'Epernay, 1 Fi non coté.

After the inauguration of the monument of Martyrs of the Resistance in 1950, ceremonies no longer take place avenue de Champagne. It becomes a functional artery again, an entry to the city. The garage Lemaire Frères even installs a petrol station there in 1954.
It is only after its rehabilitation at the end of the years 2000 that the avenue will give a new setting to the Houses of Champagne settled there.
- Photographs [years 1970-1980], Municipal Archives of Epernay, 1 Fi not rated.

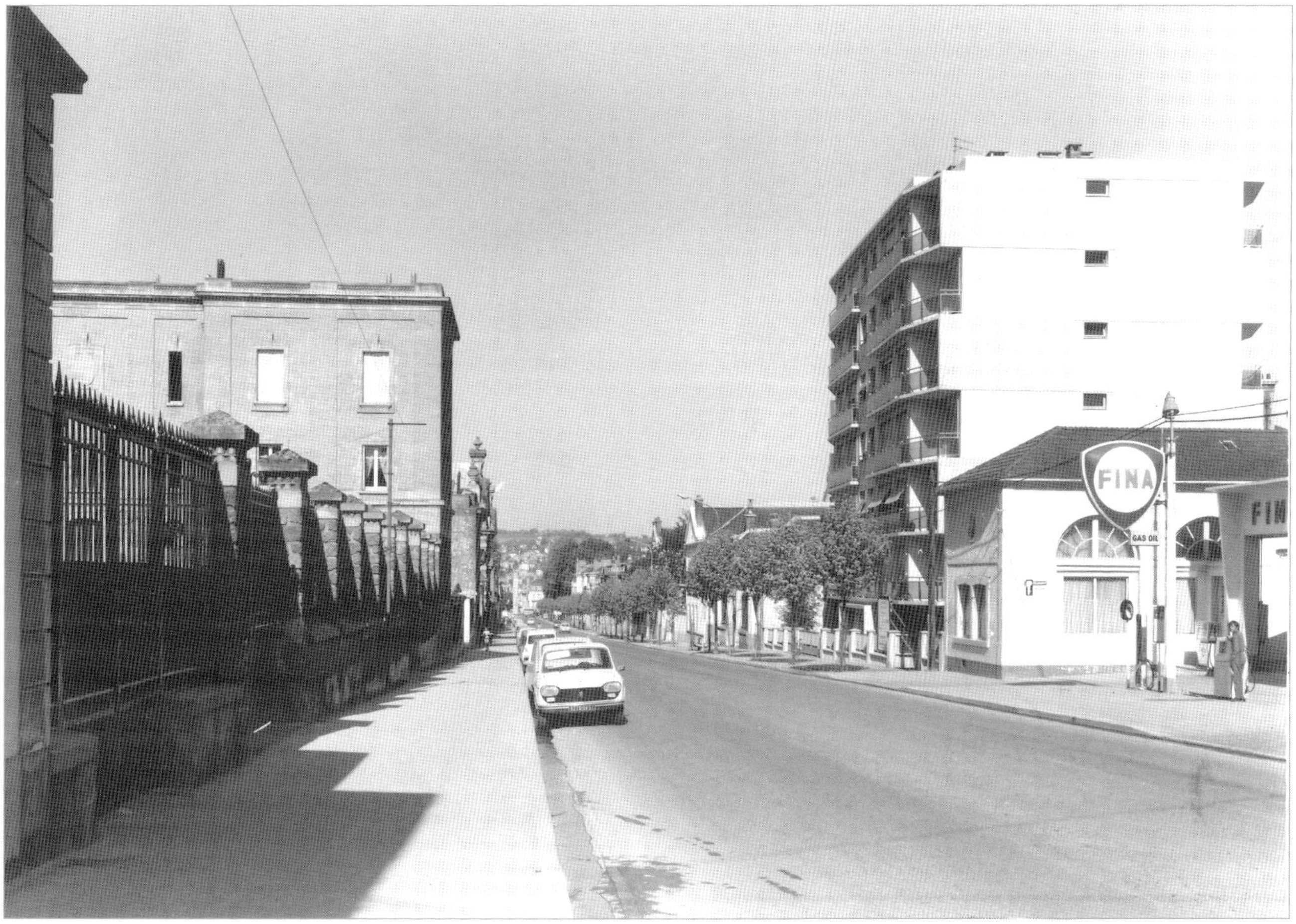
FINA
GAS OIL

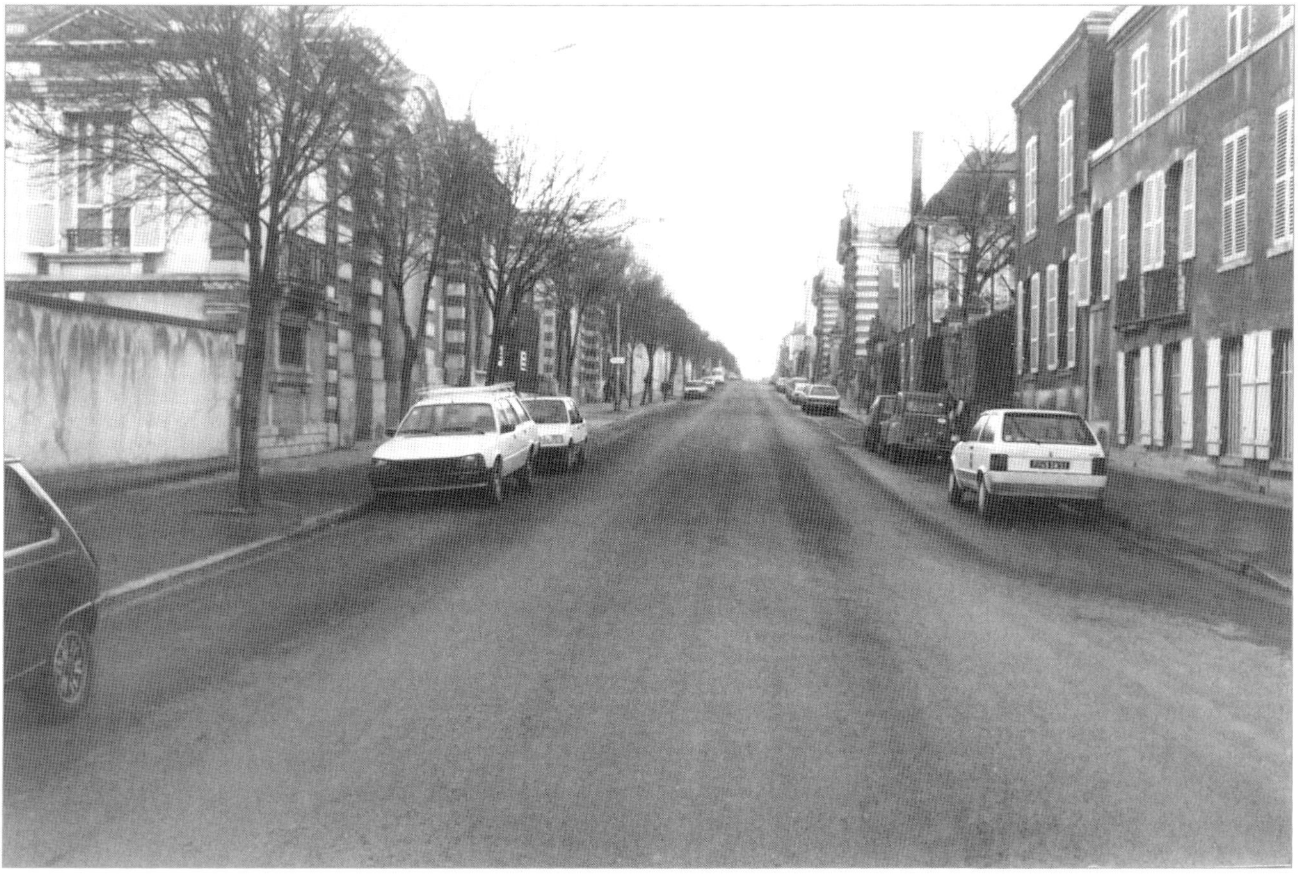

L'Avenue de Champagne, son architecture

■ Les Caves

Si le caractère exceptionnel de l'avenue de Champagne réside dans l'unicité et l'élégance de ses hôtels particuliers, une autre particularité, plus secrète, se cache sous ses pavés : un réseau de galeries de plus de 100 km. Creusées dans le banc de craie du mont Bernon à partir du XVIIIe siècle pour certaines, les caves des Maisons de Champagne forment une véritable ville sous la ville. A partir de la moitié du XIXe siècle, ces galeries composent un réseau géométrique à vocation industrielle. Les plus grandes sont celles des Maisons Moët & Chandon et Mercier, respectivement 28 et 18 km.

If the exceptional character of avenue de Champagne lies in the uniqueness and elegance of its private mansions, another particularity, more secret, hides under its paving stones: a network of galleries more than 100 km long. Dug in the bank of chalk of the mount Bernon from the 18th century for some of them, the cellars of the Houses of Champagne form a real city under the city. From the half of the 19th century, these galleries compose a geometrical network designed for industry. The largest are these of the Houses Moët & Chandon and Mercier with respectively 28 and 18 km.

Champagne Moët & Chandon

Champagne Mercier

Percement des caves

Dès 1871, Eugène Mercier débute le creusement de caves de sa Maison de Champagne. Six années seront nécessaires pour créer les 42 525 m² de galeries. La célèbre galerie de Pékin est longue de plus d'un kilomètre.

- Percement d'une galerie des caves du Champagne Mercier

As from 1871, Eugène Mercier starts digging the cellars of his House of Champagne. Six years shall be necessary to create 42,525m² of galleries. The famous Beijing Gallery is more than one kilometre long.

- Drilling of a gallery of Champagne Mercier cellars

ÉPERNAY — PERCEMENT D'UNE NOUVELLE GALERIE DE CAVES
(Collection du Champagne Mercier).

ÉPERNAY — PERCEMENT D'UNE GALERIE DE CAVES
(Collection du Champagne Mercier).

Caveau Bacchus

Un soin particulier est apporté à la décoration des caves. Pour cela, les négociants font appel à de grands artistes. L'un des plus imposants reliefs est l'œuvre de Gustave Navlet pour les caves Mercier. Les thèmes viticoles sont privilégiés comme, par exemple, le personnage mythologique de Bacchus représenté sous la forme d'un enfant qu'une nymphe désaltère.

A special care is brought to the ornament of cellars. To do so, wine-traders turn to great artists. One of the most impressive reliefs is the work by Gustave Navlet for Mercier cellars. Wine subjects are privileged as, for example, the mythological Bacchus character represented in the form of a child whose thirst a nymph is quenching.

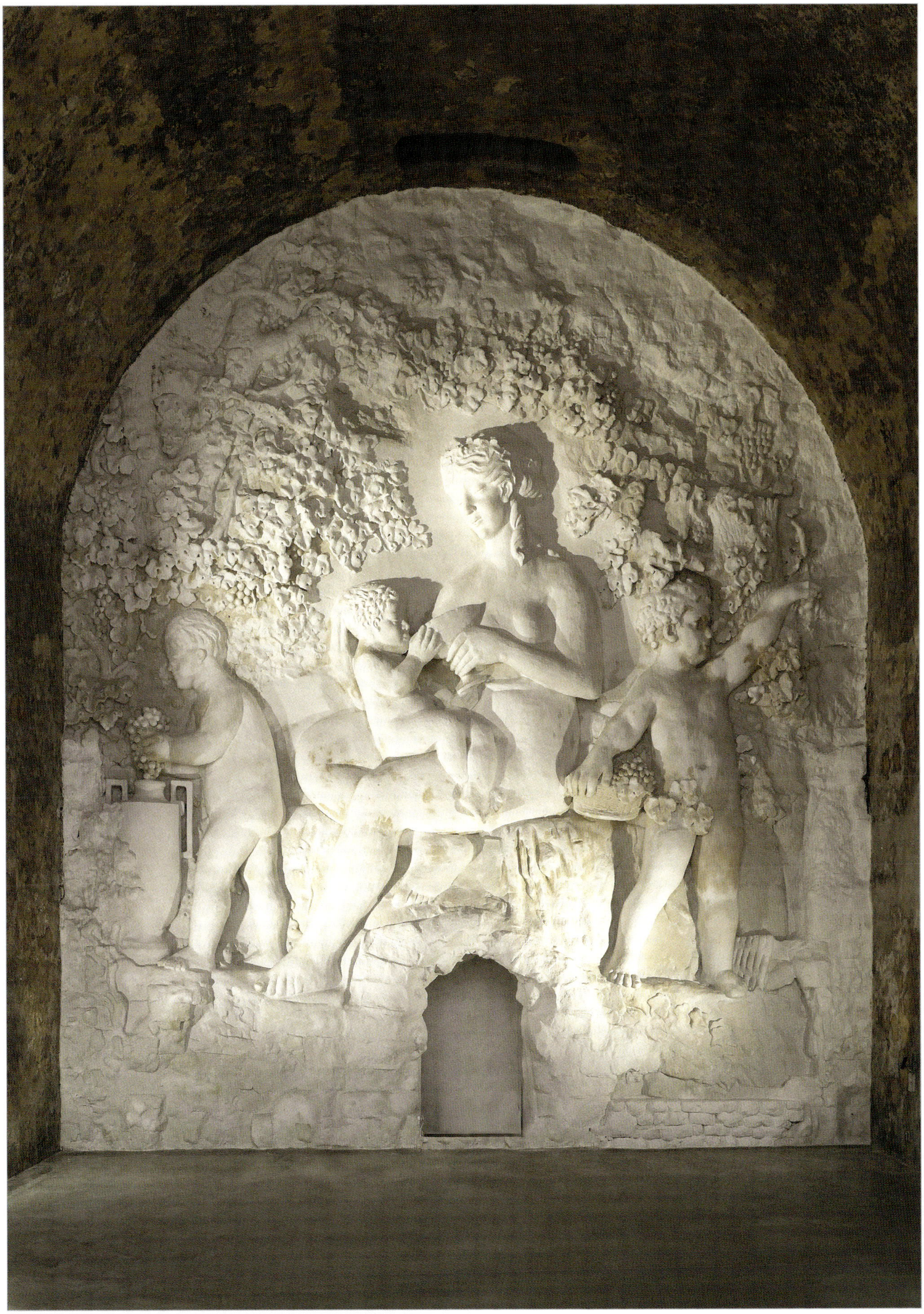

Graffitis

Lieux de production industrielle mais également de vie, les caves sont ornées de nombreux graffitis représentant des portraits sculptés, des dates gravées et des inscriptions qui témoignent d'événements historiques.

« *Les caves sont un lieu de vie. Et l'âme de la Maison.* » Hervé Deschamps, chef de caves de la Maison Perrier Jouët, sait de quoi il parle. Il connaît par cœur le produit et les caves dans lesquelles le champagne de la Maison est élaboré depuis le XIXe siècle. Et d'évoquer les graffitis qui ornent les murs des caves, témoins des bons et mauvais moments de l'Histoire : « *c'est l'autre vie des caves* ». Mais les caves sont aussi, et surtout, un lieu de production du champagne. Qui plus est, « *situées sous l'avenue de Champagne, une vitrine de ce qui se fait de plus beau en Champagne, et à Epernay, au cœur des trois cépages utilisés pour élaborer le vin des Rois.* »

Being places for industrial production but also life places, the cellars are decorated with numerous graffiti representing sculptured portraits, engraved dates and inscriptions that testify of historical events.
« The cellars are a living place. And the Soul of the House. » Hervé Deschamps, head of the cellars of the House Perrier Jouët, knows what he talks about. He knows by heart the product and the cellars in which the champagne of the House has been produced since the 19th century. He also mentions the graffiti decorating the cellars walls, witnesses of good and bad moments alike in History: « this is the other life of cellars ». But the cellars are also, and above all, a place of champagne production. Moreover, « located under the avenue de Champagne, a showcase for what is most beautifully made in Champagne, and in Epernay, at the heart of the three grape varieties used to produce the wine of Kings. »

Champagne Perrier-Jouët

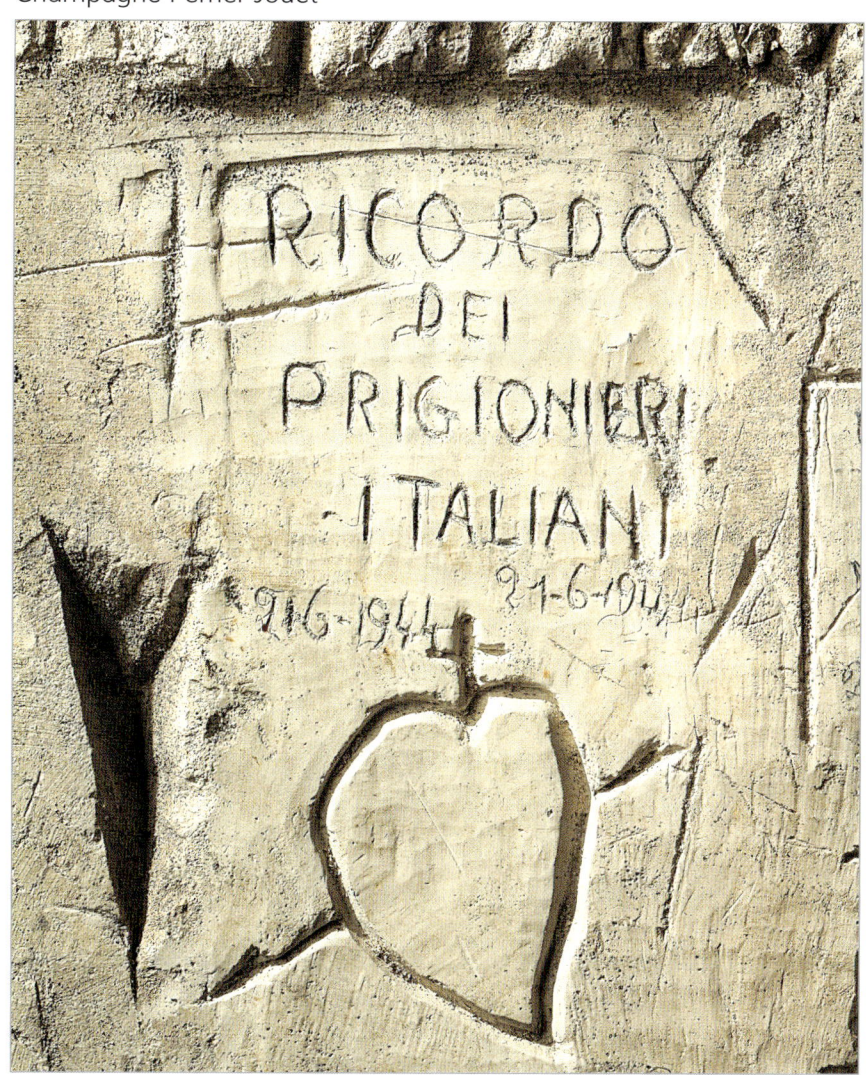

Champagne Boizel

Champagne Perrier-Jouët

Champagne Pol Roger

Champagne Boizel

Champagne de Castellane

Napoléon 1ᵉʳ et Moët & Chandon

Bicorne de l'empereur Napoléon 1ᵉʳ.
Napoléon 1ᵉʳ aurait offert ce foudre en chêne d'Algarve à Jean-Remy Moët lors d'une de ses visites.

Emperor Napoleon 1ˢᵗ's two-pointed hat.
Napoleon 1ˢᵗ would have offered this barrel in oak from the Algarve region to Jean-Remy Moët during one of his visits.

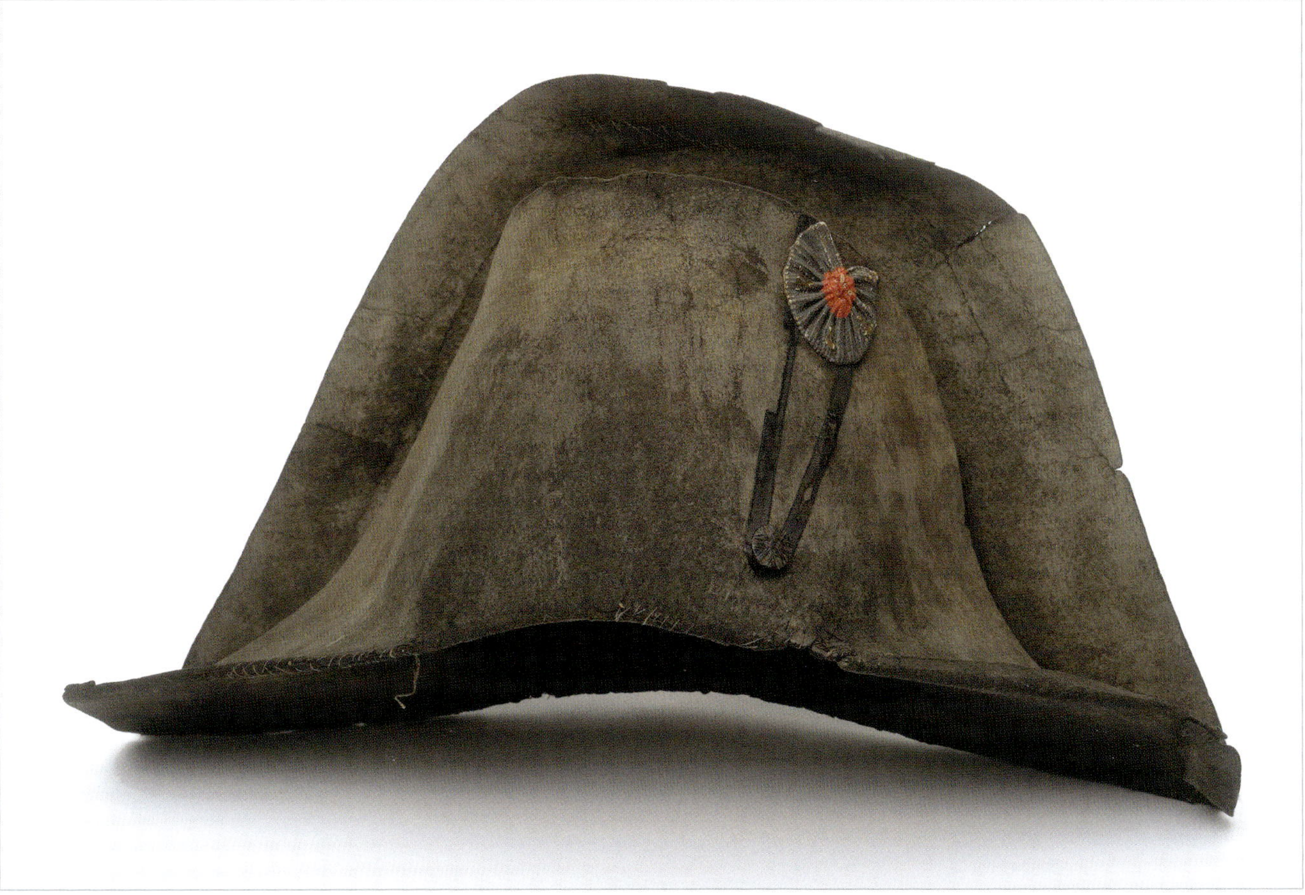

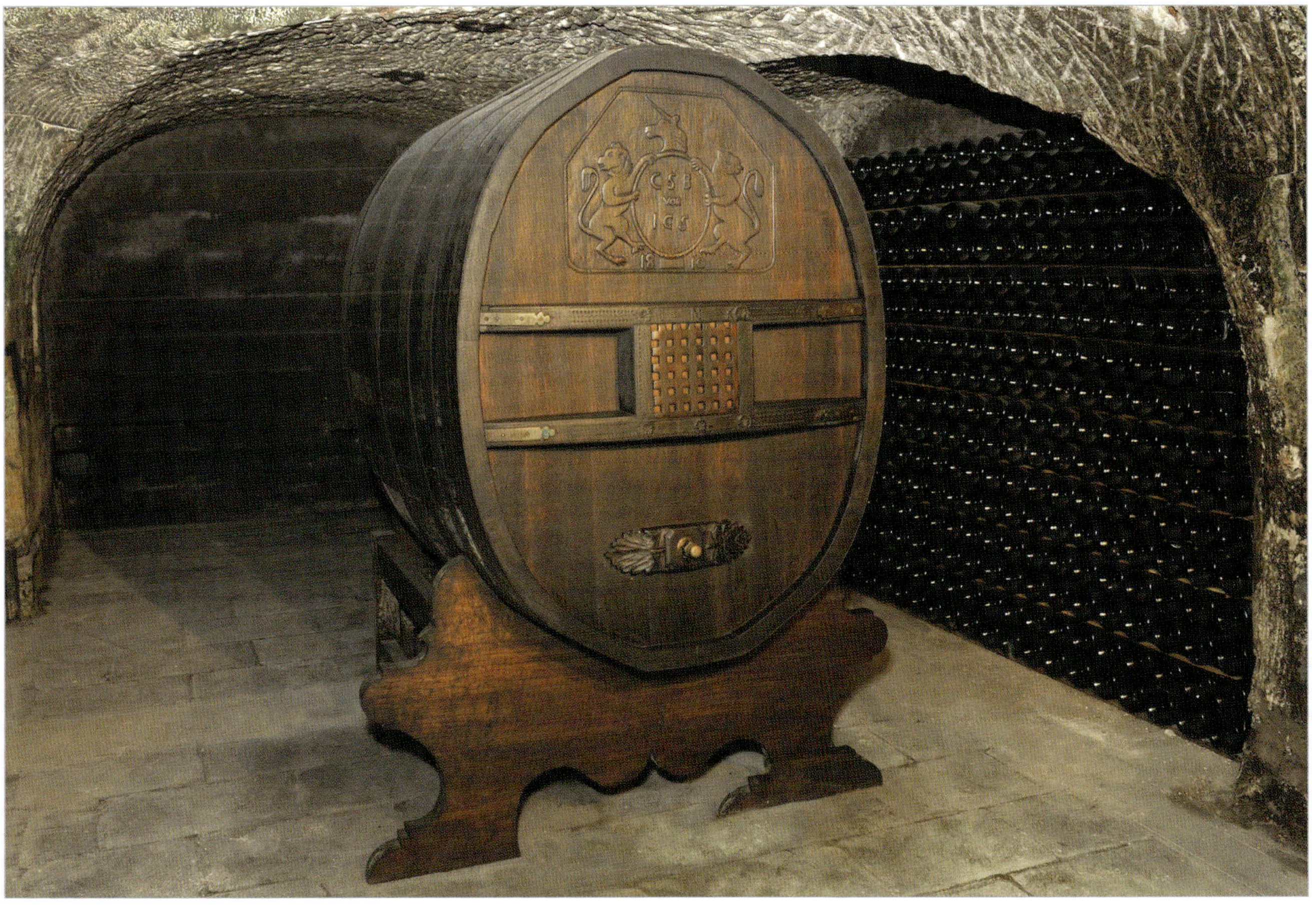

Tour de Castellane

Depuis 1904, la tour de Castellane surplombe l'avenue de Champagne. S'érigeant en véritable enseigne publicitaire, elle est ornée de chaque côté d'un lion portant le monogramme « UN » de l'Union Champenoise. En 1990, elle est inscrite au titre des Monuments Historiques.

Since 1904, The Castellane tower has been overlooking the avenue de Champagne. Rising as a real advertising light, it is decorated on each side with a lion holding the monogram « UN » for Union Champenoise. In 1990, it was registered as a Historic Monument.

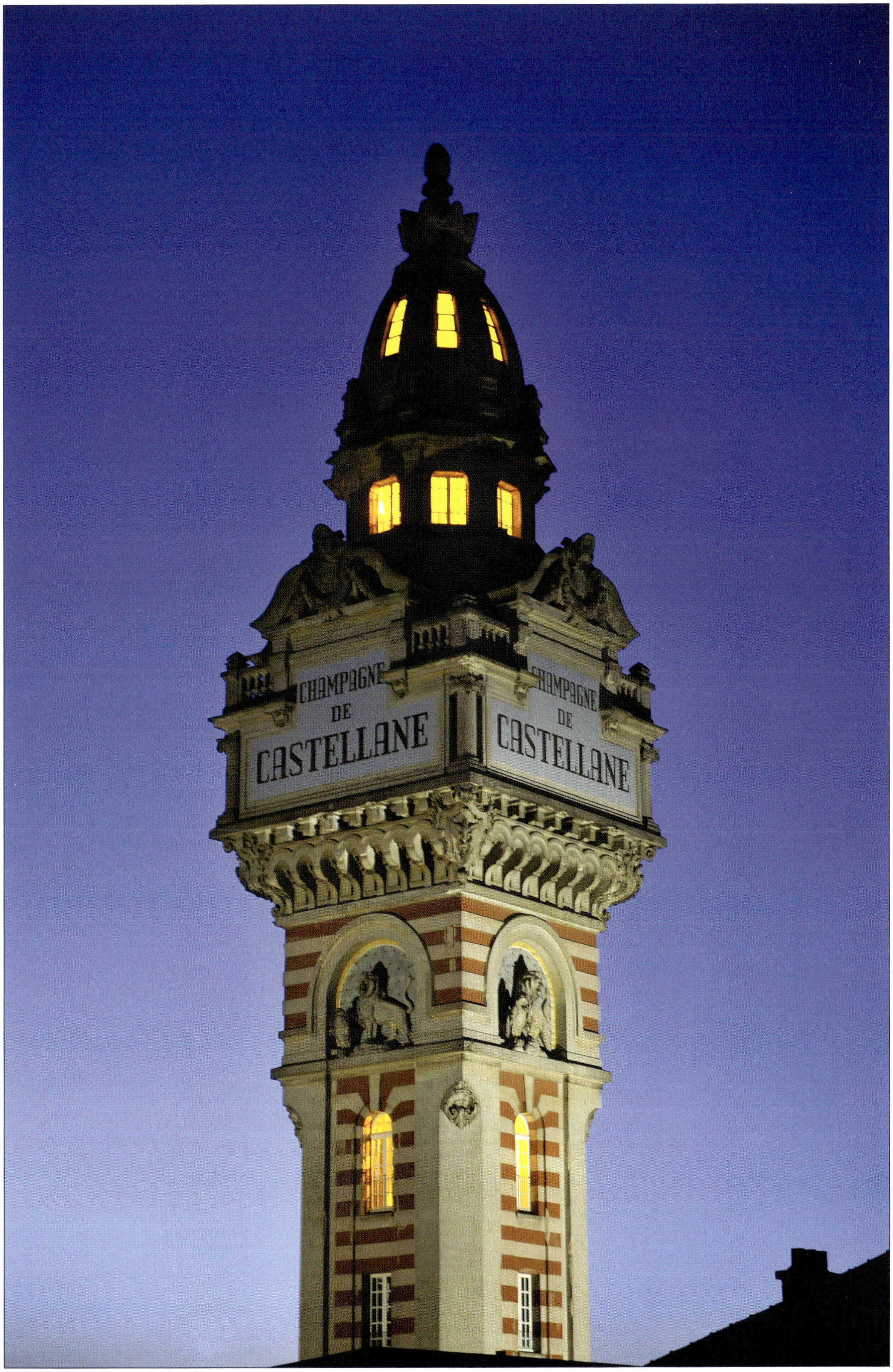
CHAMPAGNE
DE
CASTELLANE
CHAMPAGNE
DE
CASTELLANE

Maison de Castellane

La Maison de Castellane proposa longtemps à ses clients un étiquetage personnalisé des bouteilles. Une bibliothèque, conçue spécialement, les conserve encore aujourd'hui.

The House de Castellane has offered for a long time to its clients a customized label for their bottles. A specially designed library still keeps them today.

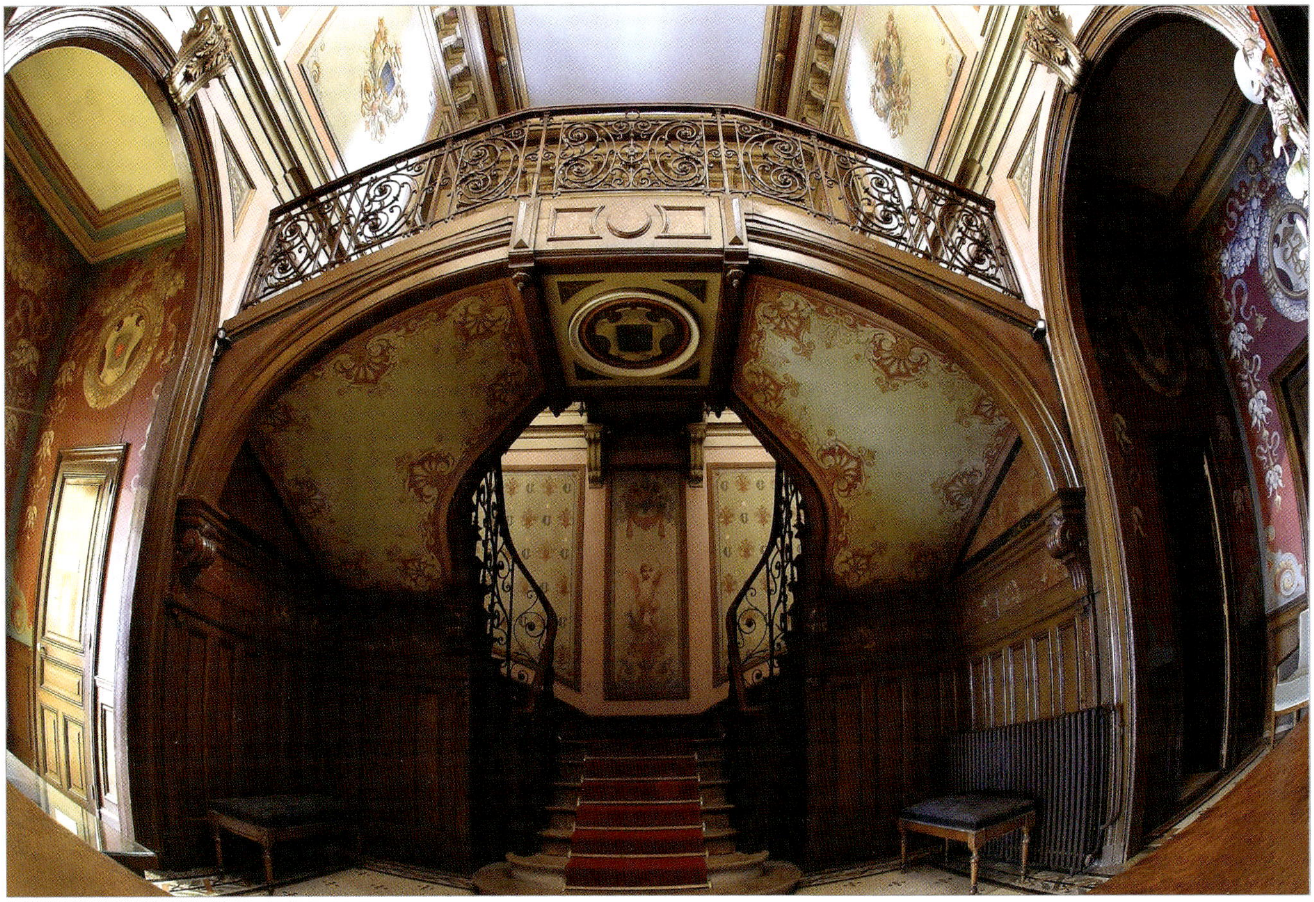

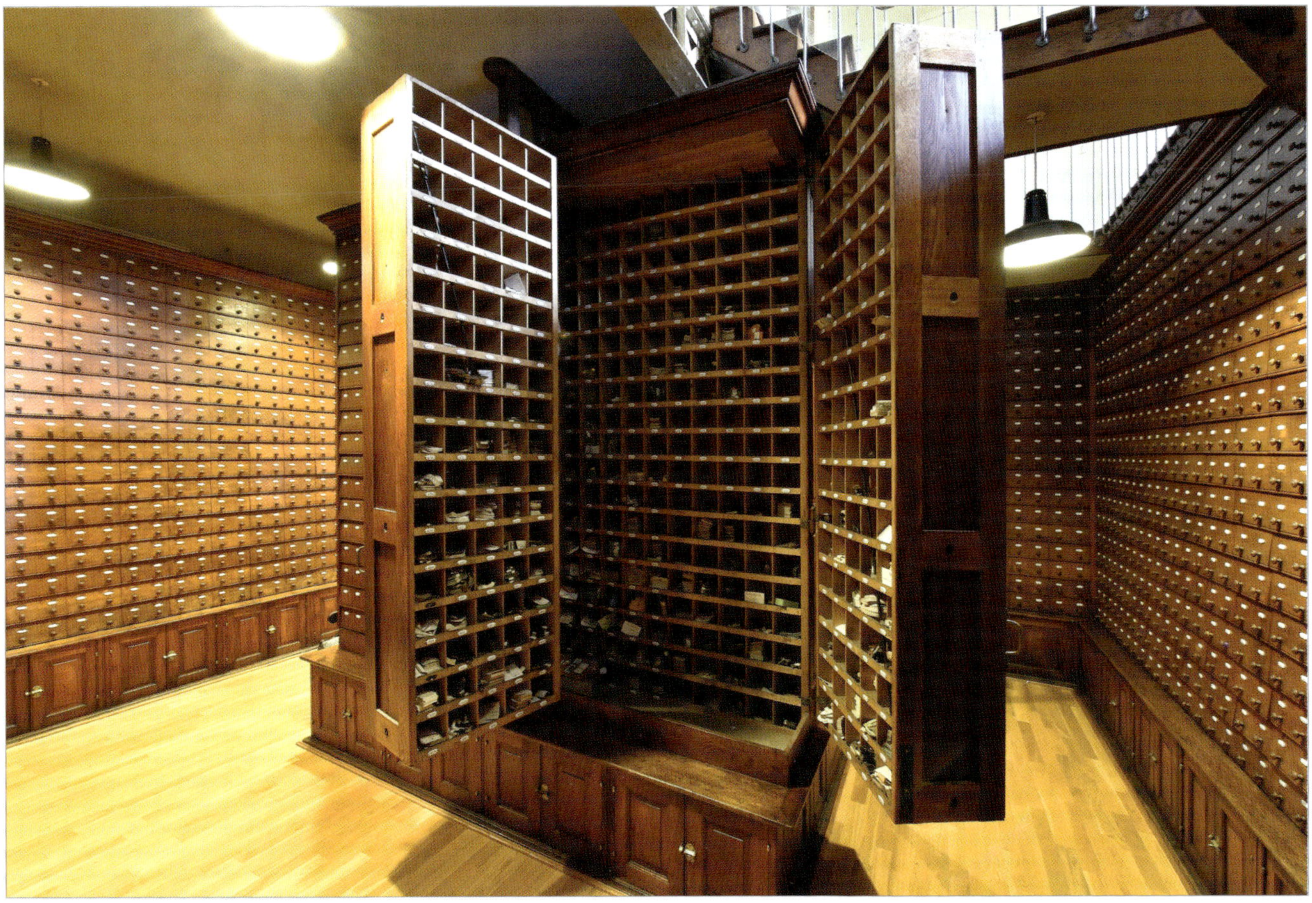

■ Céramiques

Visibles depuis la voie de chemin de fer, plusieurs plaques de céramique ornent la Maison de Castellane. Y sont inscrits les noms de différentes villes du monde où le Champagne était alors expédié.

Visible since the rail way, several ceramic plates ornate the House de Castellane. The name of several cities in the world where Champagne was then shipped is written.

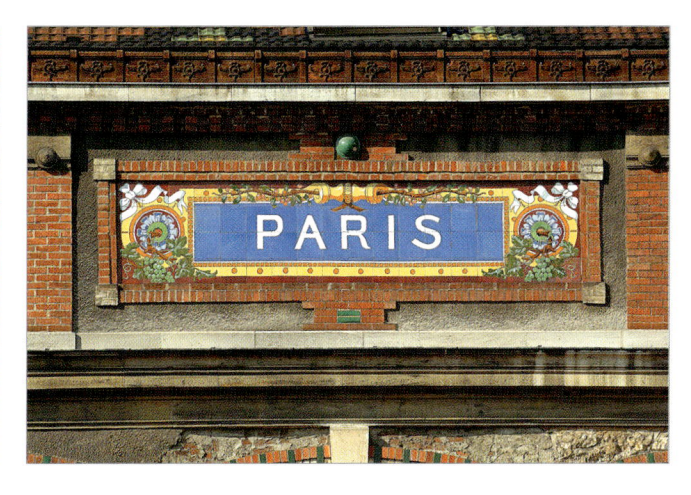

HAMBOURG	TUNIS
BRUXELLES	LONDRES
ALEXANDRIE	PARIS
SIDNEY	STOCKOLM

Château Perrier

À partir de 1852, Charles Perrier, héritier de la Maison Perrier-Jouët et maire d'Epernay de 1854 à 1870, fait construire par l'architecte sparnacien, Eugène Cordier, son hôtel particulier sur l'avenue de Champagne. Par sa taille et son aspect ostentatoire, il est communément appelé « château ». À l'époque, il est l'édifice le plus élevé de la ville et devient un élément phare de l'architecture d'Epernay du milieu du XIXe siècle.

From 1852, Charles Perrier, heir to the House Perrier-Jouët and Mayor of Epernay from 1854 to 1870, has his private mansion built by the Epernay architect Eugène Cordier, on the avenue de Champagne. By its size and ostentatious aspect, it is commonly called « château ». At the time, it is the highest building of the city and becomes a key element of Epernay architecture in the middle of the 19th century.

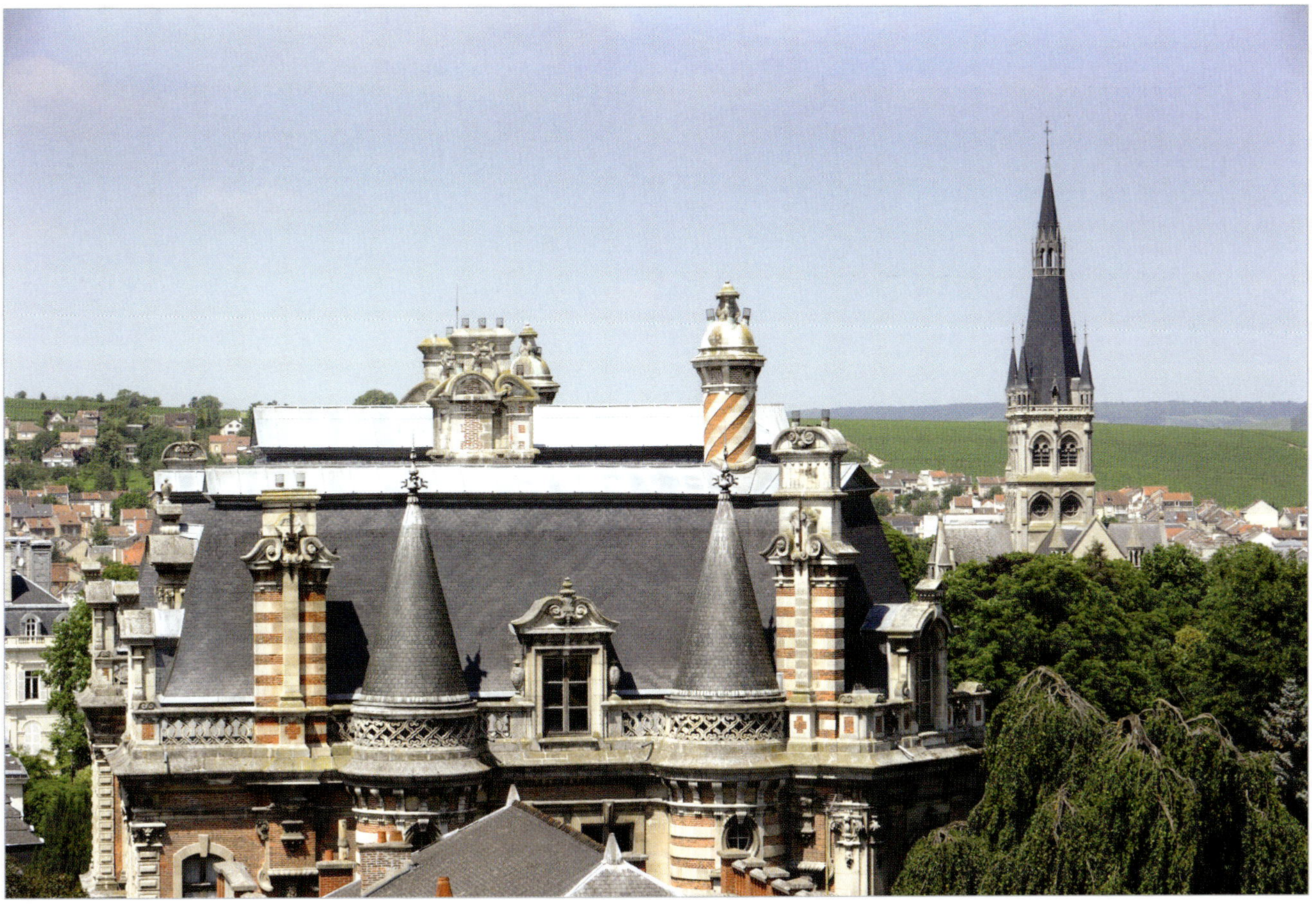

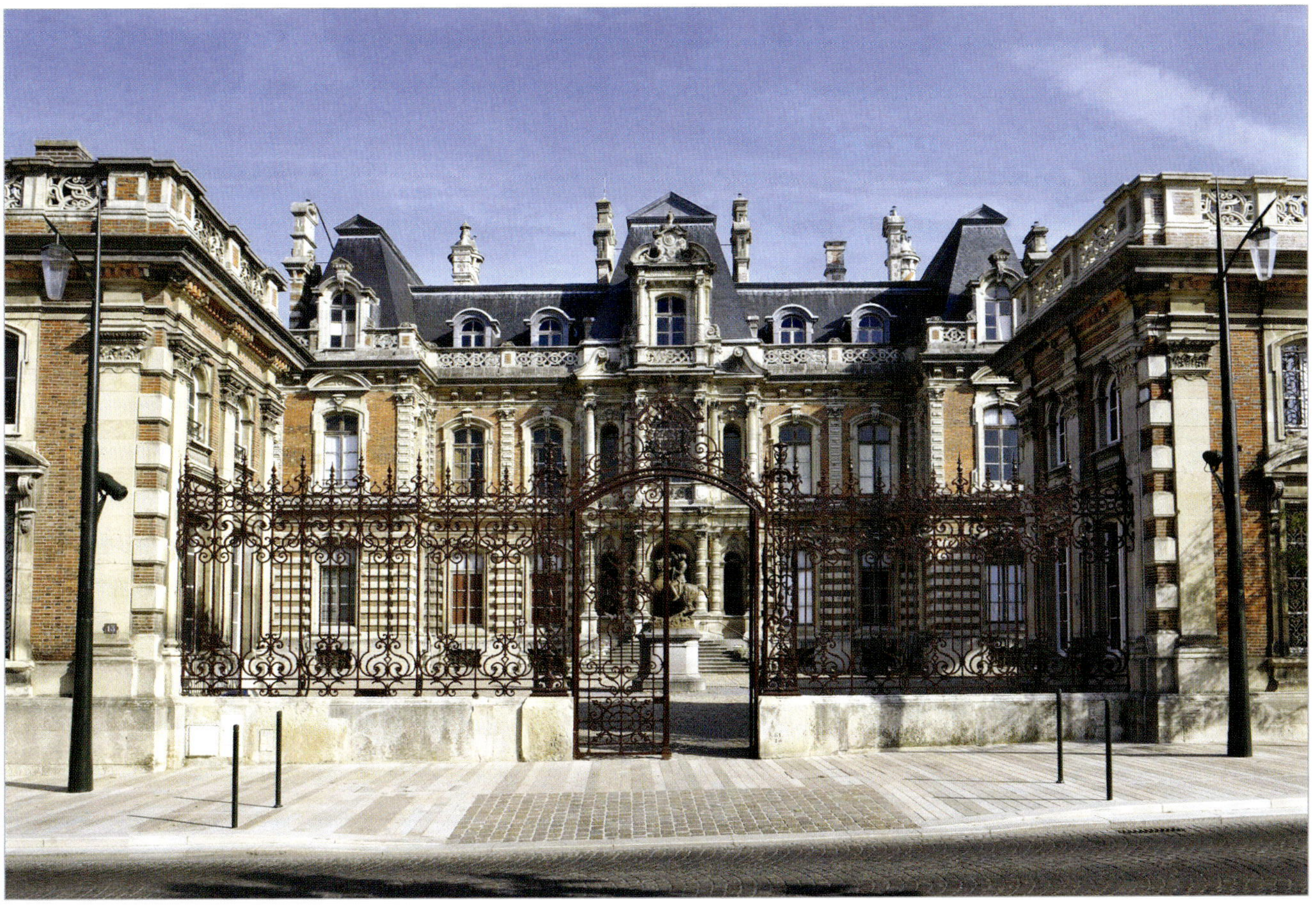

Château Perrier

Le château Perrier est caractéristique du style dit « éclectique » : l'architecte mêle avec variété et fantaisie plusieurs styles architecturaux. Il reprend essentiellement les éléments du style Louis XIII pour son effet esthétique, notamment la polychromie avec l'utilisation de la brique. La façade principale foisonne de détails et de décorations comme des animaux fantastiques servant de gargouilles ou des colonnes cannelées et baguées dont les décors imitent les colonnes du portail central du palais des Tuileries à Paris.

The Perrier château is typical of the so-called « eclectic » style: the architect mixes with variety and fantasy several architectural styles. He mainly takes over elements of the Louis XIII style for its aesthetic effect, notably polychromy with the use of the brick. The main façade is full of details and decorations such as fantastic animals used as gargoyles or fluted and ringed pillars whose ornaments imitate the pillars of the central gate of the Tuileries palace in Paris.

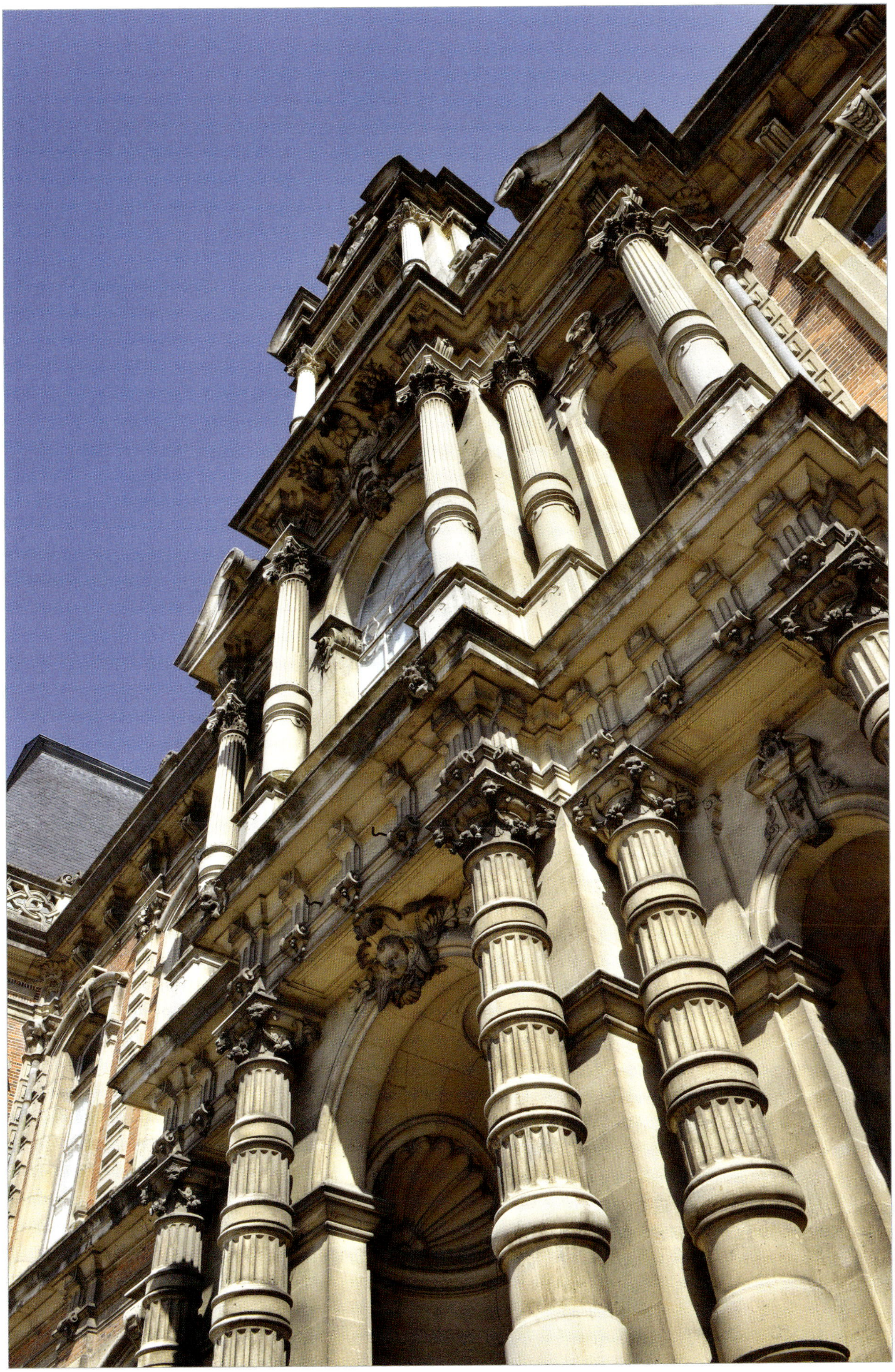

■ Château Perrier

Sculptée sur la façade principale du château, la date 1854 n'indique pas la fin des travaux, qui ne furent terminés qu'en 1857, mais rappelle la mort du fondateur de la maison, Nicolas Perrier, et la nomination de Charles, son fils, comme maire de la ville d'Epernay.

Sculptured on the main façade of the château, the date 1854 does not indicate the end of the works, which were only completed in 1857, but reminds of the death of the House founder, Nicolas Perrier, and the appointment of Charles, his son, as Mayor of the city of Epernay.

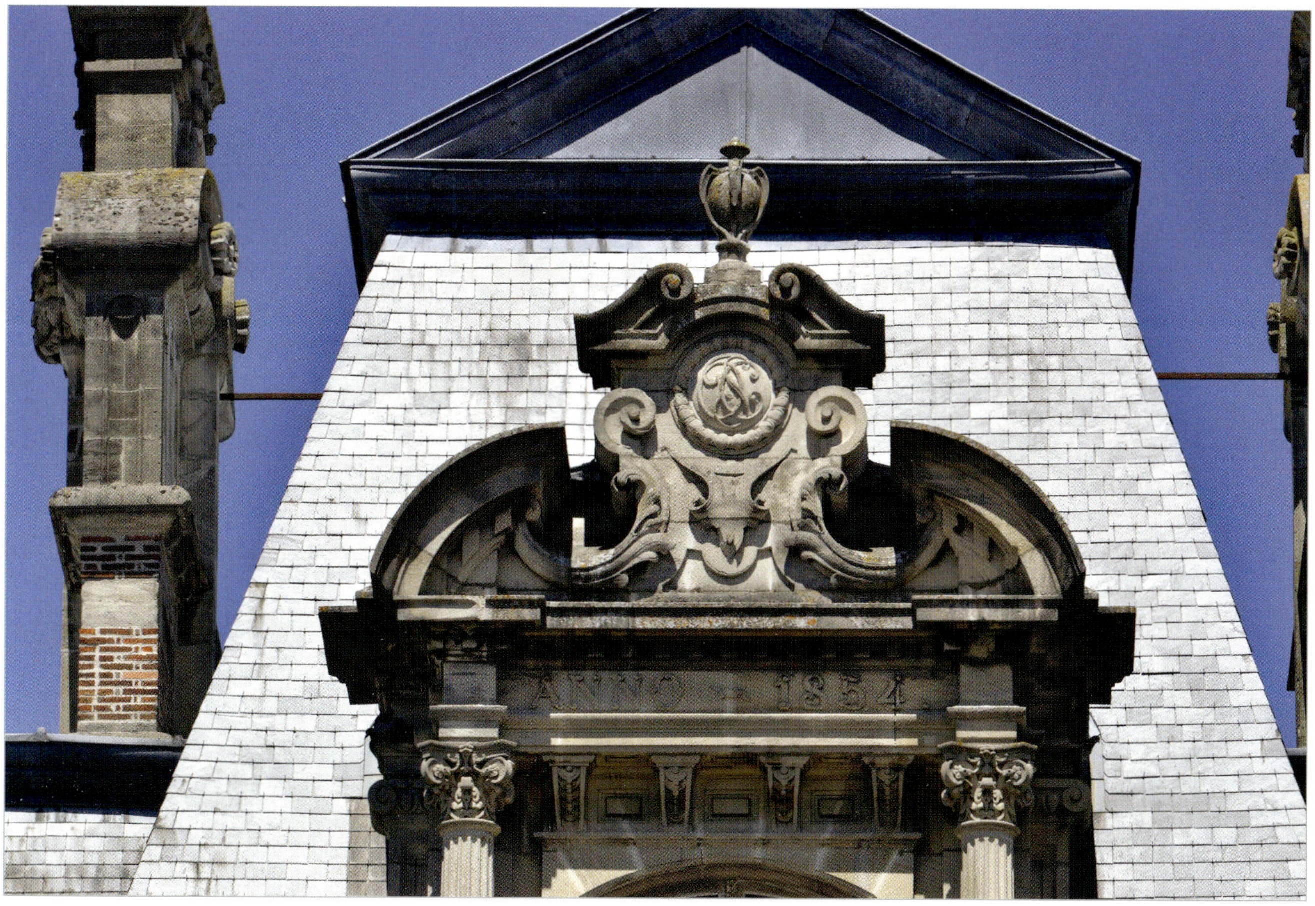
ANNO 1854

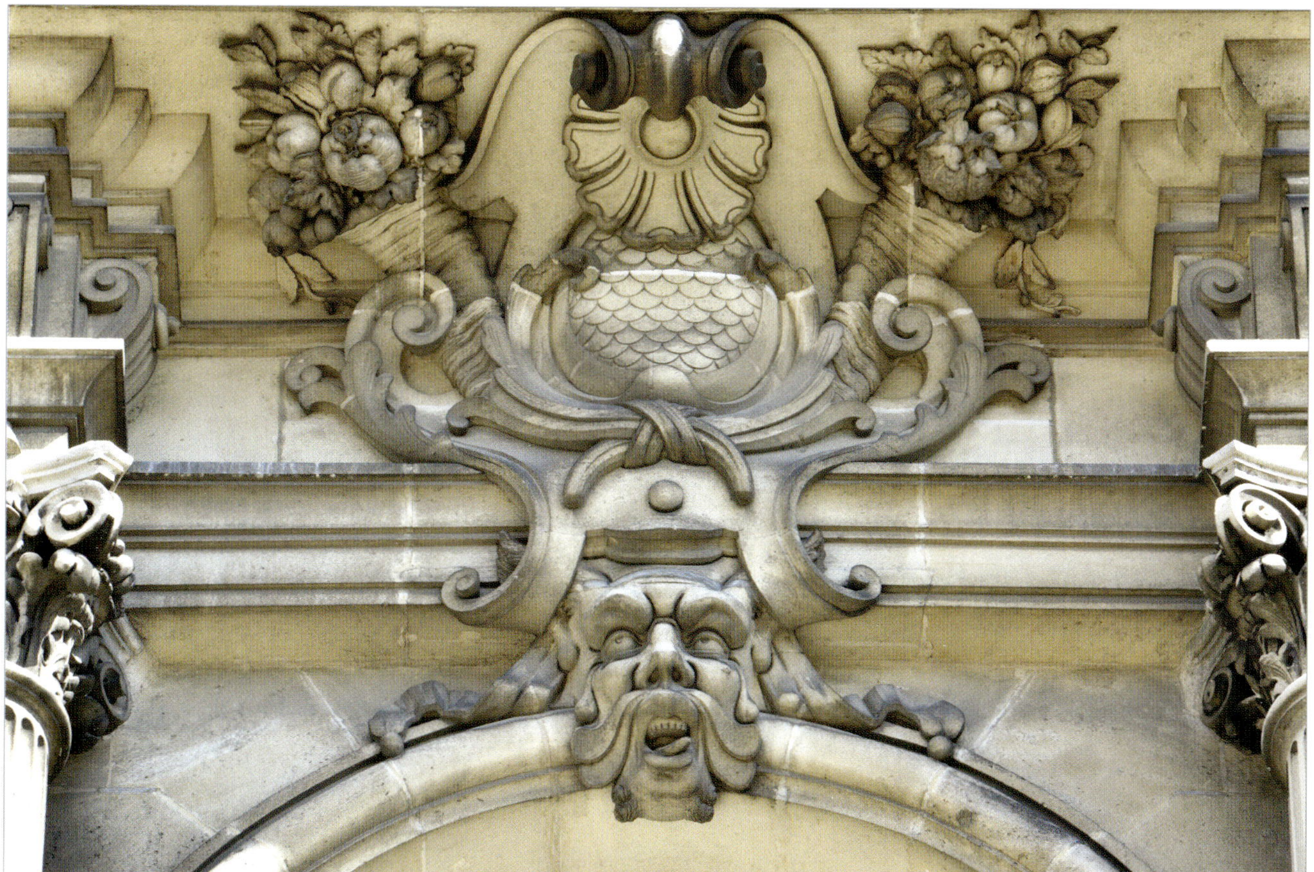

■ Château Perrier

Passionné de chasse à courre, l'héritier et neveu de Charles Perrier, Henri Gallice, commande la statue du « Veneur » au sculpteur Pierre Le Nordez. Elle est fondue au Val d'Osne en Haute-Marne. Depuis 1890, elle orne la cour centrale du château.

Passionate about fox hunting, the heir and nephew of Charles Perrier, Henri Gallice, orders the statute « Foxhound » to the sculptor Pierre Le Nordez. It is melted at Val d'Osne in Haute-Marne. Since 1890, it ornates the central yard of the château.

75

Château Perrier

De style néo-XVIIIᵉ, la grille du château Perrier est réalisée par un ferronnier parisien, Roy, en 1856. Elle est expédiée par train pour être assemblée sur place. Les inscriptions « Roche » et « Commercy » certifient la qualité de l'ouvrage : le fer de roche, le meilleur de l'époque, est utilisé et il a été travaillé aux forges de Commercy. Dans la partie supérieure apparaissent les initiales des propriétaires, « COP » pour Charles et Octavie Perrier.

With a neo-18th style, the front gate of the château Perrier is made by a Parisian iron craftsman, Roy, in 1856. It is shipped by train to be assembled on site. The mentions « Roche » and « Commercy » certify the quality of the piece of work: the rock iron, the best at the time, is used and has been worked at the blacksmith shop of Commercy. In the upper part, the initials of the owners can be seen, « COP » for Charles and Octavie Perrier.

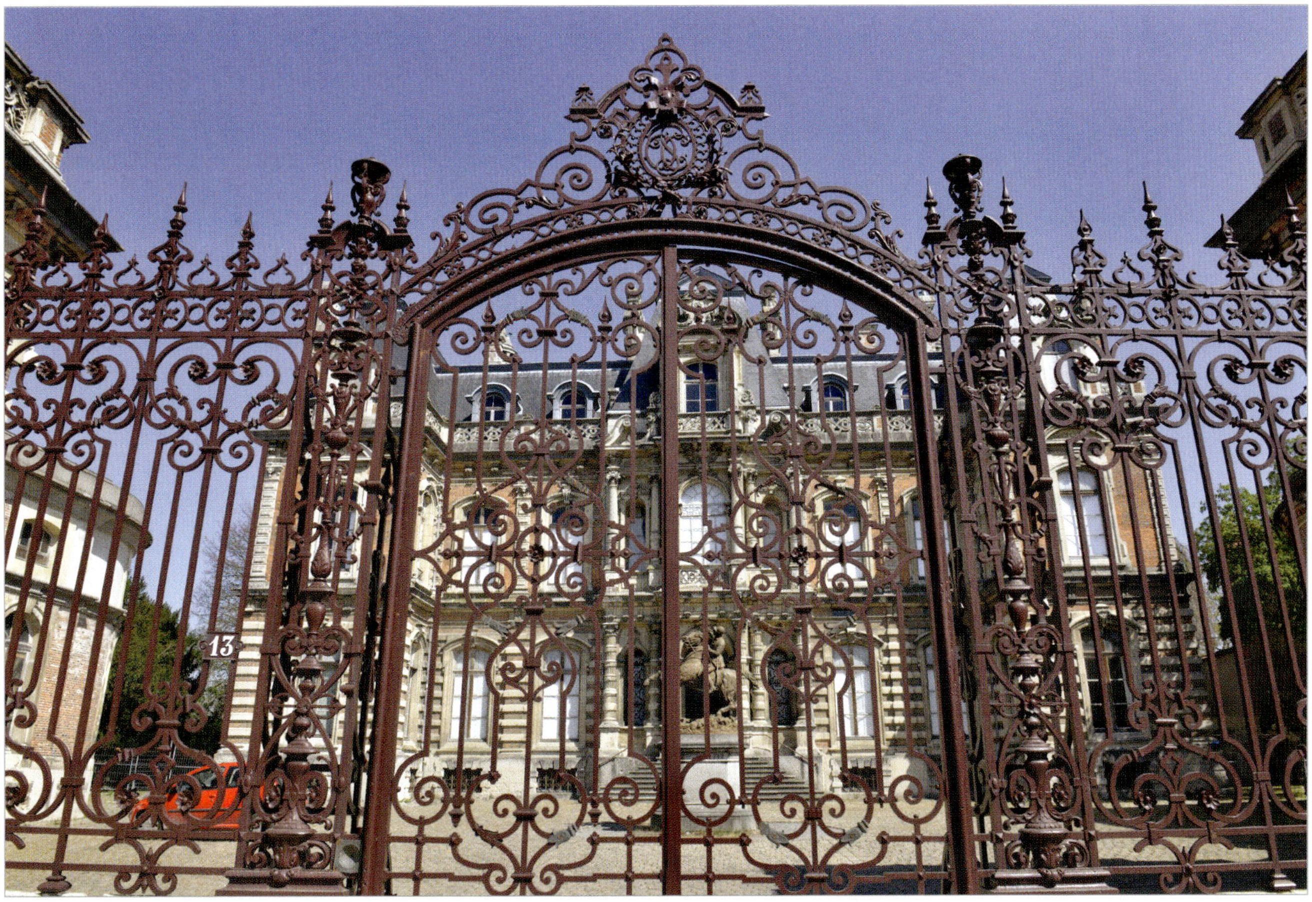
13

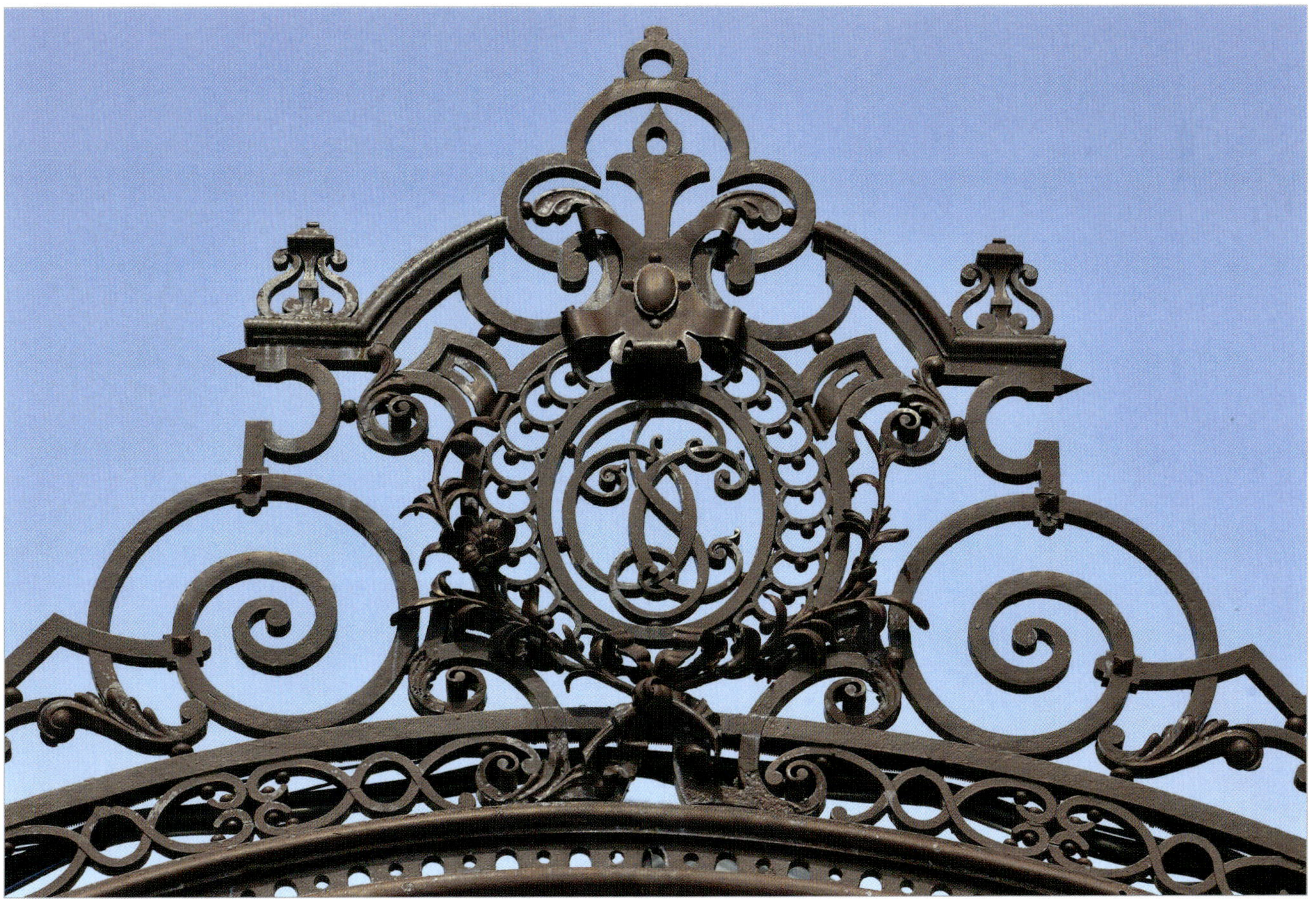

■ Château Perrier

Au-dessus des toits en ardoises s'élèvent des cheminées alliant la couleur blanche de la pierre au rouge des briques. Signe d'une attention particulière apportée au moindre détail architectural, cet appareillage symbolise la fumée tourbillonnant dans le ciel.

Above the roofs in slates, some chimneys rise, mixing the white colour of the stone with the red of bricks. The sign of a particular attention being brought to the least architectural detail, this equipment symbolises the smoke swirling in the sky.

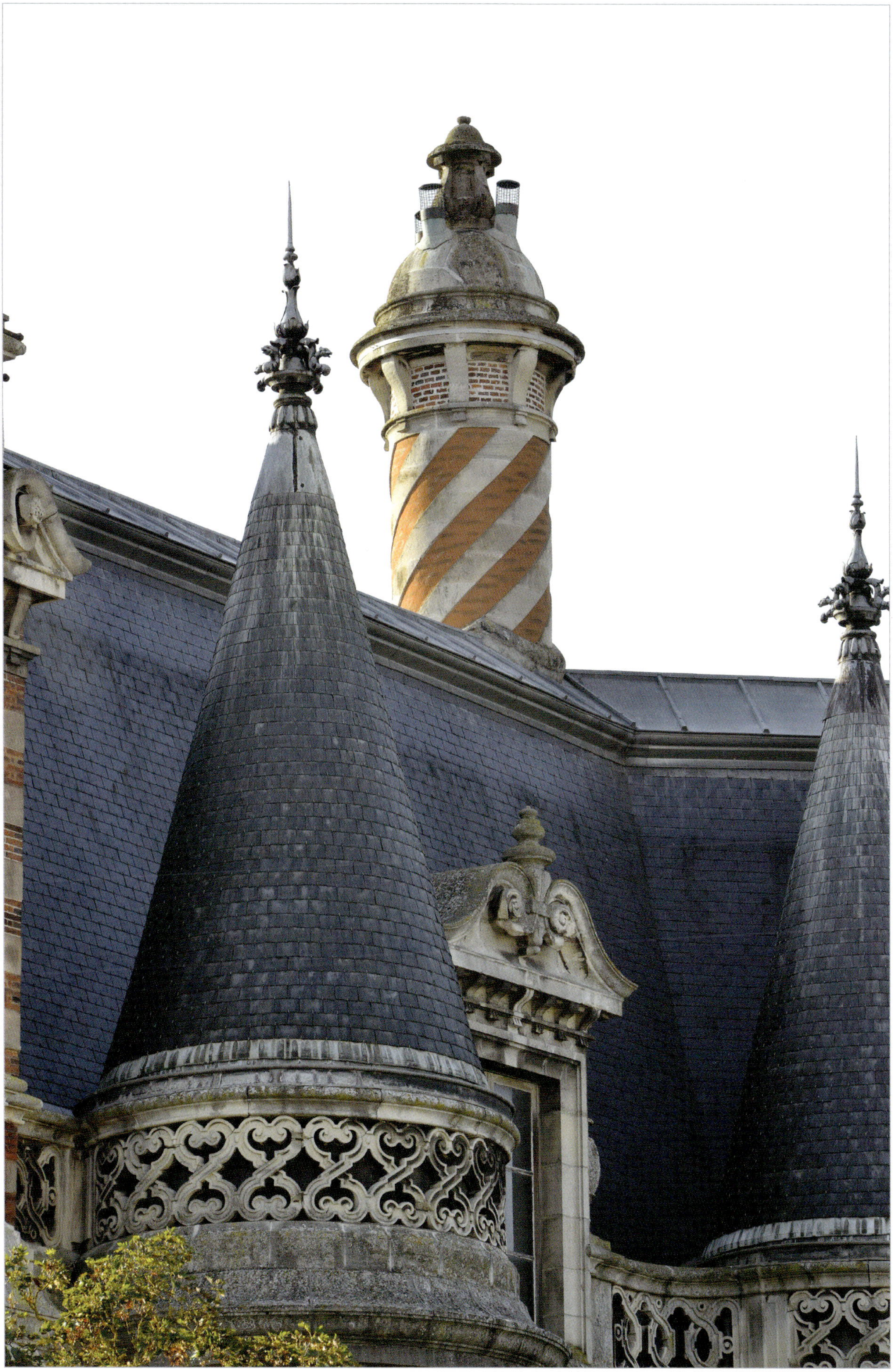

■ Château Perrier

Le hall d'entrée du château est orné d'un escalier monumental qui comprend une montée centrale entourée de deux volées parallèles. Son décor accentue cette composition théâtrale. Les garde-corps et leurs entrelacs sont d'inspiration Renaissance. Les chapiteaux de la galerie guident le regard vers les différents motifs du plafond à caissons. À l'exception des chapiteaux, taillés dans la pierre, l'ensemble est fait de carton pierre, matériau à base de papier souvent utilisé pour les ornements de moulures et de décors.

The entrance hall of the château is ornate with a huge staircase which includes a central climb surrounded by two parallel flights of stairs. Its decoration strengthens this theatrical composition. The banisters and their tracery are of Renaissance inspiration. The capitals of the gallery guide the look towards the various motives of the coffered ceiling. Except for the capitals, carved in stone, the whole is made of stone cardboard, a paper-based material often used for the ornaments of mouldings and settings.

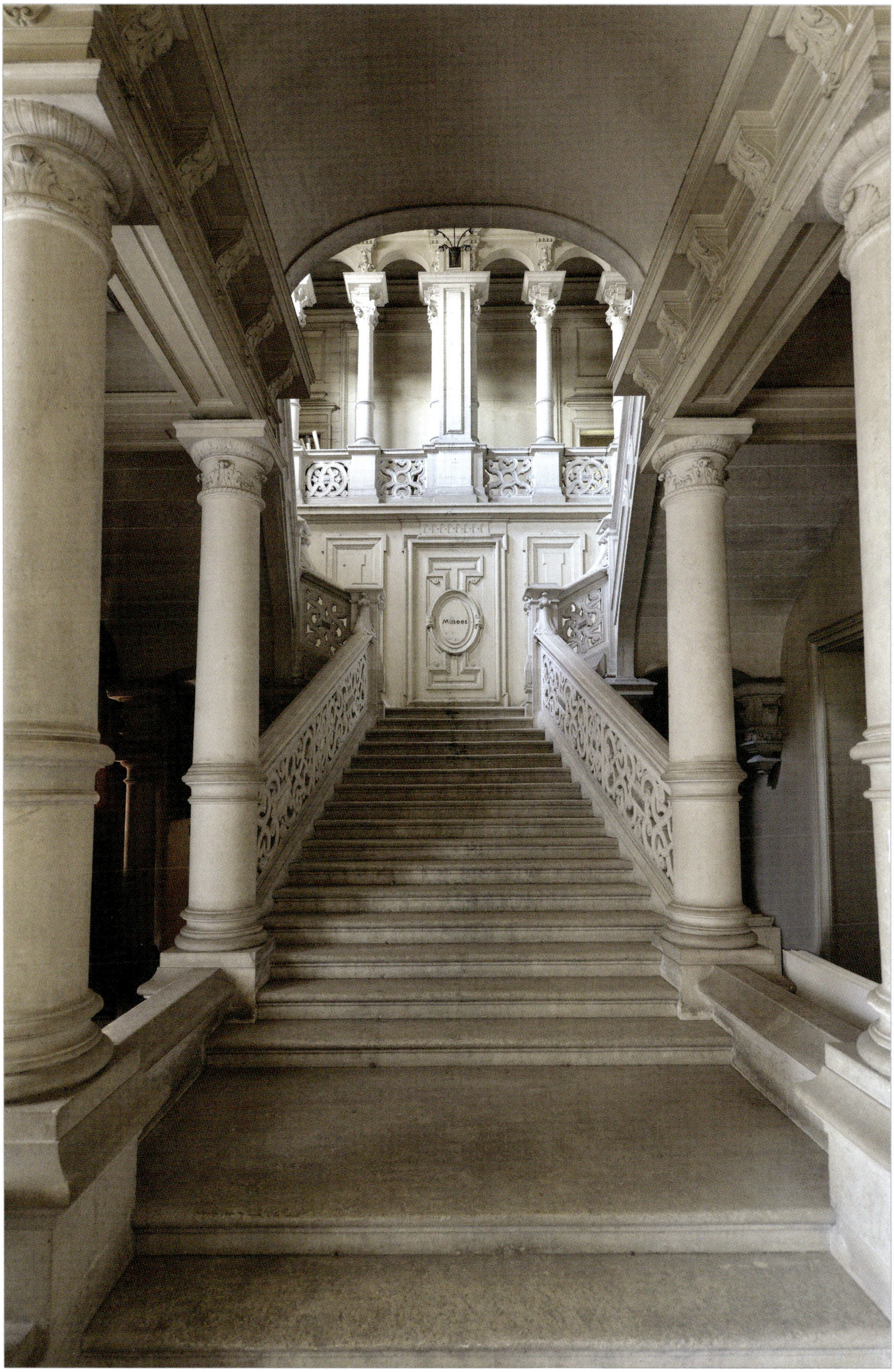
Musées

■ Château Perrier

Un soin particulier a été apporté à la décoration des sols des différentes pièces de réception du château. La mosaïque du vestibule est notamment dotée d'un décor végétal polychrome tandis que le parquet du grand salon est constitué d'une marqueterie d'au moins quatre essences de bois.

A special care has been brought to the decoration of floors in the reception rooms of the château. The patchwork of the entrance hall in particular is decorated with vegetal polychrome, whereas the wooden floor of the large lounge is made of marquetry with at least four wood species.

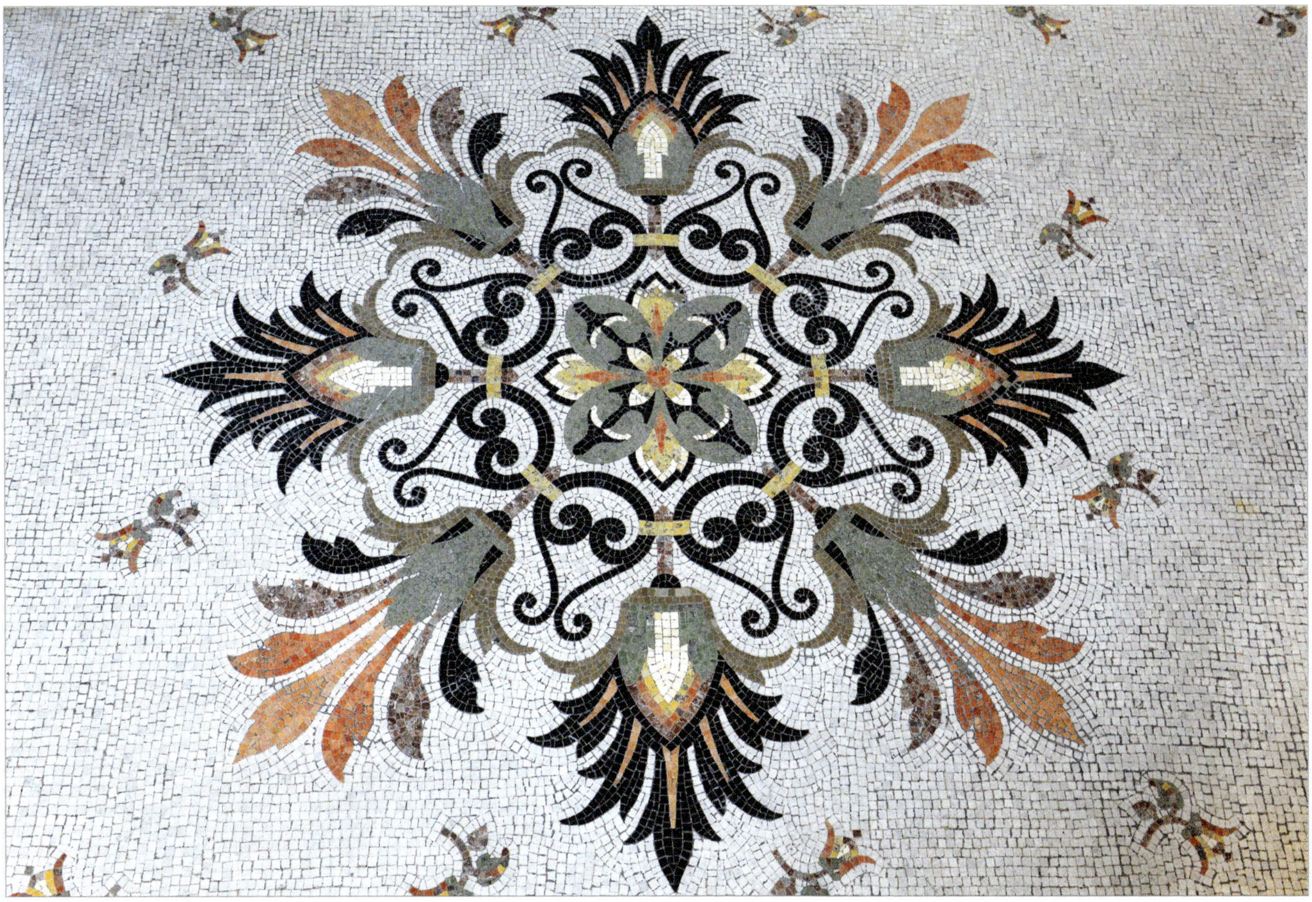

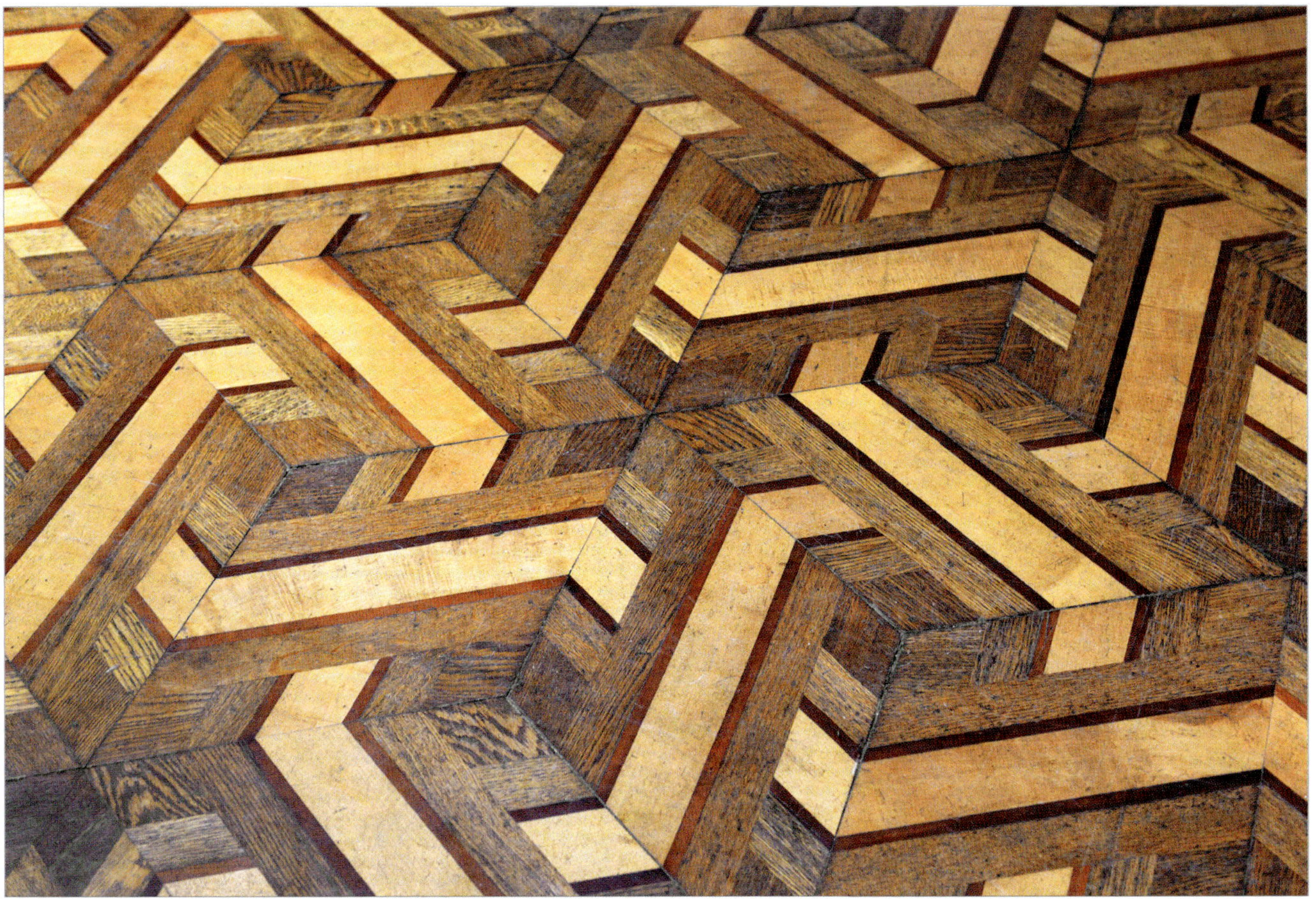

■ Collections du Musée

Accueillant les musées municipaux en 1950, le château conserve aujourd'hui une riche collection relative à l'histoire du Champagne, fruit de collectes ethnographiques et de plusieurs legs ou donations de notables ou de Maisons de Champagne.
Le Musée a vocation a rouvrir ses portes d'ici quelques années.

Welcoming the local museums in 1950, the château still has a rich collection relative to the history of Champagne, the fruit of ethnographic collections and several legs or donations from local figures or Houses of Champagne.
The Museum is intended to reopen its doors in a few years' time.

85

Hôtel de Ville

L'Hôtel de Ville est entouré de deux parcs aux styles différents : un parc à la française qui, avec sa perspective régulière, fait face au perron ; un jardin à l'anglaise, sillonné par un réseau de chemins sinueux, qui se situe à droite de l'hôtel. Ce dernier est agrémenté de deux bassins d'eau, l'un avec une île, le second avec des grottes et des cascades. Le parc de l'Hôtel de Ville est classé « Jardin remarquable » depuis 2010.

The City Hall is surrounded by two parks with two different styles: a French formal garden which, with its regular perspective, faces the porch ; an English-style garden, crisscrossed by many tortuous pathways located on the right of the mansion. The latter is enhanced by two water pools, one with an island, the second one with grottos and waterfalls. The park of the City Hall has been listed « Remarkable Garden » since 2010.

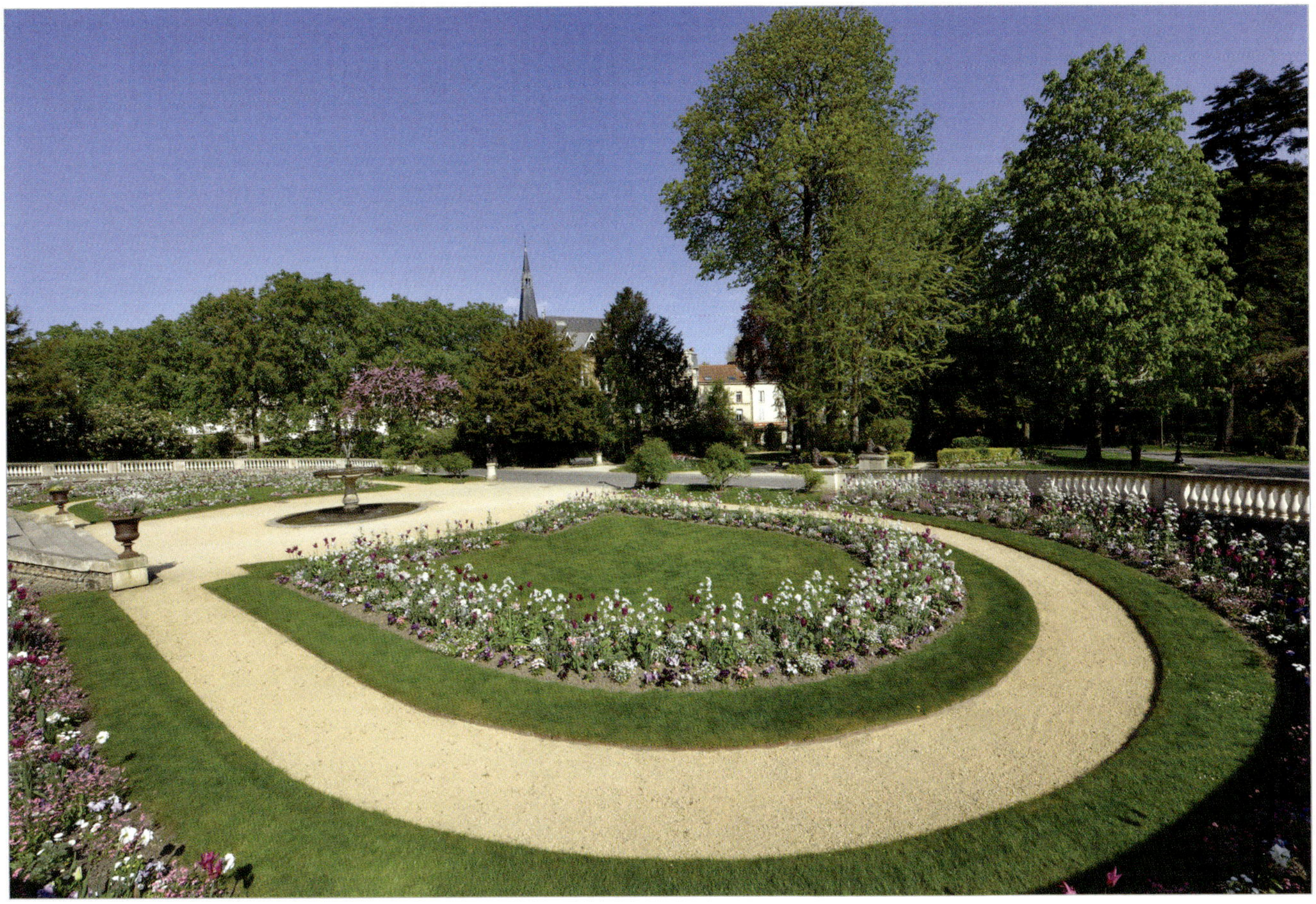

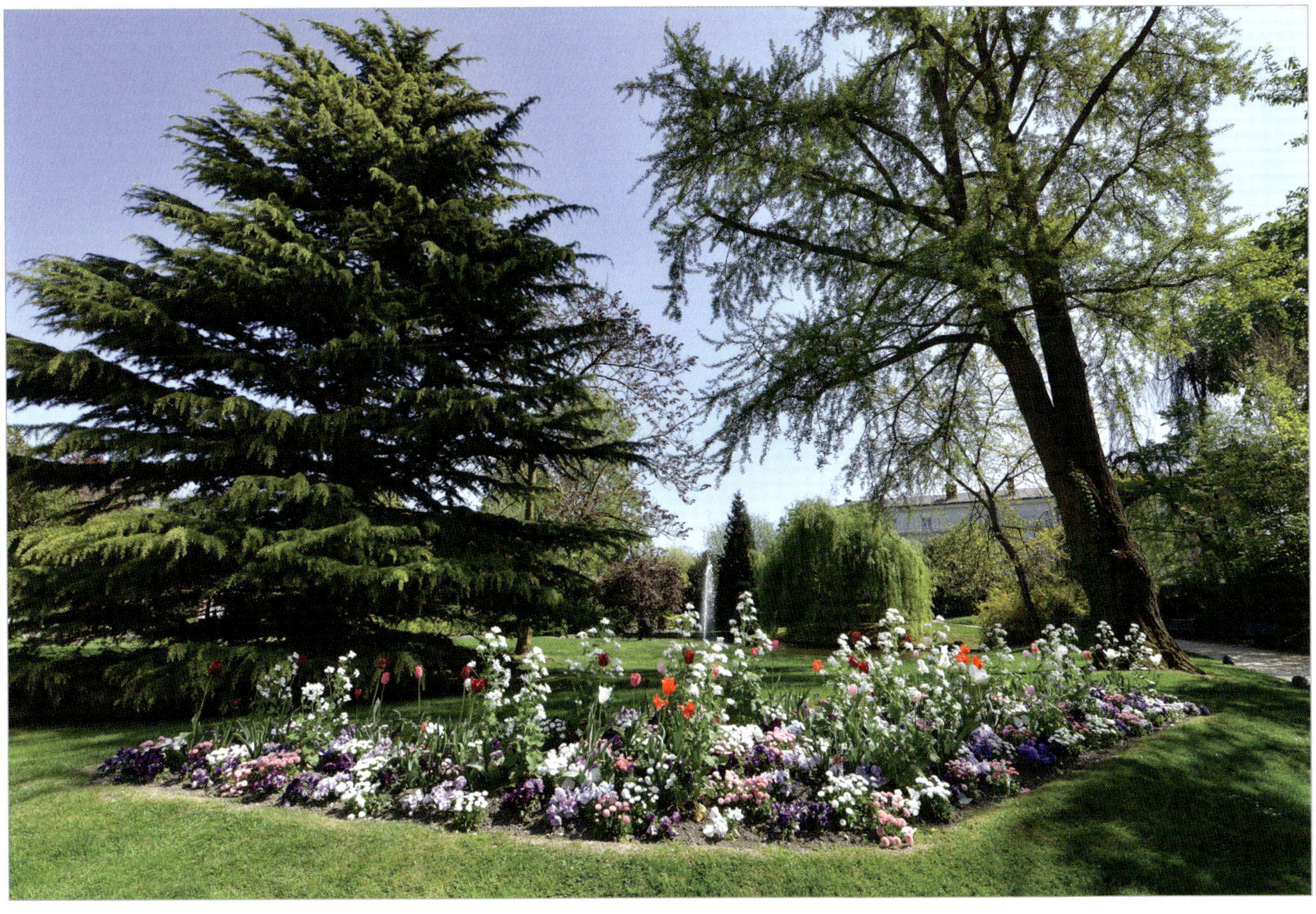

■ Hôtel de Ville

Un temple d'Amour complète le style à la française du parc. Il est la réplique plus élancée de celui du hameau de Trianon à Versailles. Les restaurations de 2004 ont laissé apparents les impacts des bombardements de 1918.

A temple of Love completes the French style of the park. It is a slimmer replica of that of the Trianon Hamlet at Versailles. The restorations of 2004 kept apparent the impacts of the 1918 bombings.

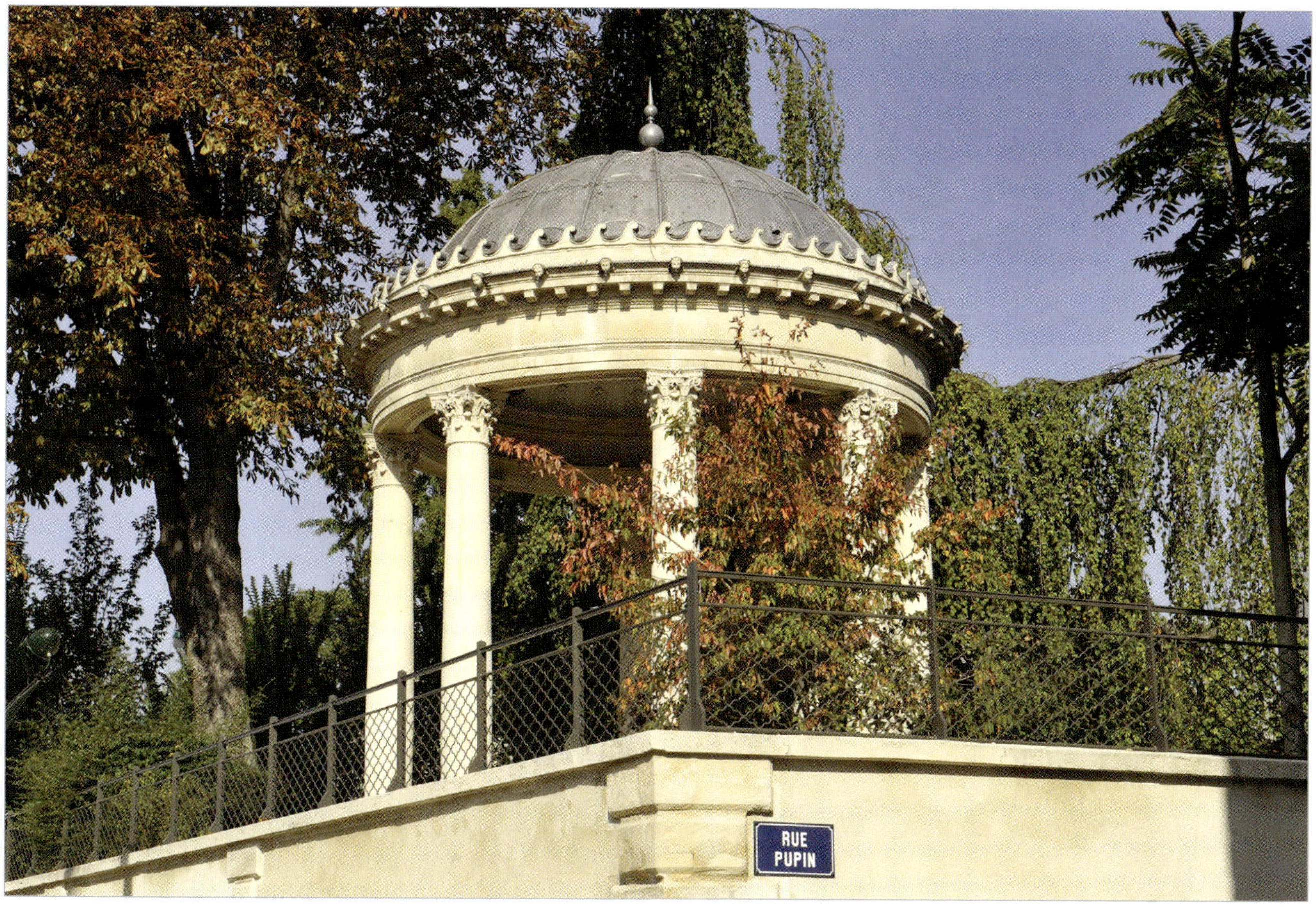
RUE
PUPIN

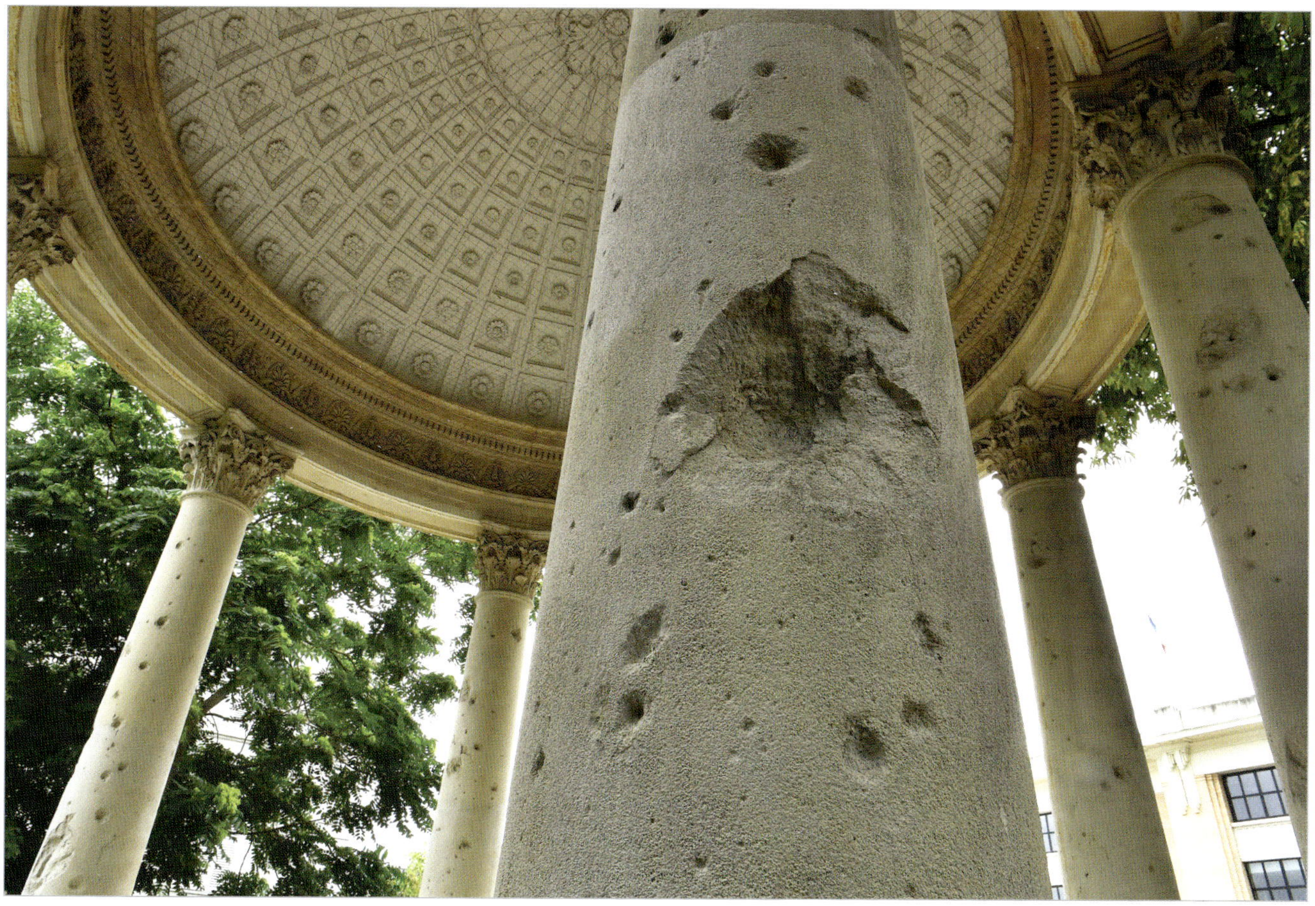

Hôtel de Ville

Après 1881, l'architecte Alphonse Gosset, auteur du théâtre de Reims, est chargé de réaliser les dépendances de la propriété. L'ensemble fait de brique rouge contraste avec la blancheur de la pierre de taille de l'hôtel. L'entrée du bâtiment est décorée de quadriges qui rappellent la fonction initiale des lieux, les écuries de Victor Auban-Moët.

After 1881, the architect Alphonse Gosset, a playwright for Reims theatre, is in charge of designing the outbuildings of the propriety. The whole made of red bricks contrasts with the whiteness of the mansion's dressed stone. The entrance of the building is ornate with quadriga reminding the initial function of the places, the stables of Victor Auban-Moët.

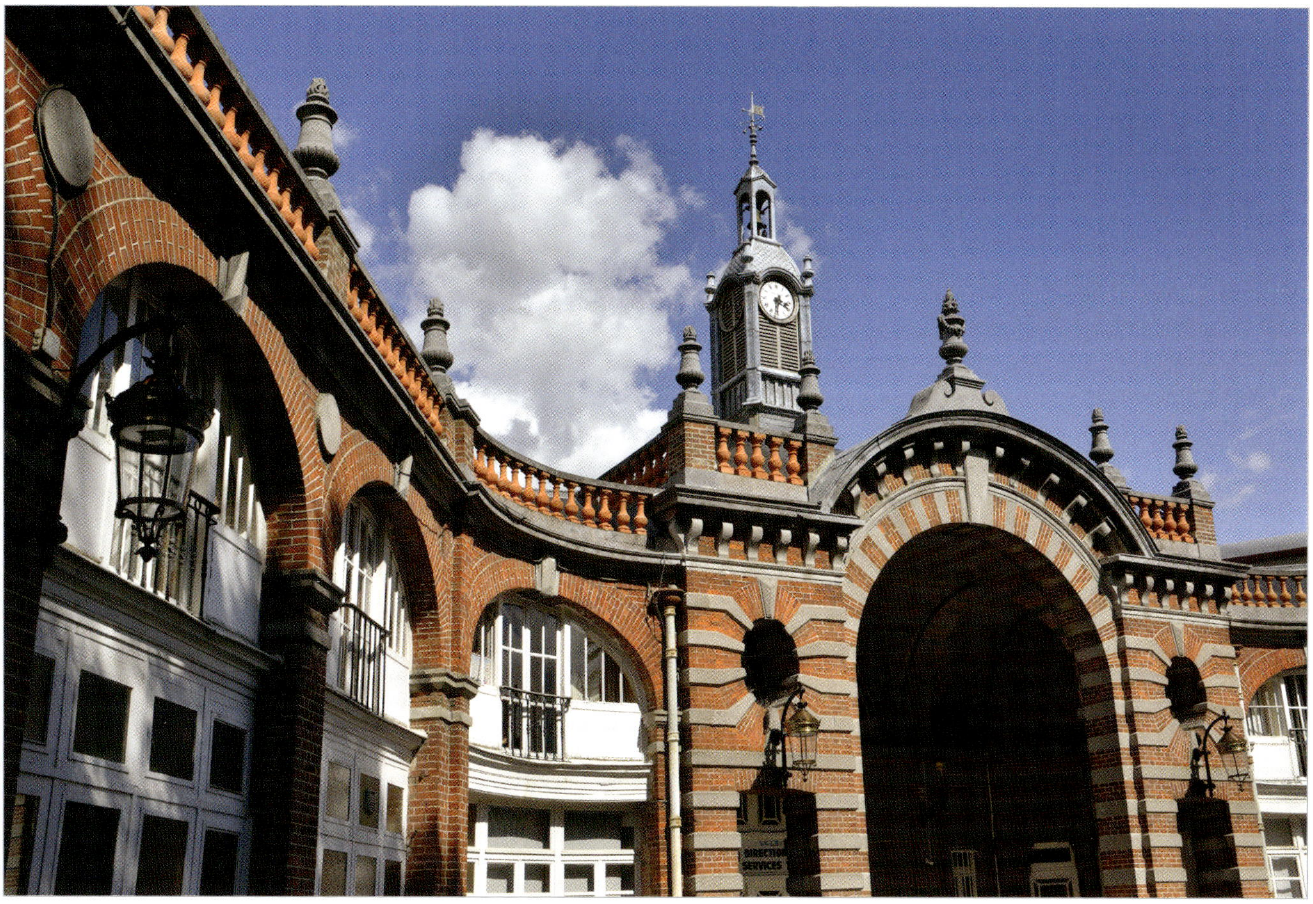

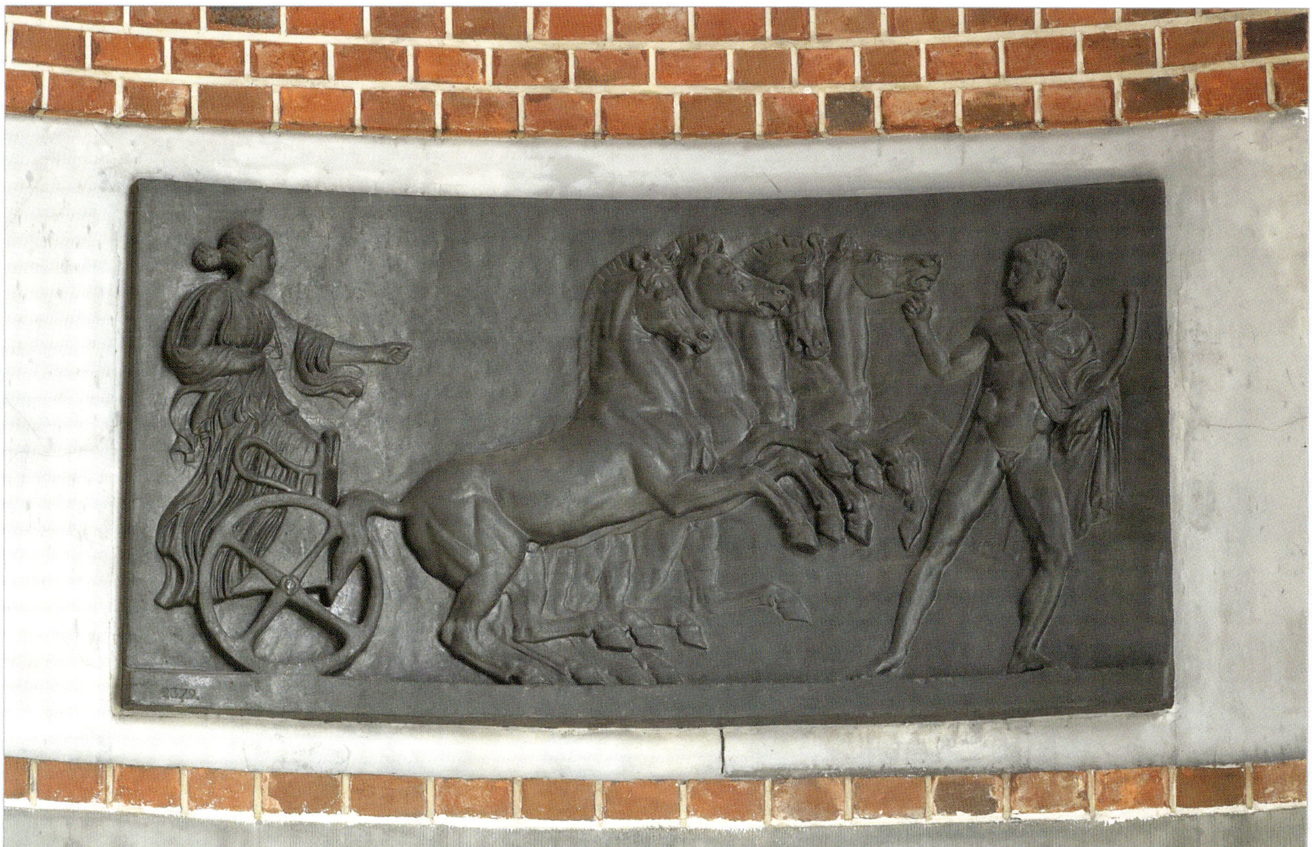

Hôtel de Ville

En s'inspirant du style italien, très à la mode dans la première moitié du XIXe siècle, l'intérieur de l'hôtel Auban-Moët surprend par son décor à la fois sobre et élégant. Au rez-de-chaussée, une fontaine en marbre présente un personnage bacchique : une femme attachant sa toge. Le fond du bassin est orné d'une marqueterie géométrique et colorée. De grandes dalles incrustées de marbres rouges décorent le sol du hall. Le grand escalier rappelle celui du château Perrier. Il mène vers une grande ouverture zénithale ovale qui laisse pénétrer la lumière.

Using the Italian style, very fashionable in the first half of the 19th century, the interior of the mansion Auban-Moët surprises by its setting both sober and elegant. On the ground floor, a marble fountain presents a bacchanal character: a woman tying her toga. The bottom of the pool is ornate with a geometrical and coloured marquetry. Large slabs encrusted with red marbles ornate the hall floor. The large staircase reminds that of château Perrier. It leads towards a large oval opening from above, which lets light in.

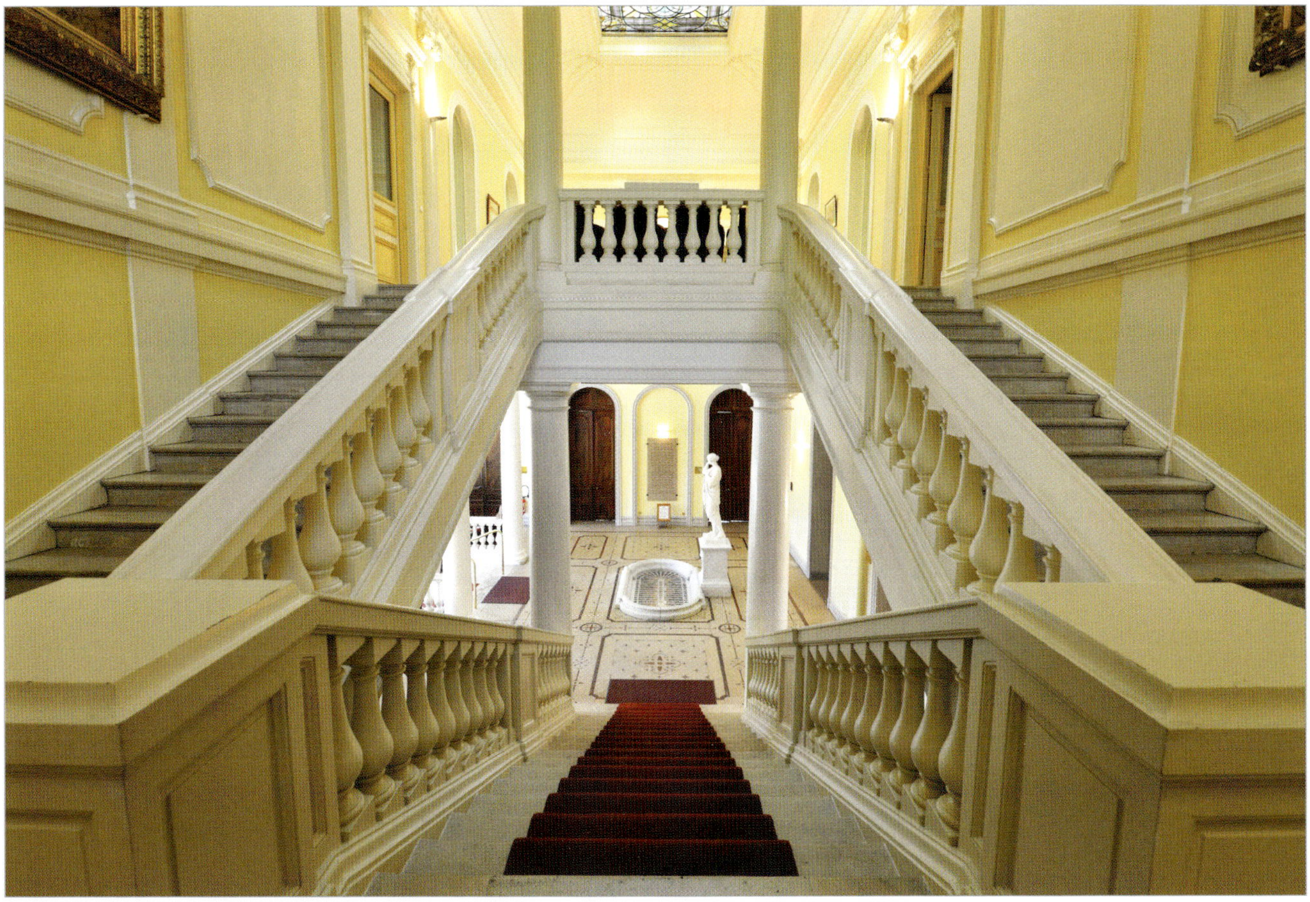

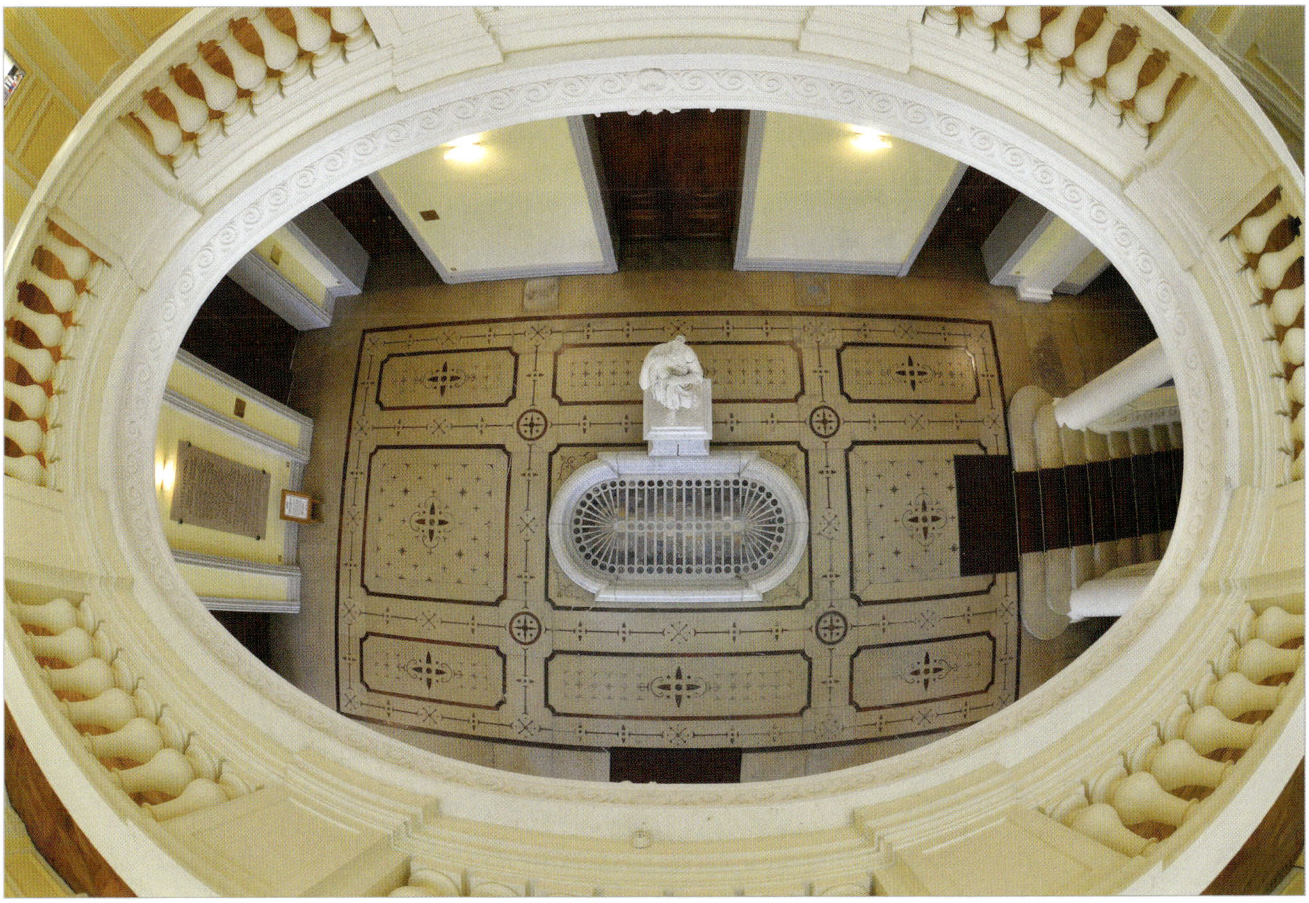

Hôtel de Ville

Plusieurs verrières ornent les fenêtres de l'hôtel mêlant des décors géométriques aux armoiries de la ville : un blason d'azur aux trois roses d'argent. Endommagées pendant la Première Guerre mondiale, elles ont été entièrement refaites en 1922 dans le style Louis XIV par le peintre-verrier parisien Charles Champigneulle.

Several canopies complete the windows of the mansion mixing geometrical decorations with the city coats of arms: a sky blue coat of arms with three silver roses. Damaged during the First World War, they were entirely reconstructed in 1922 in Louis XIV style by the Parisian glassmaker-painter Charles Champigneulle.

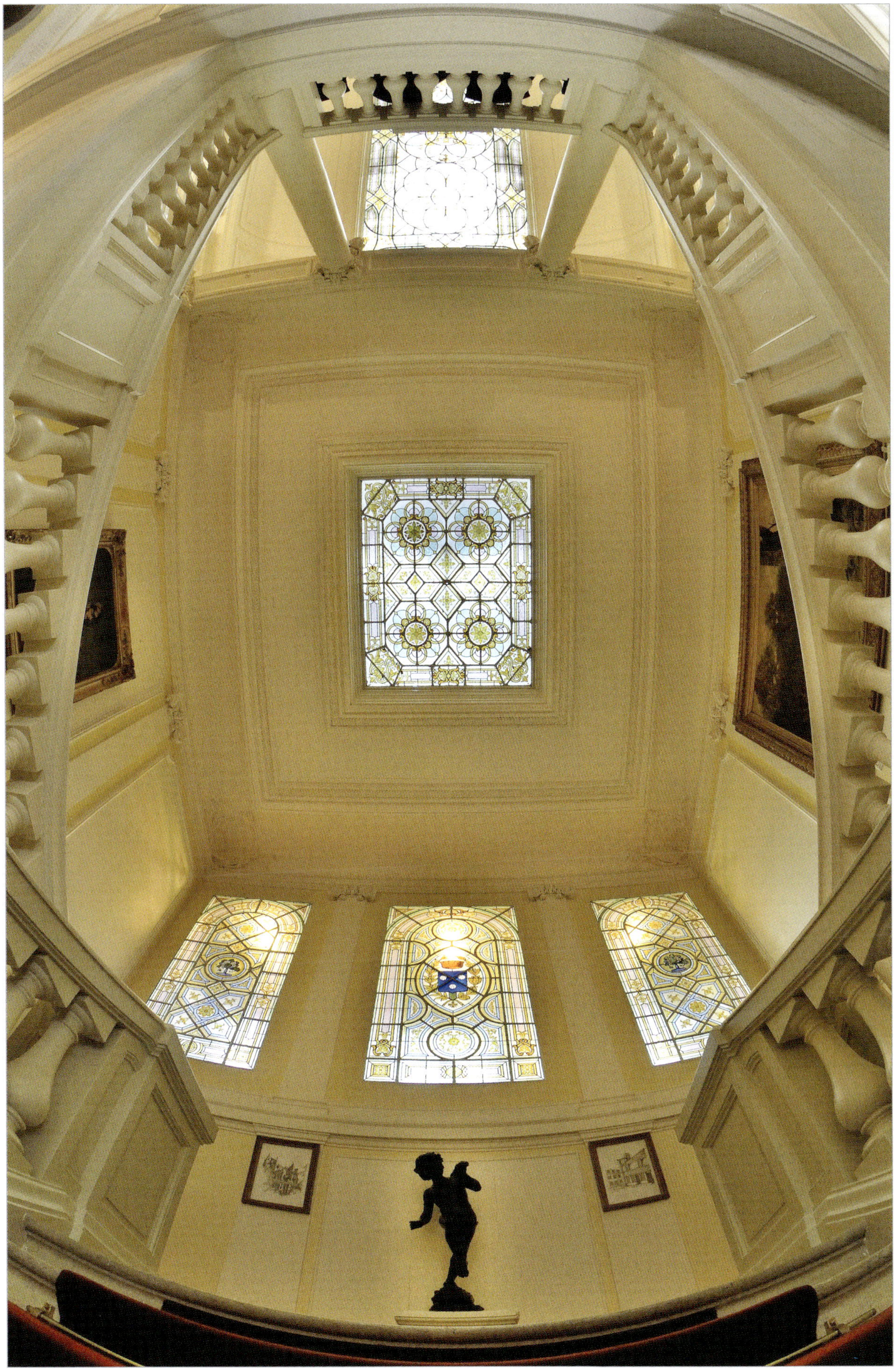

Hôtel de Ville

De style « Louis XV », l'ancienne salle à manger est décorée de boiseries peintes en faux bois. Le dessus des portes est sculpté de bas-reliefs figurant les quatre éléments.

In « Louis XV » style, the former dining-room is ornate with wood panelling painted in faux-wood. The top of doors is carved with stone reliefs figuring the four elements.

97

Hôtel de Ville

Récemment restauré, le plafond de la salle du Conseil laisse apparaître quatre angelots virevoltant dans le faux ciel peint. Au centre, le lustre en bronze doré et à 78 bras est d'origine. Les corniches et les écoinçons sont richement décorés par des entrelacs végétaux dorés où foisonnent animaux et scènes pittoresques.

Recently restored, the ceiling of the Council room shows four cherubs swinging in the faux painted ceiling. At the centre, the gilded bronze chandelier with 78 arms is genuine. The cornices and spandrels are richly ornate with gilded vegetal tracery full of animals and picturesque scenes.

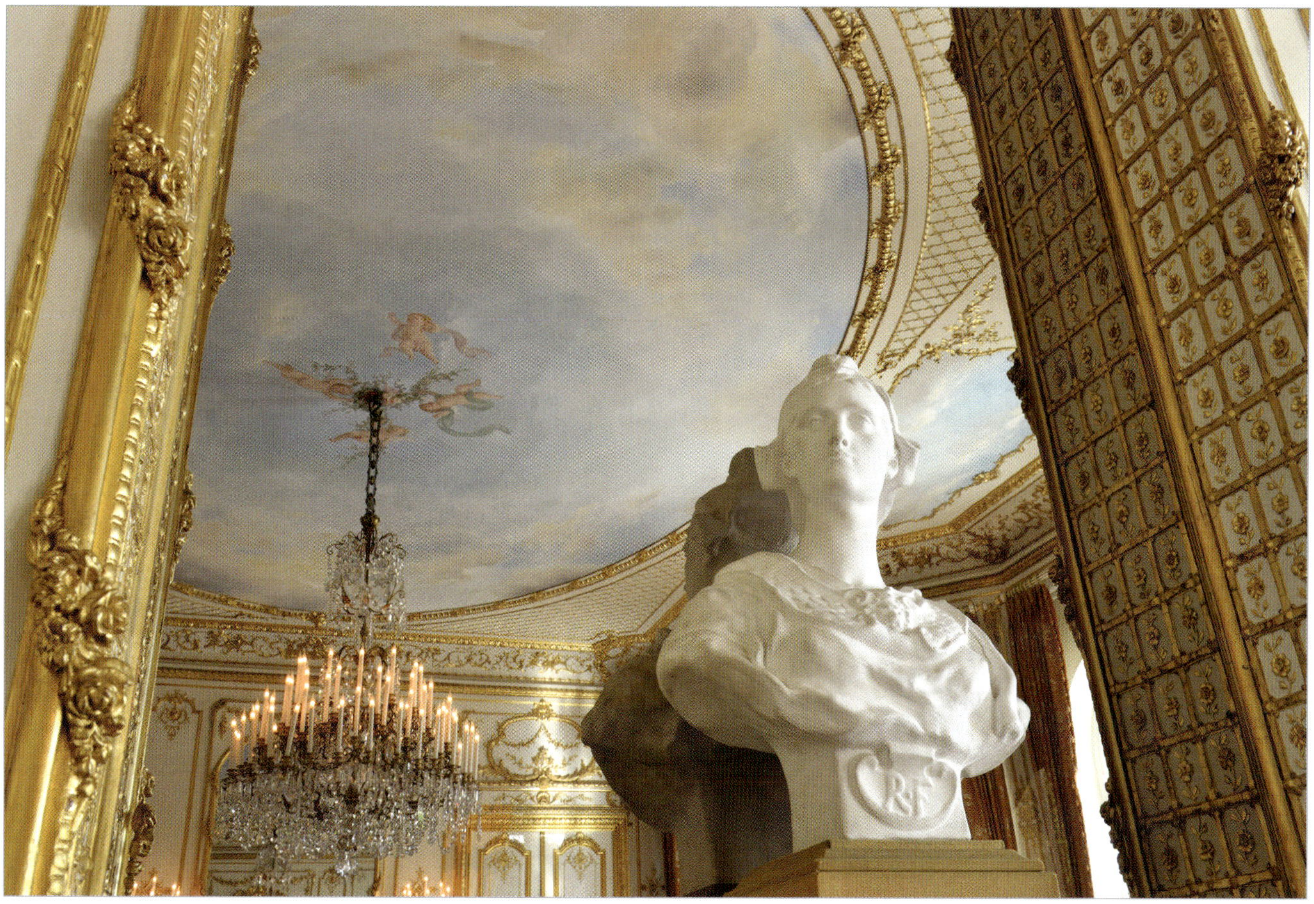
RF

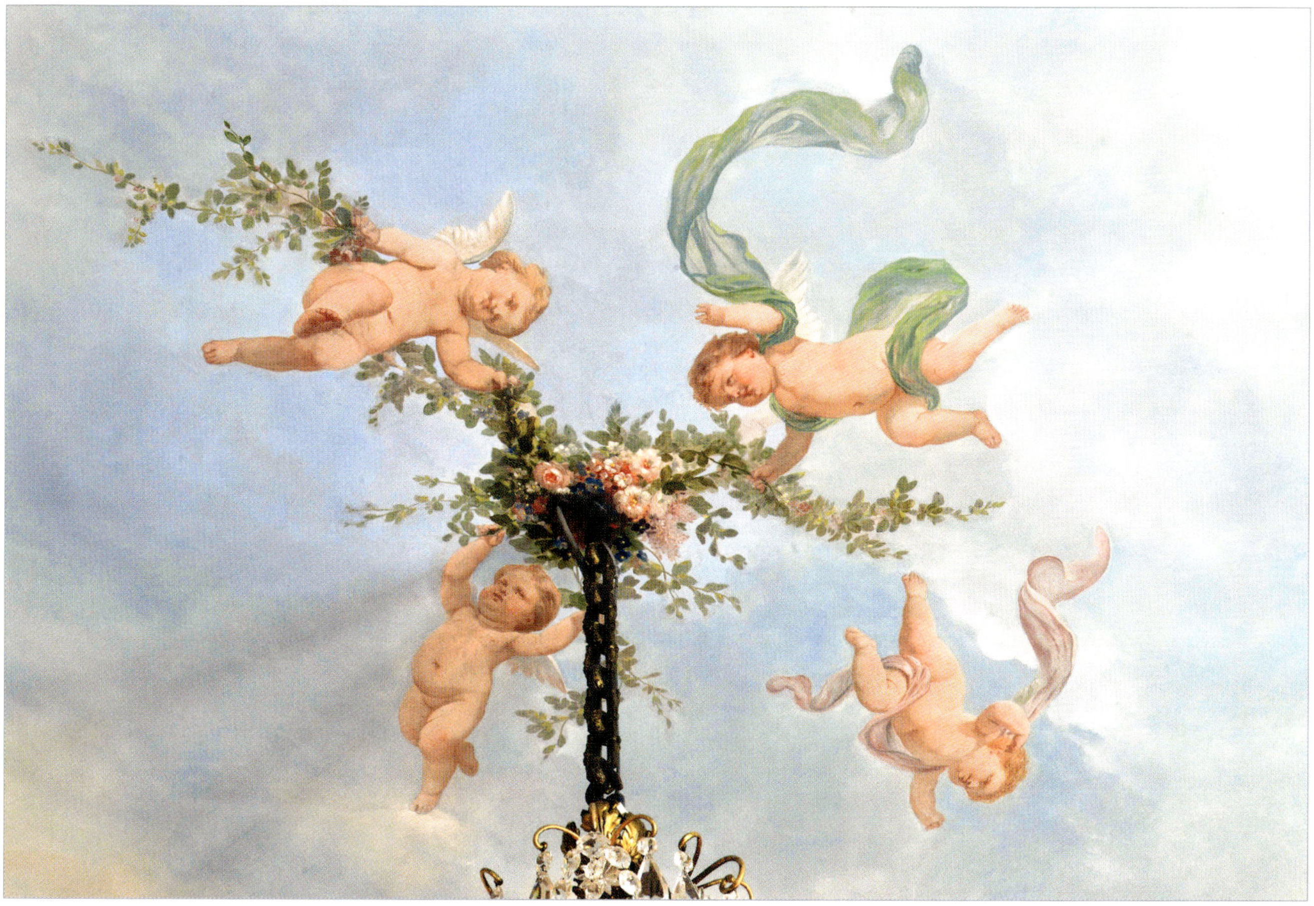

■ Hôtel de Ville

Les parquets en marqueterie sont d'une grande virtuosité. Chaque salon présente une composition différente : la croix de Malte, les points à la grecque... Plusieurs essences de bois ont été utilisées pour varier les couleurs et les motifs géométriques.

The wooden floors in marquetry are made with high virtuosity. Each lounge presents a different composition: the cross of Malta, Greek stitches... Several wood species have been used to change colours and geometrical motives.

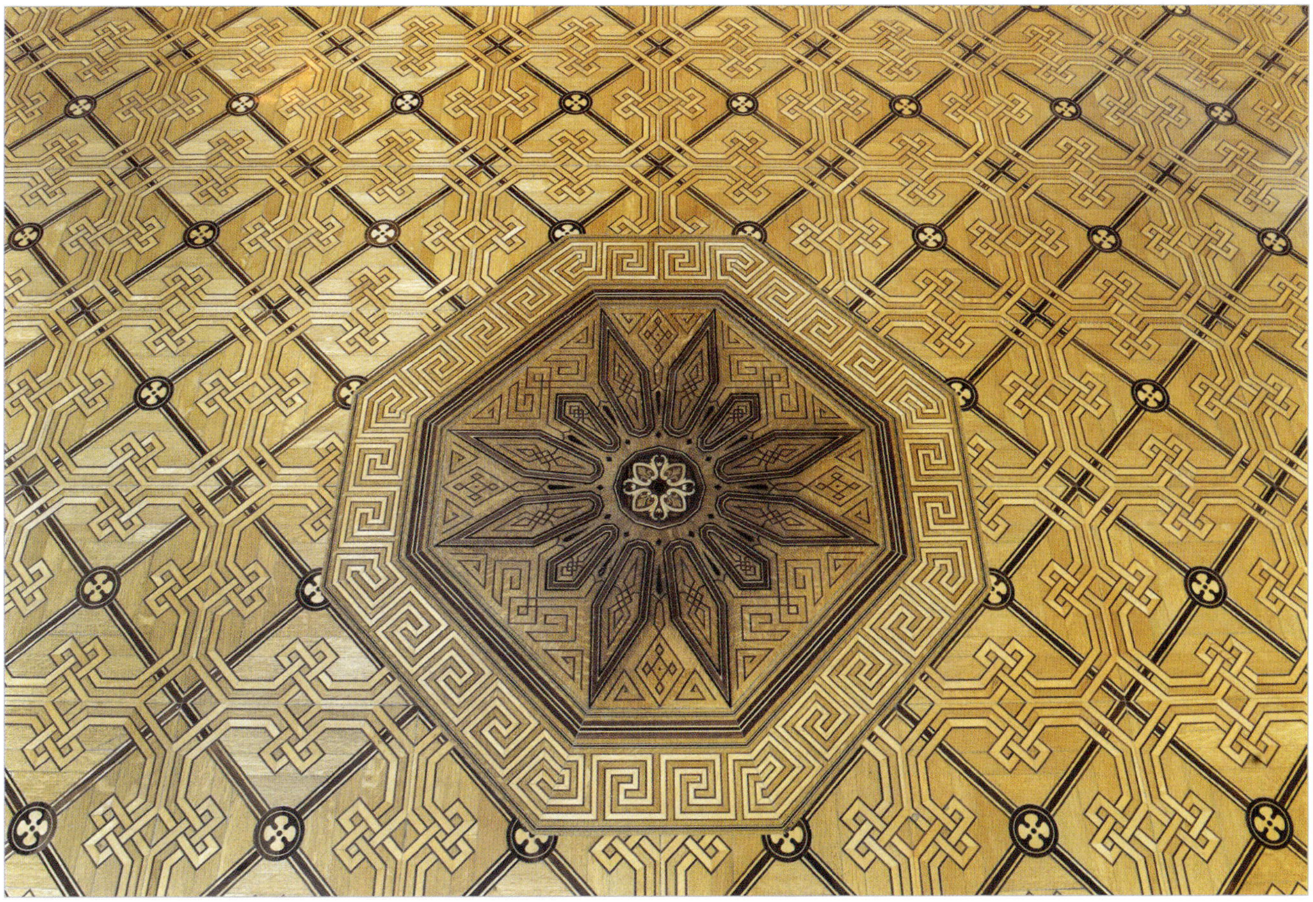

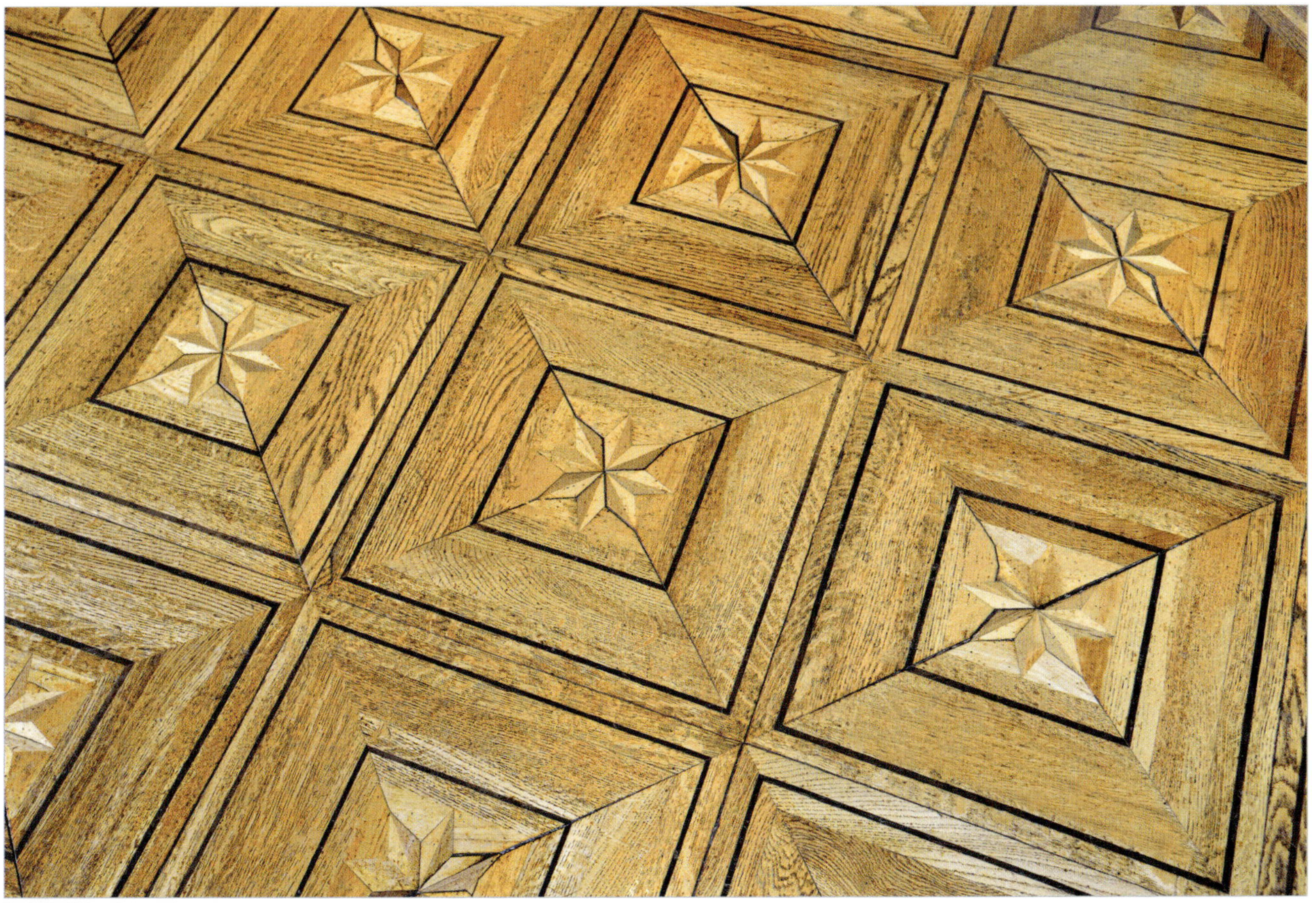

Hôtel de Ville

Dans le bureau du maire est conservé un tableau intitulé « Siège de Rhodes par les Turcs en 1480 ». Son auteur et sa provenance restent encore aujourd'hui inconnus. Ses procédés de perspectives et son symbolisme religieux laissent à penser qu'il daterait du début du XVIe siècle. Il aurait été commandé par le roi de France Louis XI (1423-1483) et Antoine d'Aubusson pour la cathédrale Notre-Dame de Paris. Il devient la propriété de Claude Chandon de Briailles qui le lègue à la Ville en 1916. Au bas de son encadrement sculpté est inscrite une légende gothique en lettres d'or ornementées. Elle relate les faits de guerre des assiégeants et des assiégés pendant le siège et explique la victoire des chevaliers de Rhodes sur l'armée turque. Cette œuvre est classée Monument Historique depuis 1923.

In the Mayor's office a frame called « Siege of Rhodes by the Turkish in 1480 » is kept. Its author and origin remain unknown today. Its processes of perspectives and religious symbolism make think that it could date from the beginning of the 16th century. It would have been ordered by the king of France Louis XI (1423-1483) and Antoine d'Aubusson for Notre-Dame de Paris Cathedral. It becomes the property of Claude Chandon de Briailles who bequeaths it to the City in 1916. At the bottom of its sculptured framing a gothic legend is noted in ornamented golden letters. It tells the acts of war of the besieged and besiegers during the siege and explains the victory of Rhodes knights over the Turkish army. This piece of art has been registered Historic Monument since 1923.

Le SIÈGE de RHODES par les TURCS en 1480 (XVIème siècle)
CLASSÉ parmi les MONUMENTS HISTORIQUES par ARRÊTÉ MINISTÉRIEL du 5 OCTOBRE 1925
Don de M. CLAUDE CHANDON (1916)

Hôtel Gallice

Au-dessus de la marquise, deux griffons encadrent un cartouche portant le chiffre des propriétaires : MGGV entremêlés pour Marcel Gallice, neveu de Charles Perrier, et son épouse Gabrielle Varin, qui firent construire cet hôtel sur l'avenue de Champagne à la fin du XIXe siècle. À l'entrée, les initiales de Marcel sont forgées dans le fer de la grille.

Above the glass canopy, two griffons frame a text field holding the figure of the owners: intertwined MGGV for Marcel Gallice, the nephew of Charles Perrier, and his wife Gabrielle Varin, who had this mansion built in the avenue de Champagne at the end of the 19th century. At the entrance, Marcel's initials are forged in the iron of the gate.

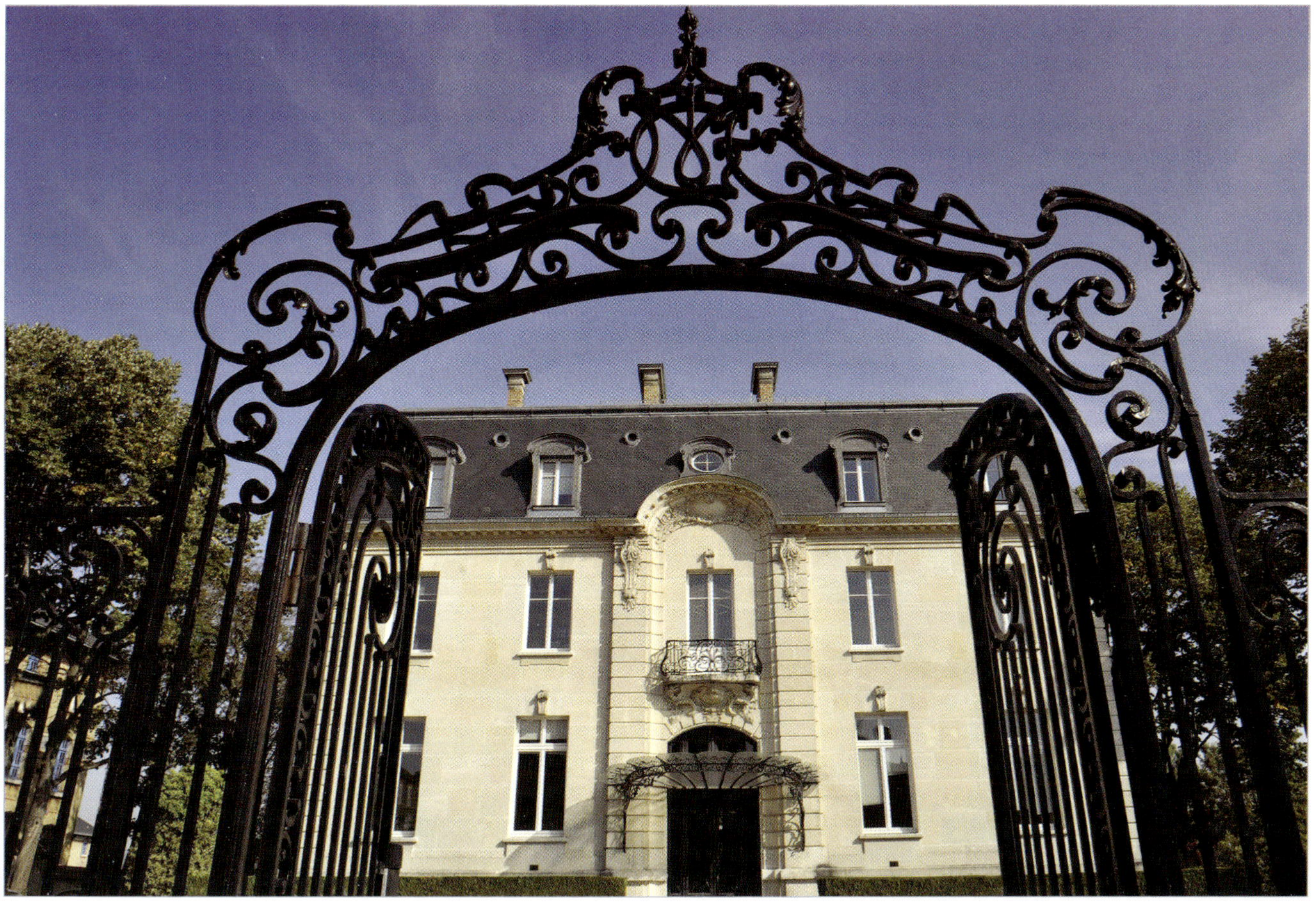

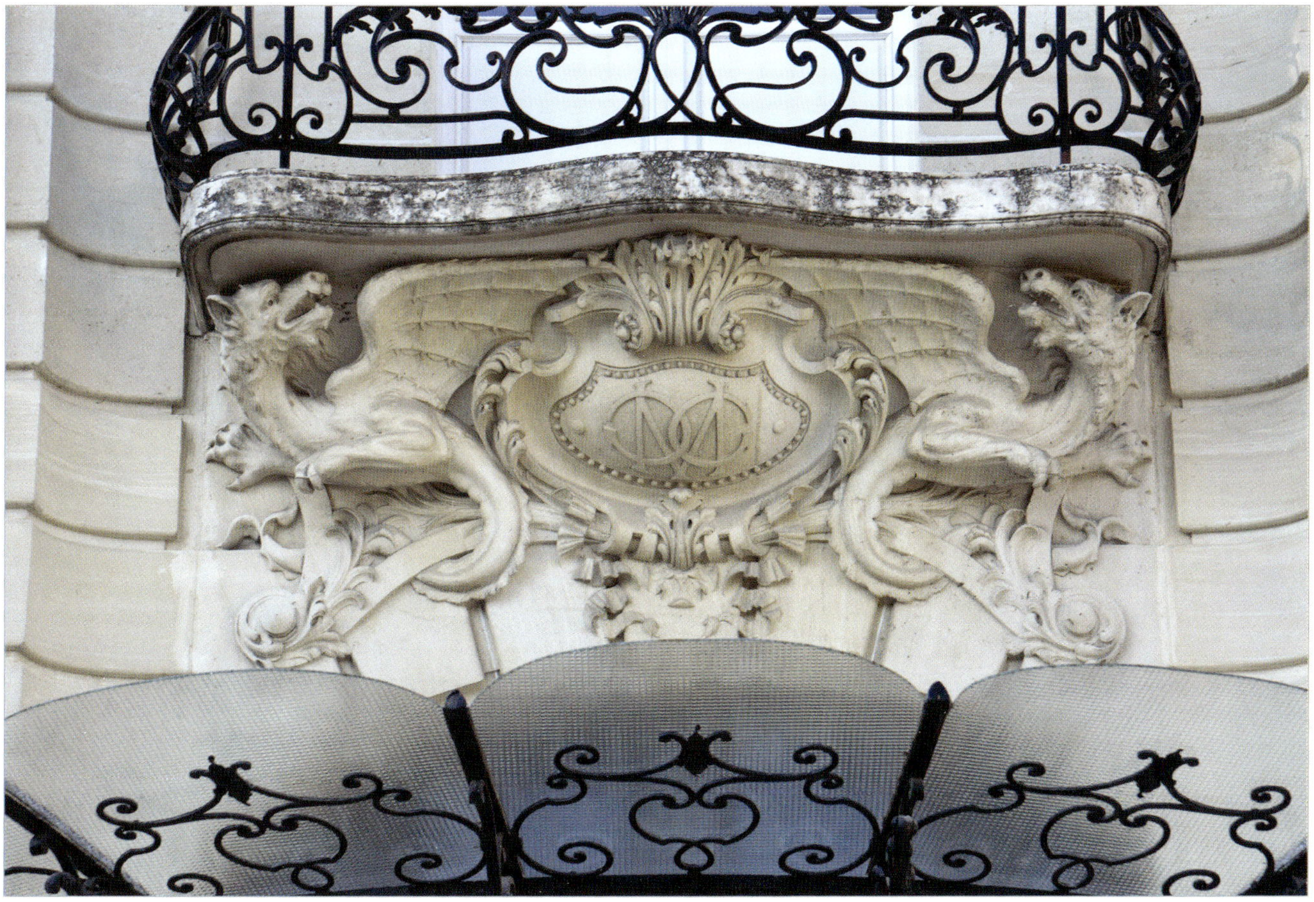

Hôtel Gallice

Un immense vitrail orne l'escalier de l'hôtel Gallice (264 x 390 cm). Il fut dessiné par l'architecte de l'hôtel, Charles Blondel, et réalisé par le peintre-verrier de l'Ecole de Nancy, Jacques Grüber, en 1921 pour remplacer celui soufflé lors des bombardements de la Première Guerre mondiale. Cette composition commémore le martyre de la Ville d'Epernay.

La composition est essentiellement occupée par la figure allégorique de la Victoire et par le chêne, symbole de la force. Elle est encadrée par une guirlande de feuilles de vignes et de raisins. Au premier plan, à gauche, apparaissent les blasons d'Epernay et de Bar-le-Duc, ville d'origine de Gabrielle Varin, et à droite, les casques d'artilleur de Marcel Gallice et de son fils André. Au fond, se dresse l'église Notre-Dame d'Epernay en ruine.

A huge stained glass ornates the staircase of the Gallice mansion (264 x 390 cm). It was drawn by the mansion's architect, Charles Blondel, and made by the glassmaker-painter from the School of Nancy, Jacques Grüber, in 1921 to replace that which was blown during the bombings of the First World War. This composition commemorates the martyr of the City of Epernay.
The composition is mainly occupied by the allegorical figure of the Victory and by the oak, symbol of strength. It is surrounded by a garland of wine-leaves and grapes. In the foreground, on the left, we can see the coats of arms of Epernay and Bar-le-Duc, the native town of Gabrielle Varin, and on the right, the gunner helmets of Marcel Gallice and his son André. In the back, the ruined church Notre-Dame of Epernay can be seen.

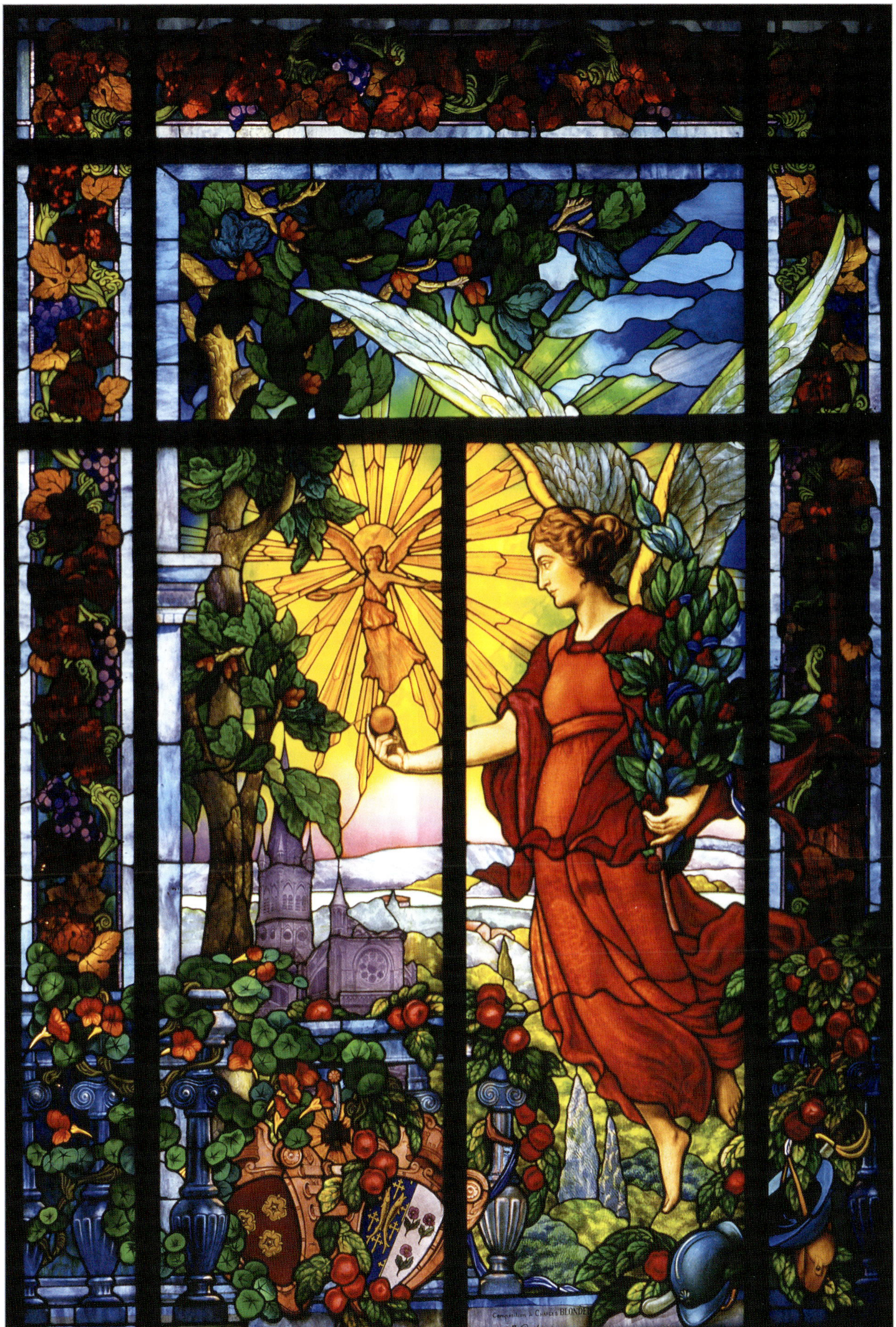

Maison Moët & Chandon

Le jardin des hôtels Trianon et Chandon est caractéristique du jardin à la française : un plan d'eau bordé de fleurs théâtralise la perspective et l'orangerie, d'inspiration Premier Empire, accentue l'aspect majestueux du parc. Pour compléter son décor, quatre bustes figurent les saisons.

The garden of the mansions Trianon and Chandon is typical of the French-style garden: a body of water lined with flowers dramatizes the perspective and orangery, of First Empire inspiration, and emphasizes the majestic aspect of the park. To complete its setting, four busts figure the seasons.

109

Maison Moët & Chandon

Au-dessus de l'ancienne entrée des caves, un vitrail célèbre la maison Moët & Chandon et le moine Dom Pierre Pérignon. Il fut réalisé par le peintre-verrier parisien Félix Gaudin, qui fut l'un des premiers à introduire le verre américain en France. Ici, il est employé dans la partie supérieure pour traduire le ciel nuageux dans lequel des angelots portent les dates de 1743 (date de la fondation de la maison) et 1882. La partie inférieure est occupée par la représentation des vendanges sous l'abbaye d'Hautvillers traditionnellement considérée comme le lieu d'invention du vin de champagne.

Above the former cellar entrance, a stained glass celebrates the House Moët & Chandon and the monk Dom Pierre Pérignon. It was made by the Parisian glassmaker-painter Félix Gaudin, who was one of the first to introduce American glass to France. Here, it is used in the upper part to translate the cloudy sky in which cherubs hold the dates of 1743 (date of the House foundation) and 1882. The lower part is occupied by the representation of wine harvest under the abbey of Hautvillers traditionally considered as the place of invention of champagne wine.

111

■ Maison Moët & Chandon

Pour ancrer la Maison dans l'histoire du champagne, le bâtiment Moët & Chandon porte l'inscription de 1743, en référence à la date de fondation de la Maison.

To root the House in champagne history, the building Moët & Chandon bears the inscription of 1743, in reference to the date of foundation of the House.

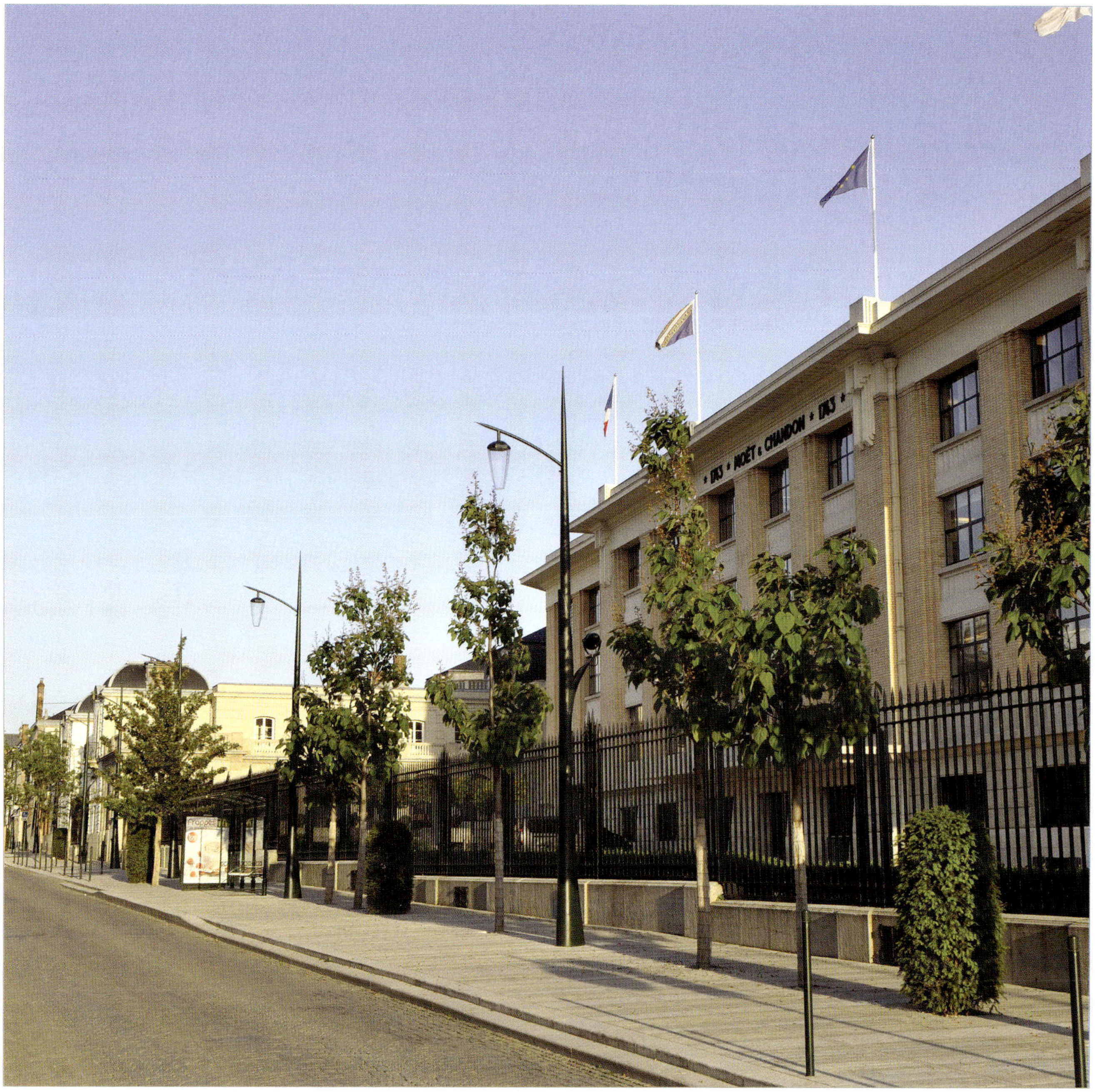
1743 * MOËT & CHANDON * 1743

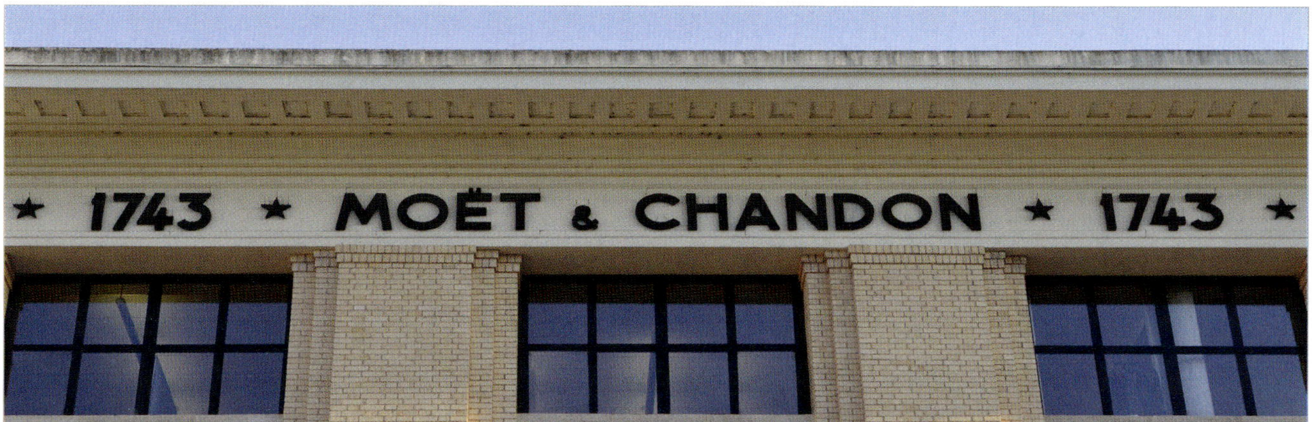
★ 1743 ★ MOËT & CHANDON ★ 1743 ★

■ Maison Moët & Chandon

La statue de Dom Pierre Pérignon, moine bénédictin procureur en charge de la production de vin à l'abbaye d'Hautvillers au XVIIIe siècle, accueille les visiteurs à l'entrée de la cour de la Maison Moët & Chandon. Son nom est associé à la création de la méthode traditionnelle de fabrication du vin de Champagne.

The statute of Dom Pierre Pérignon, a Benedictine monk and prosecutor in charge of the wine production at Hautvillers abbey in the 18th century, welcomes visitors at the yard entry of the House Moët & Chandon. His name is linked to the creation of the traditional method of Champagne wine-making.

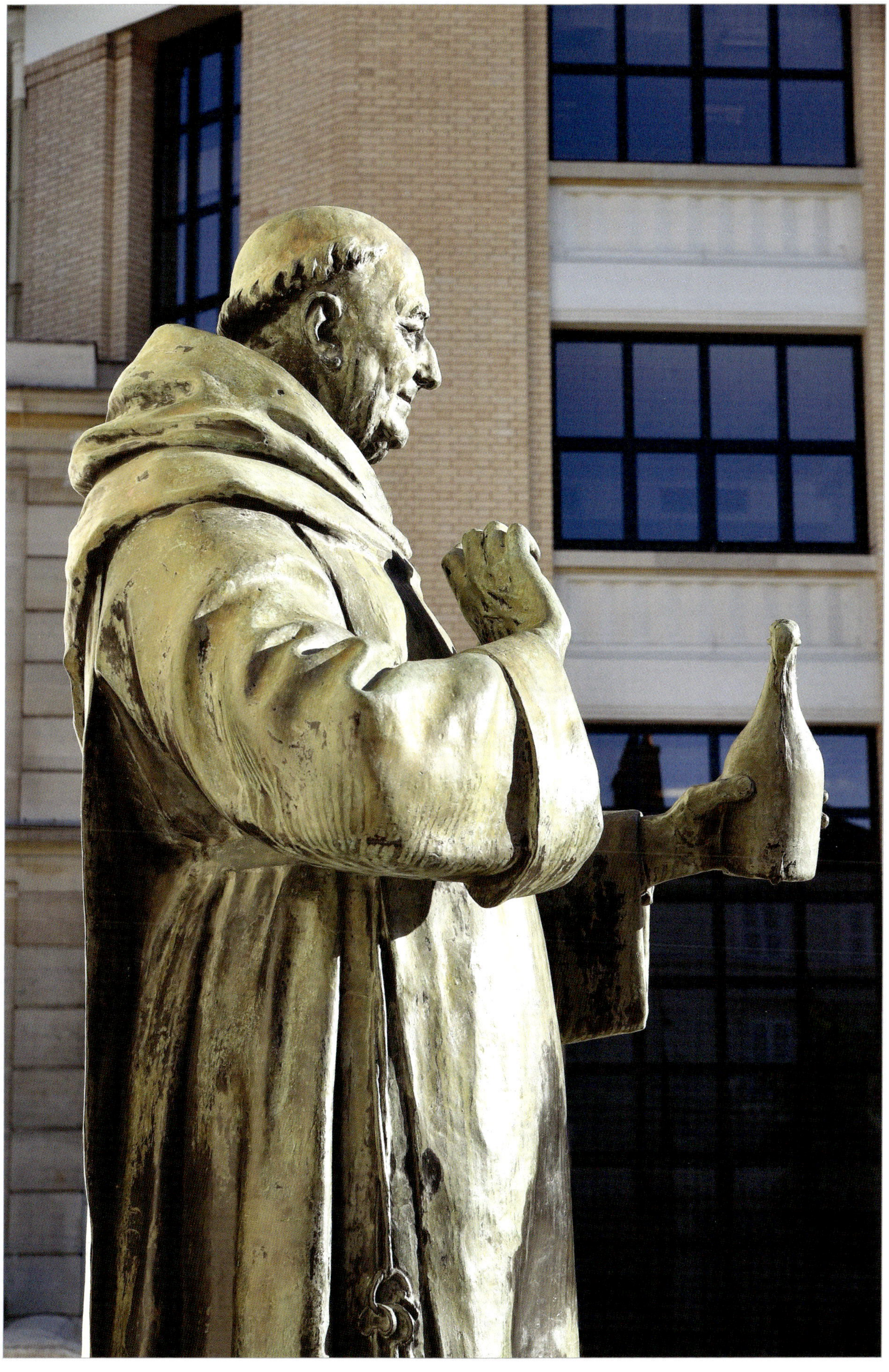

■ Ancienne Maison de Venoge

Au-dessus de la porte monumentale en bois, grappes de raisins et cornes d'abondance rappellent l'activité et la fonction vitivinicole des celliers de Venoge.

Above the huge wooden door, bunches of grapes and cornucopia remind the activity and wine-growing function of De Venoge cellars.

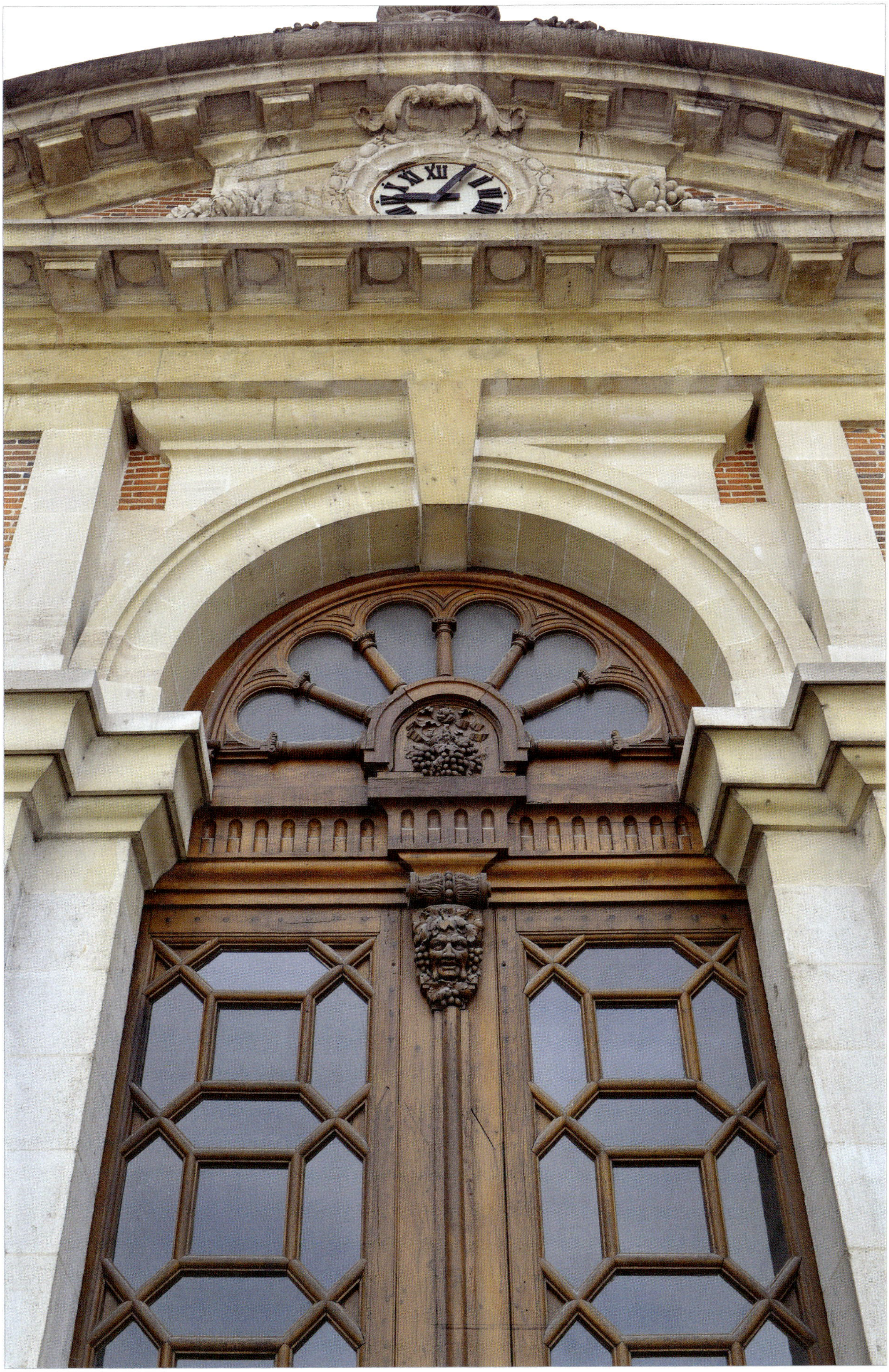

Maison Pol Roger

Suite à l'effondrement de caves causant l'ensevelissement d'un million et demi de bouteilles en février 1900, la Maison Pol Roger fait creuser de nouvelles galeries et construire à partir de 1930 ce bâtiment industriel de style Art Déco sur l'avenue de Champagne.

Following the collapse of cellars causing the burial of one million and a half bottles in February 1900, the House Pol Roger has new galleries dug and builds this industrial Art Deco style building from 1930 in avenue de Champagne.

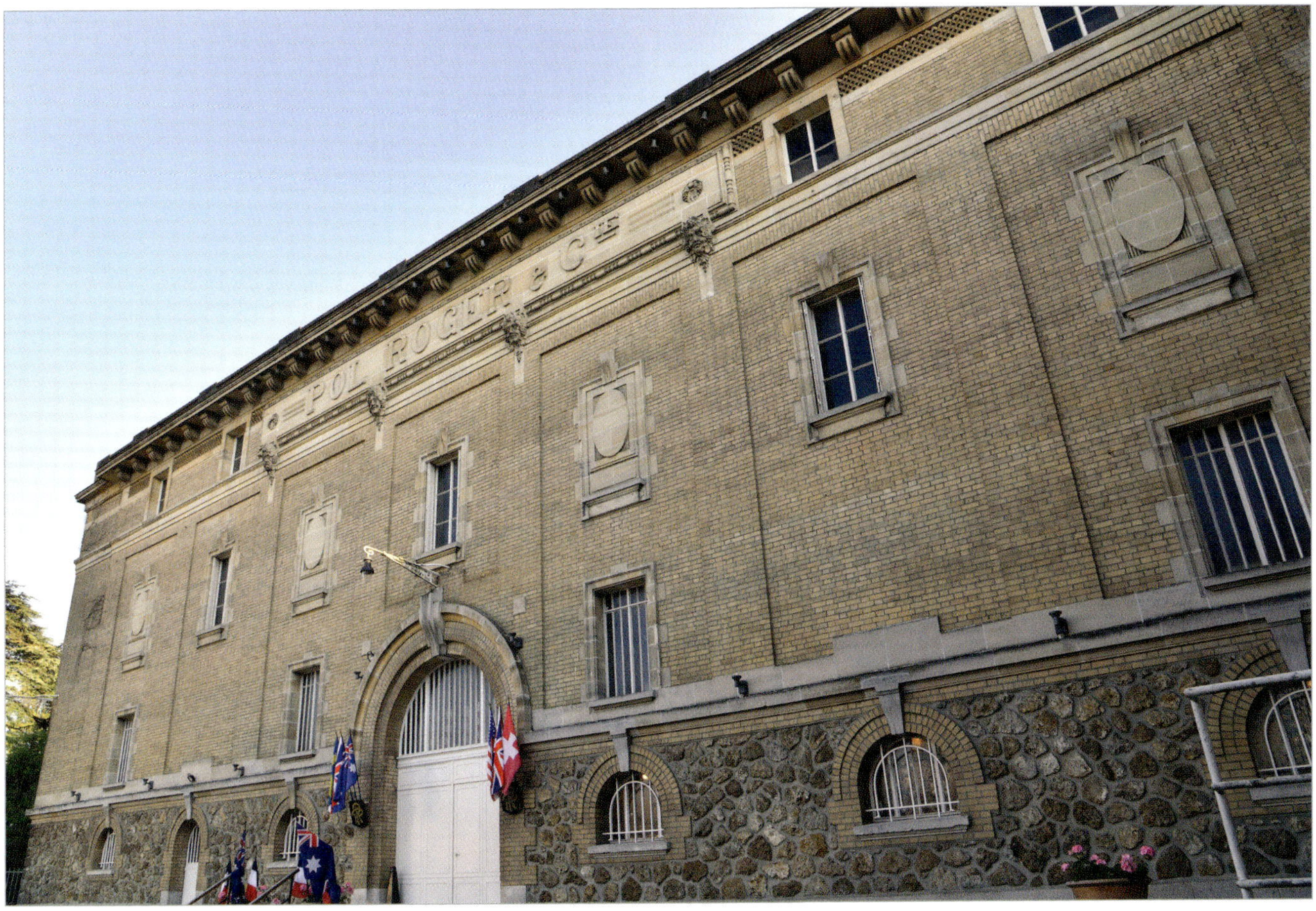
POL ROGER & Cie

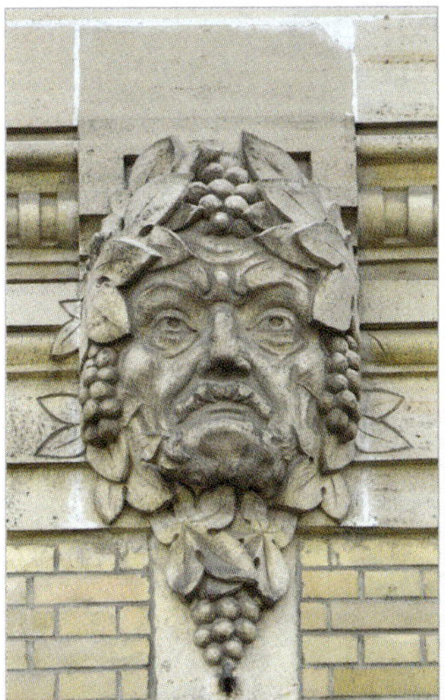

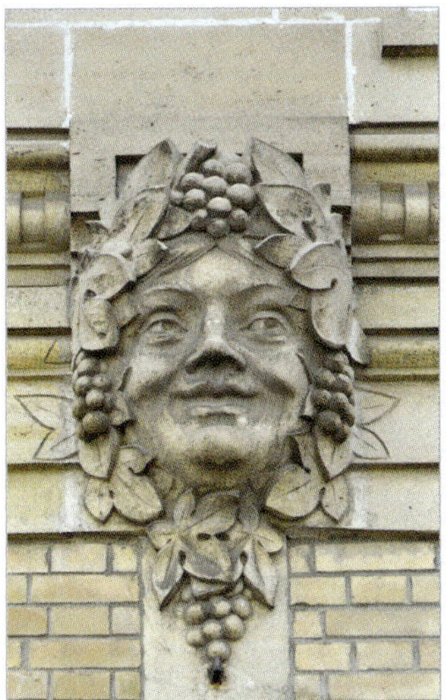

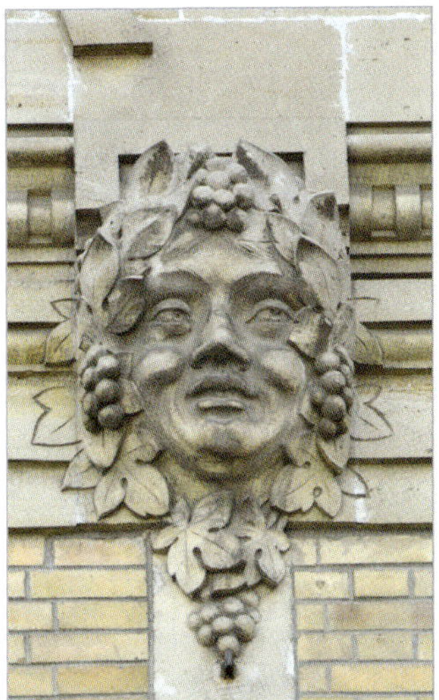

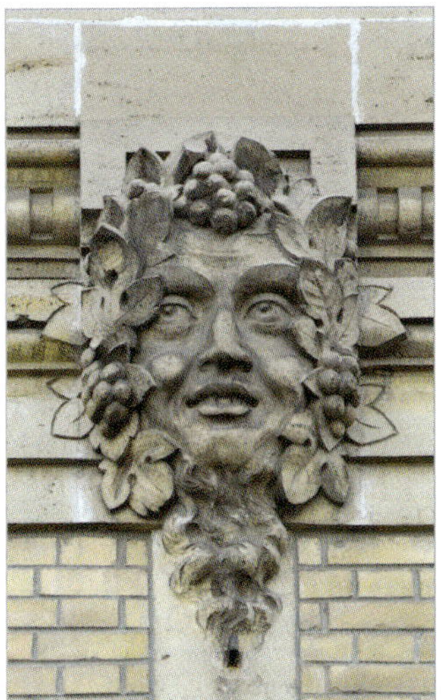

Maison Pol Roger

Le salon Winston Churchill a été aménagé par la Maison Pol Roger pour rendre hommage à son plus célèbre client et ami.

« *Le champagne, c'est ma vie ; l'avenue de Champagne, c'est mon berceau.* » Christian de Billy, arrière-petit-fils de Pol Roger, fondateur de la Maison de Champagne du même nom, ne peut pas mieux dire. Il est né en 1928 au 48 de l'avenue de Champagne, à l'adresse même où il réside avec son épouse depuis 1962 !
Toute l'histoire de cette Maison familiale est d'ailleurs intimement liée à l'avenue de Champagne : depuis la deuxième partie du XIXe siècle, il y a toujours eu des membres de la famille Pol-Roger habitant sur l'avenue. Le père de Christian de Billy habitait au 37, et son épouse au 11 ! Quant à la Maison de Champagne, elle y a toujours siégé. Et il n'a jamais été question de déménager « Pol Roger », dont le nom brille partout dans le monde - notamment outre-Manche, en tant que champagne préféré de Winston Churchill et champagne officiel de la famille royale d'Angleterre.

The Winston Churchill lounge has been furnished by the House Pol Roger to pay tribute to their most famous client and friend.

« Champagne is my life ; the avenue de Champagne, my cradle. » Christian de Billy, great grandson of Pol Roger, the founder of the House of Champagne of the same name, cannot say better. He was born in 1928 at 48 avenue de Champagne, at the very address where he has been living with his wife since 1962!
Indeed, the whole story of this Family House is closely linked to the avenue de Champagne: since the second part of the 19th century, there have always been members of the Pol-Roger family living in the avenue. The father of Christian de Billy lived at 37 and his wife at 11! As for the House of Champagne, its head office has always been here. And the question of moving « Pol Roger » never raised, the name shining everywhere in the world – especially across the Channel, as the best champagne of Winston Churchill and official champagne of England's royal family.

121

■ Maison Perrier-Jouët

Suite à la redécouverte des bouteilles dessinées par Emile Gallé en 1902, l'hôtel est entièrement réaménagé dans le pur esprit Art Nouveau pour rendre hommage à l'artiste nancéien. Aujourd'hui, la maison Belle Époque conserve l'une des plus importantes collections privées de mobilier et de décors de ce style.

After the rediscovery of the bottles drawn by Emile Gallé in 1902, the mansion is entirely redecorated in the pure spirit Art Nouveau to pay tribute to the artist from Nancy. Today, it holds one of the most important private collections of furniture and decors of this style.

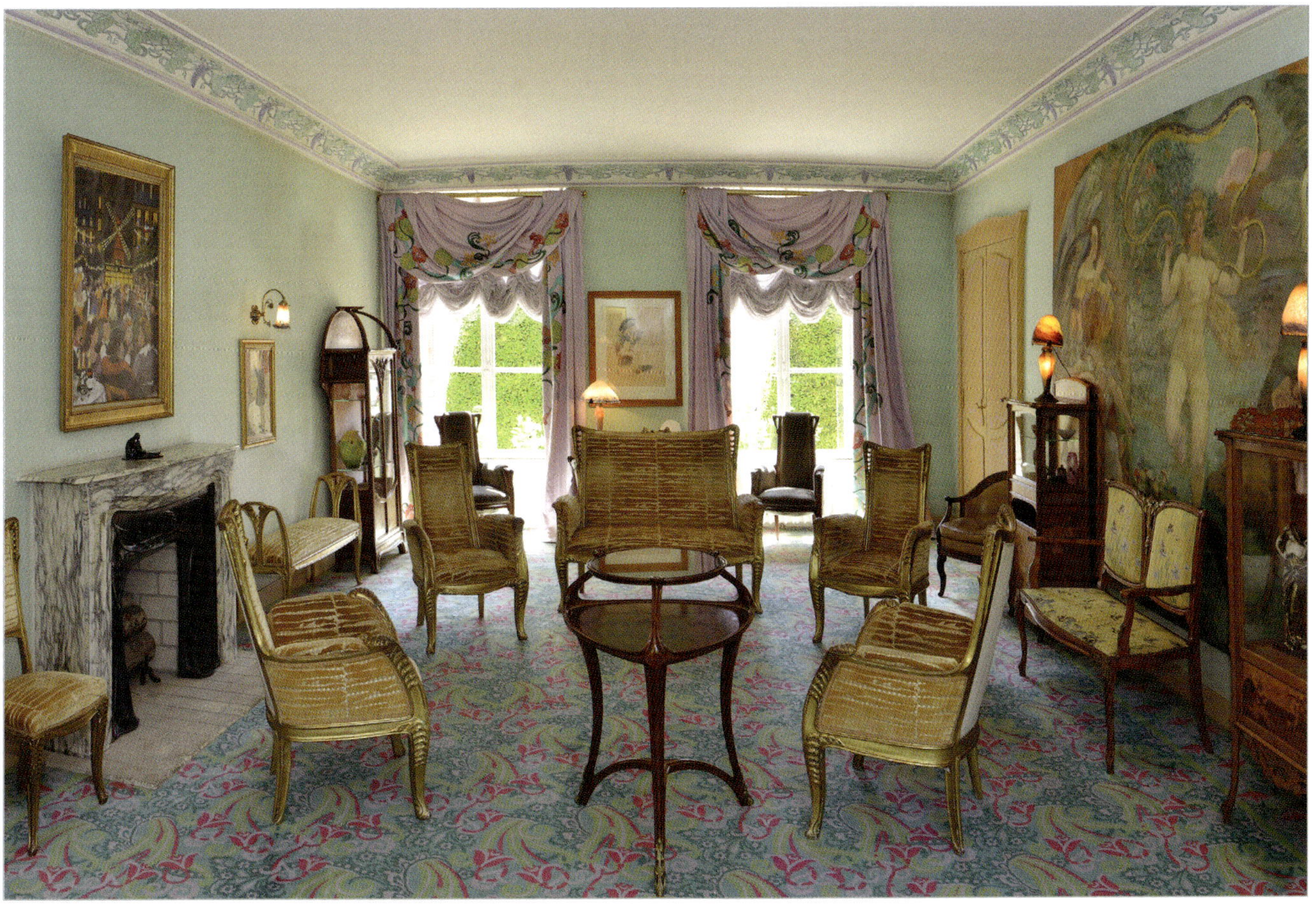

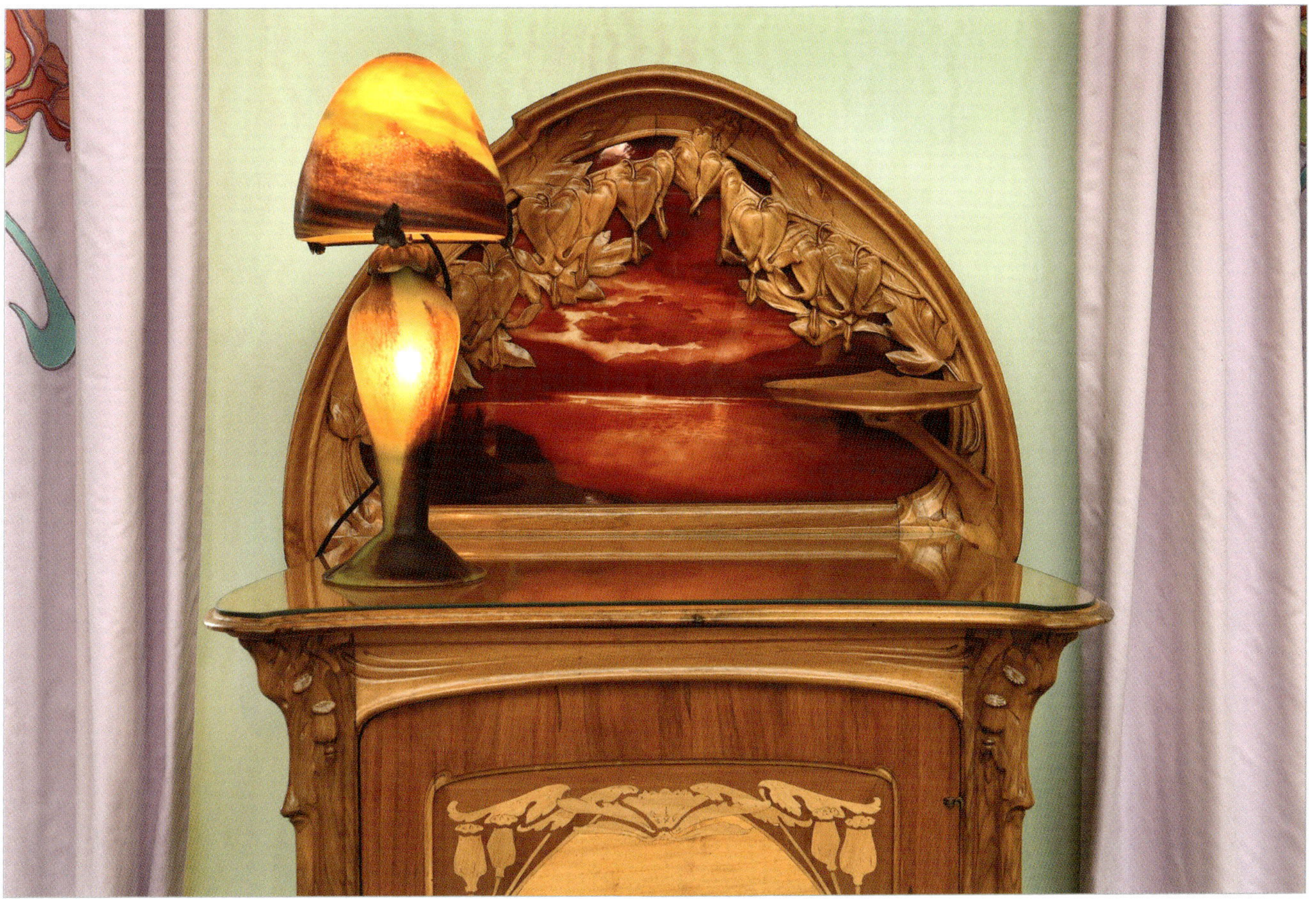

Maison Perrier-Jouët

Datant du troisième quart du XVIIIe siècle, l'hôtel particulier situé au 28 de l'avenue de Champagne est probablement le plus ancien de l'avenue. Il appartient aujourd'hui à la Maison Perrier-Jouët. Il se démarque par ce portail à l'égyptienne construit sous le Premier Empire. Aussi énigmatique que les sphinges qui le couronnent, l'origine de ce portail reste encore aujourd'hui inconnue.

Dating back to the third quarter of the 18th century, the private mansion located 28 avenue de Champagne is probably the oldest of the avenue. Today it belongs to the House Perrier-Jouët. It stands out by this Egyptian gate built under the First Empire. As enigmatic as the sphinxes that crown it, the origin of this gate is still unknown today.

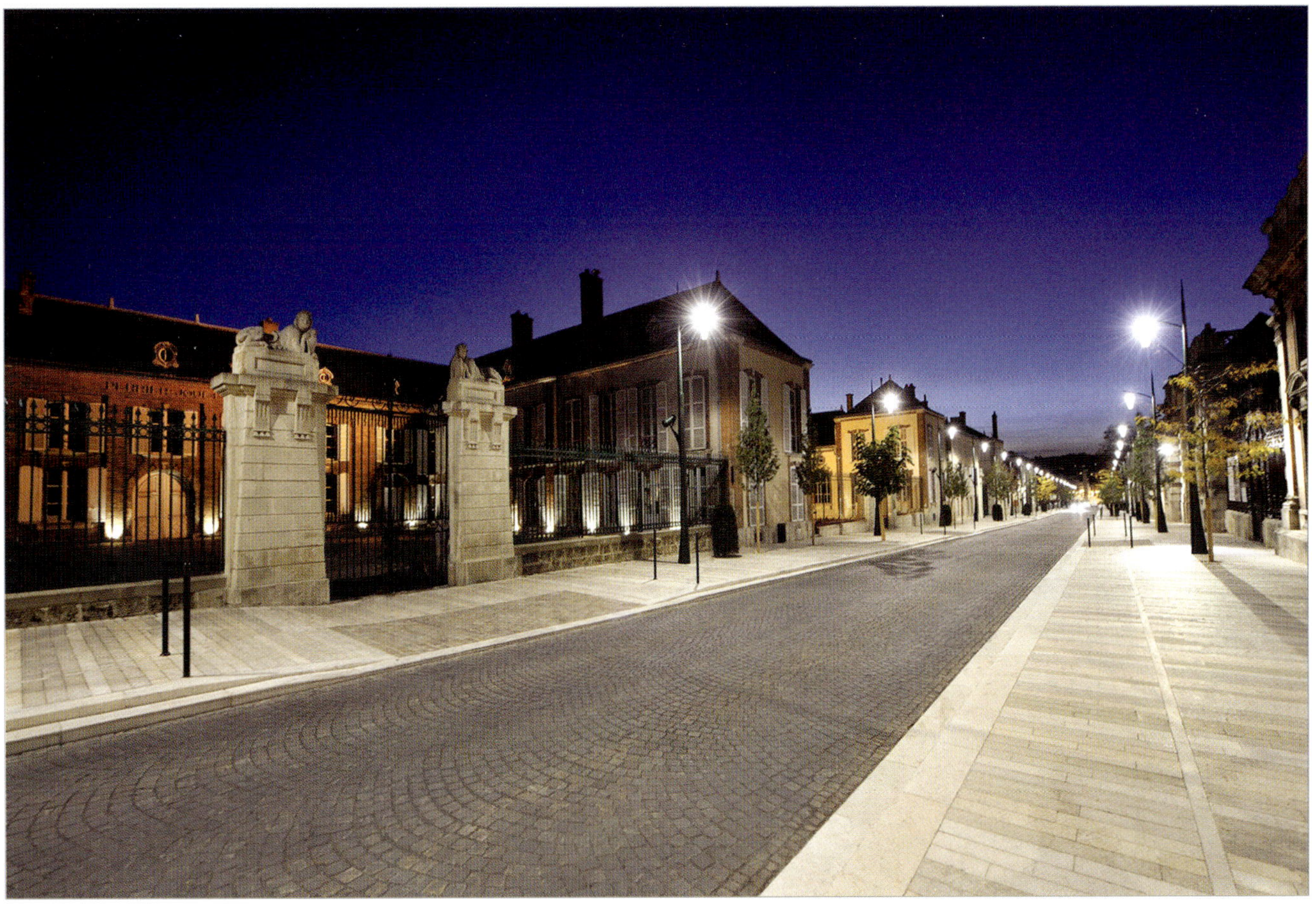

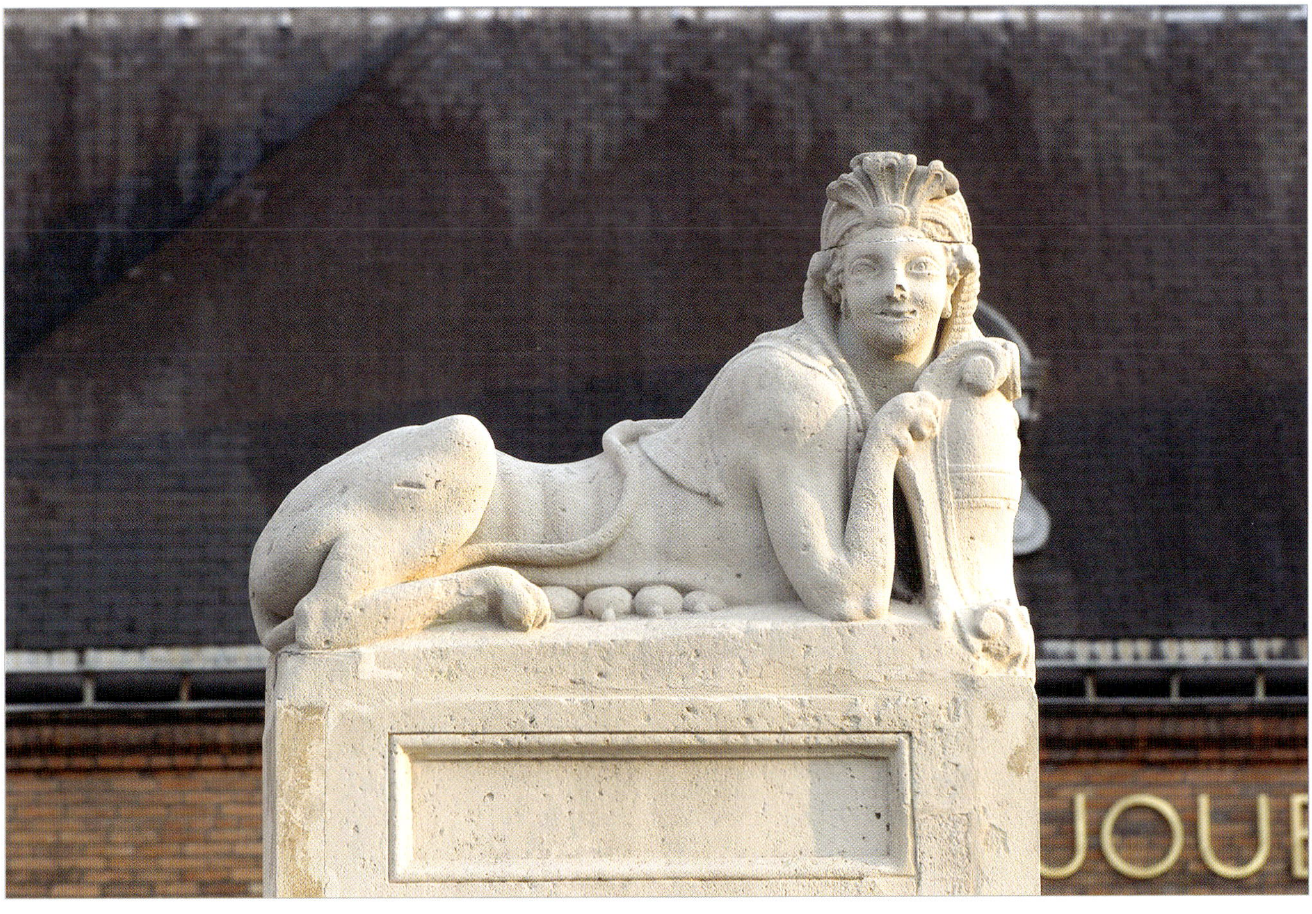
JOUE

■ Maison Perrier-Jouët

Comme le rappelle ce tableau, le mobilier intérieur de cet hôtel date de la période révolutionnaire. Il représente des enfants jouant à la prise de la Bastille. À cette époque, le propriétaire, Jean-Pierre Lochet, principal négociant en vin d'Epernay, était élu procureur de la commune en 1791 avant de devenir maire l'année suivante.

As this frame reminds, the interior furniture of this mansion dates back to the revolutionary period. It represents children playing the storming of the Bastille. At this time, the owner, Jean-Pierre Lochet, the main wine trader of Epernay, was elected prosecutor of the city in 1791 before becoming the mayor the following year.

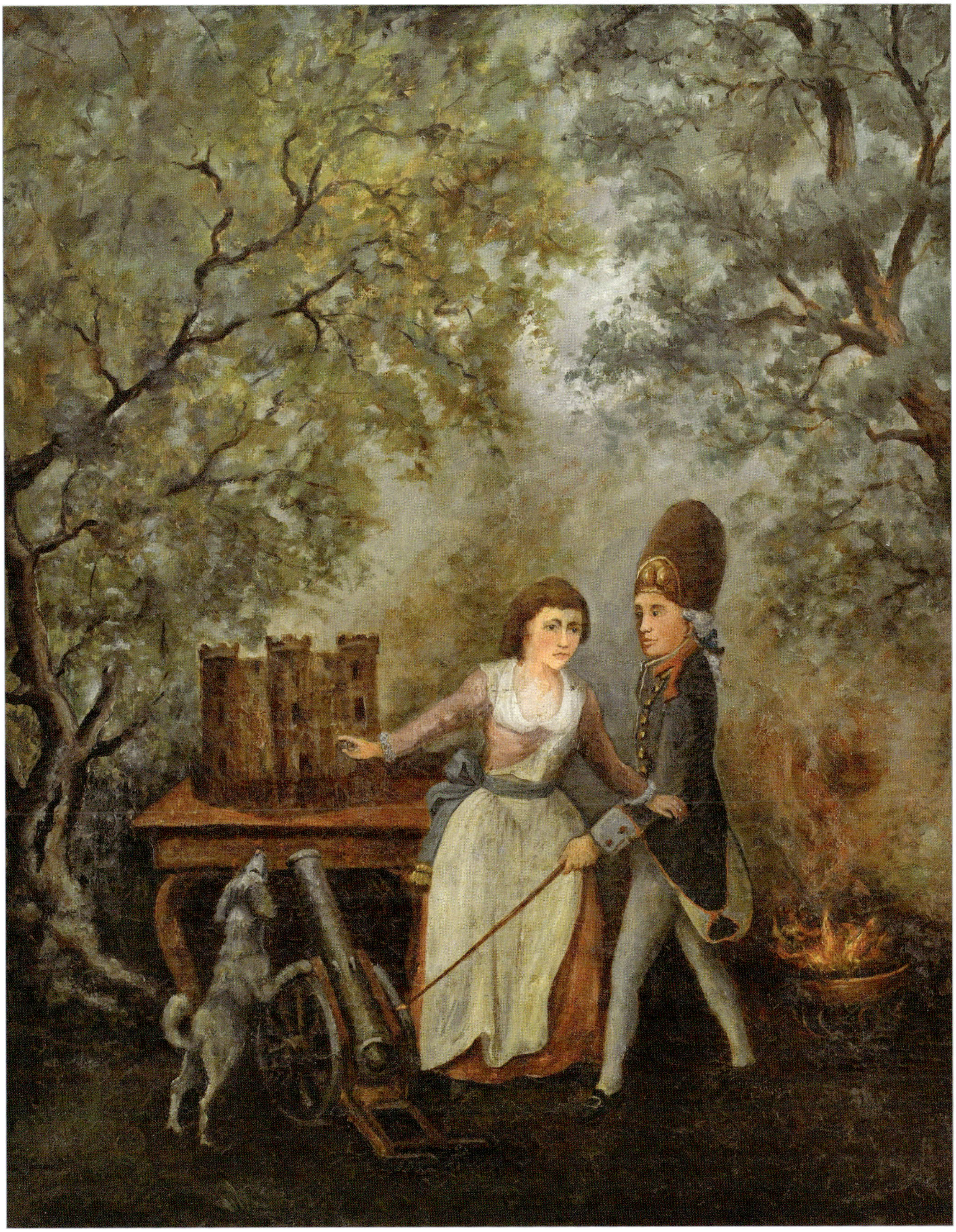

Maison Mercier

À la fin des années 1980, la Maison Mercier décide de construire, en haut de l'avenue de Champagne, un bâtiment contemporain alliant le verre, le béton et la brique, contrastant ainsi avec les hôtels particuliers du XIXe siècle. Une verrière éclaire l'espace central du bâtiment, mettant en lumière le fameux foudre d'Eugène Mercier.

A the end of the 1980's, the House Mercier decides to build, up the avenue de Champagne, a contemporary building mixing glass, concrete and brick, thereby contrasting with the private mansions of the 19th century. A glass roof brings light to the central space of the building, enhancing the famous barrel of Eugène Mercier.

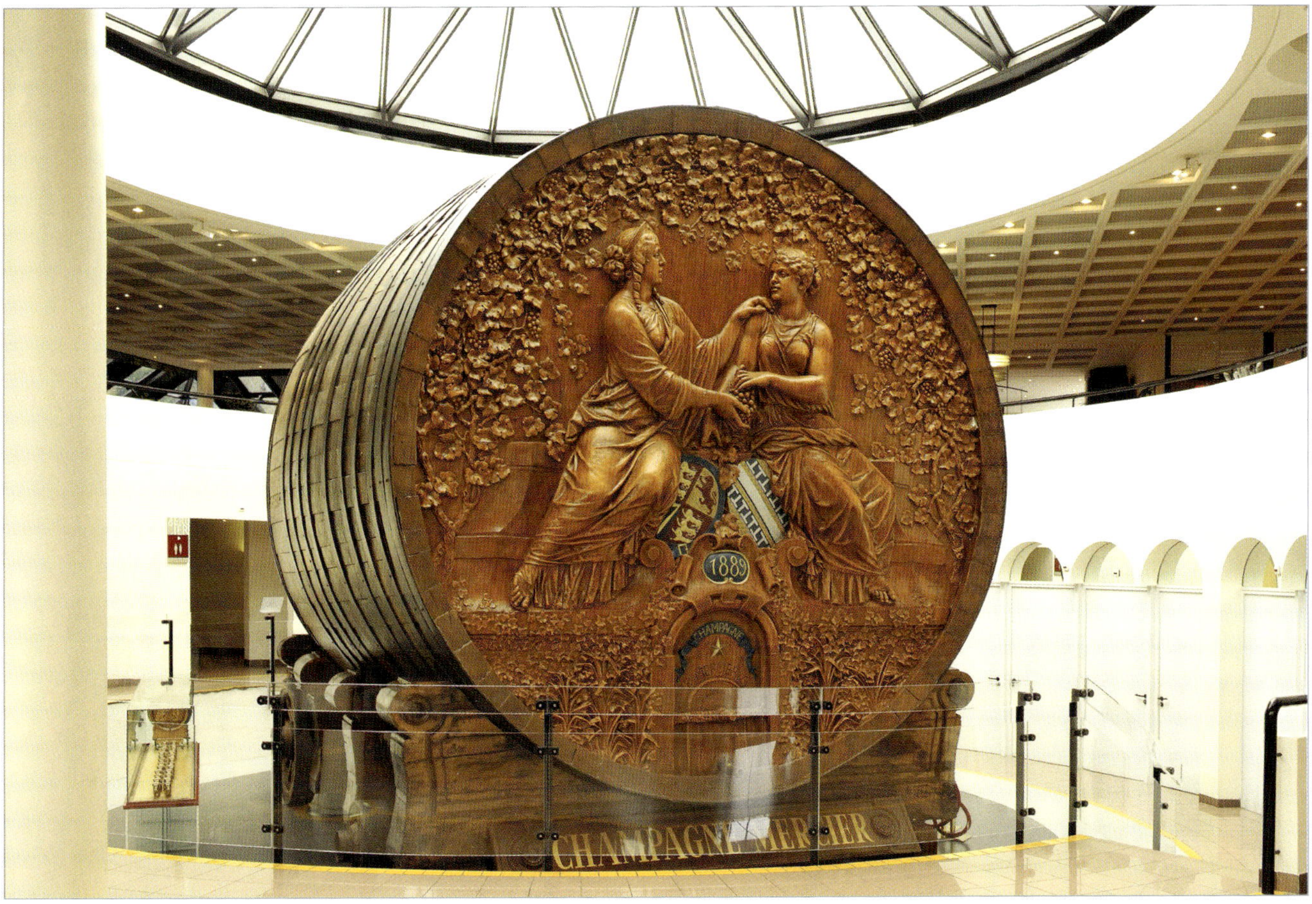
1889
CHAMPAGNE MERCIER

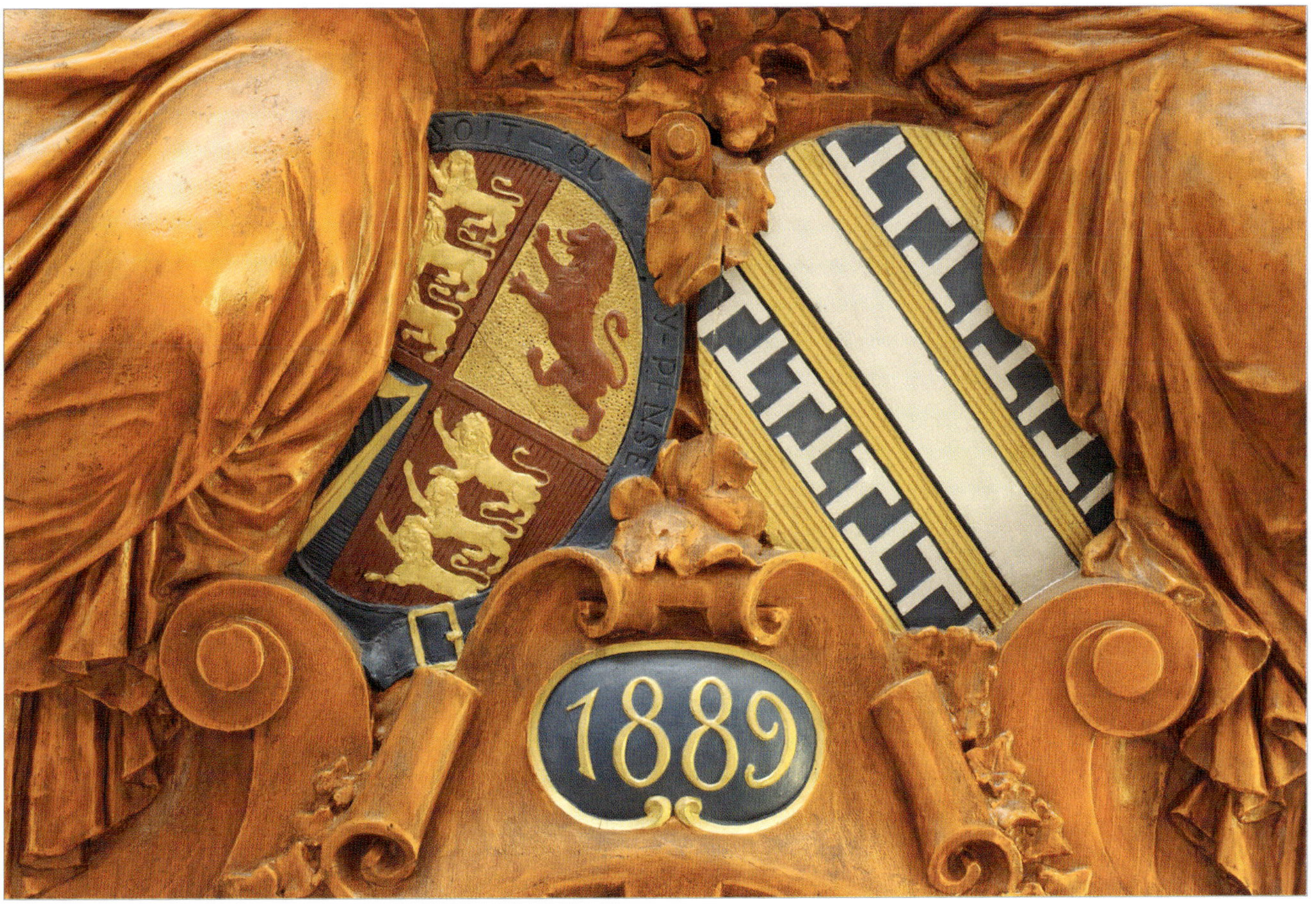
1889

■ Anciens bureaux du Champagne Mercier

Le décor de cette maison de style Louis XIII rappelle son propriétaire, Eugène Mercier, et son activité professionnelle à travers un médaillon enroulé qui porte ses initiales, lui-même entouré de grappes de raisins
- Eugène Mercier, collection Champagne Mercier.

The decoration of this Louis XIII-style house reminds its owner, Eugène Mercier, and his professional activity through a wrapped medallion bearing his initials, surrounded itself by grapes.
- Eugène Mercier, Champagne Mercier funds.

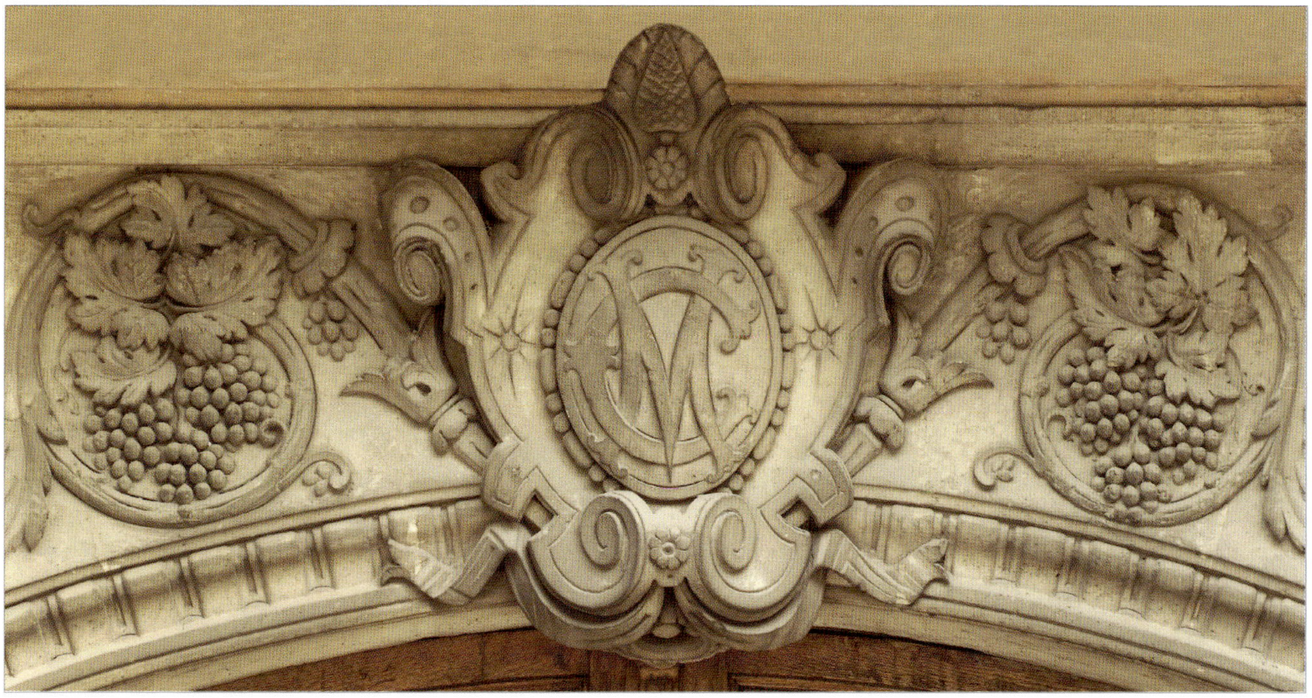

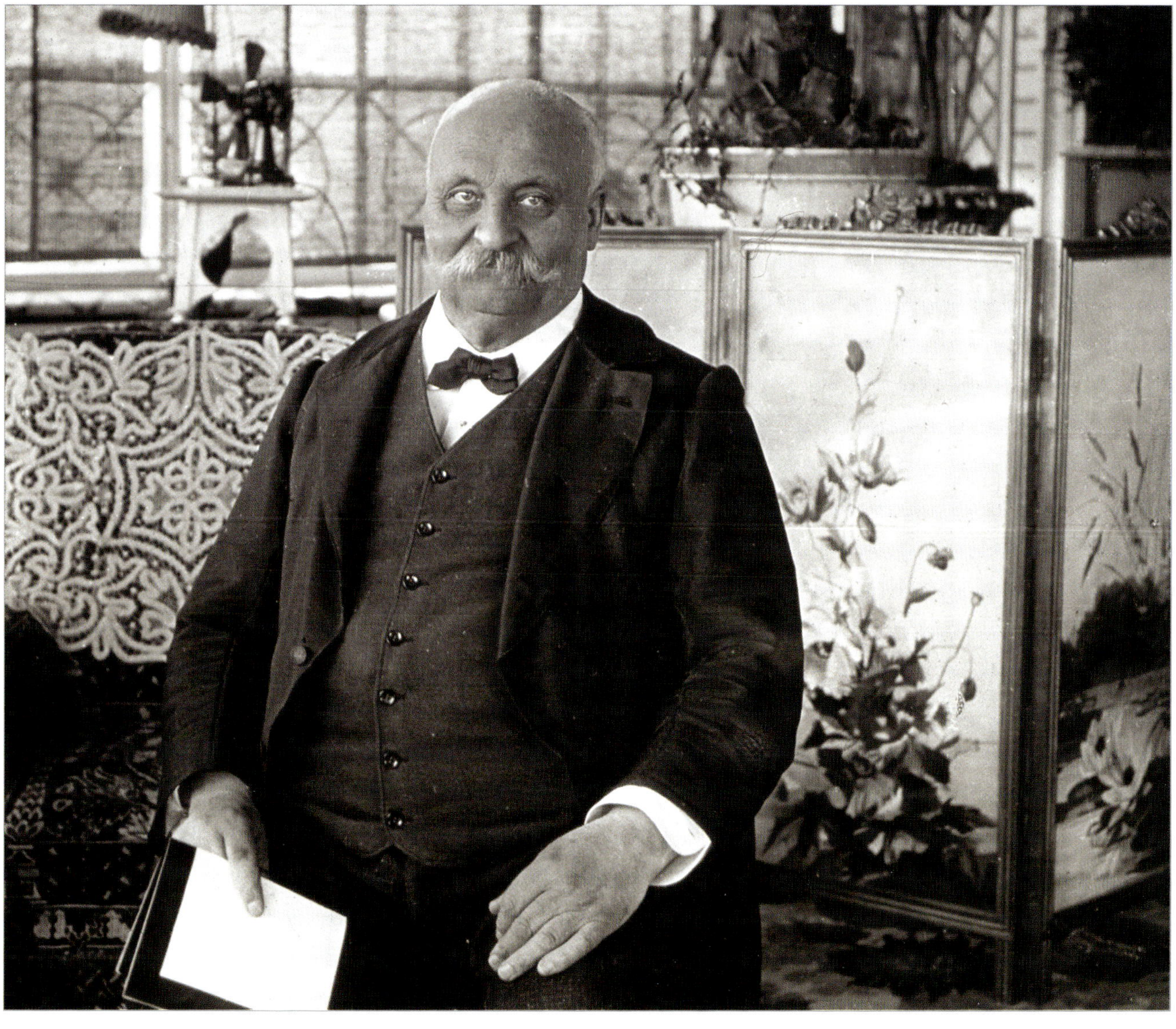

■ Maison Comtesse Lafond

Ancienne propriété d'Eugène Mercier, le château de Pékin est aujourd'hui appelé « château Comtesse Lafond » du nom de l'aïeule de l'actuel propriétaire. Il y a quelques années, des travaux de restauration lui ont redonné vie. Son architecture est d'inspiration classique. Deux toits coniques coiffant les tours de la façade participent à la mise en scène de l'entrée du château.

The former property of Eugène Mercier, the château de Pékin today is called « château Comtesse Lafond » after the name of the current owner's ancestor. A few years ago, restoration works breathed new life into it. Its architecture is of classical inspiration. Two conical roofs capping the towers of the façade take part to the staging of the château entrance.

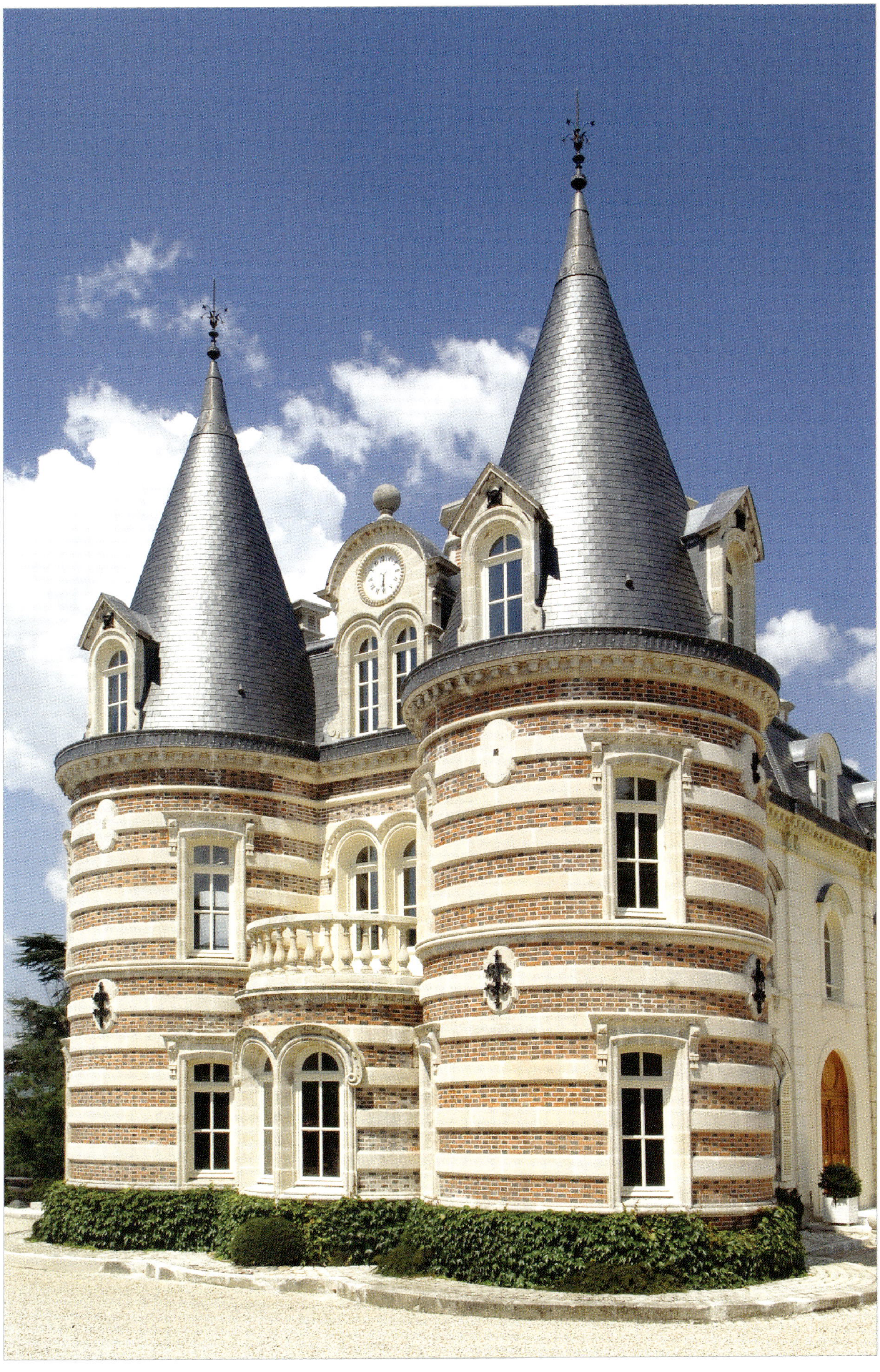

27 avenue de Champagne

Gravée dans une poutre en linteau, une discrète inscription latine décore la maison du 27 de l'avenue de Champagne. « Humble est la maison, grand est le repos », cette citation ferait référence au célèbre poète romain Pétrone.

Engraved in a lintel beam, a discreet Latin inscription ornates the house at 27 of the avenue de Champagne. « Humble is the house, great is the rest », this quote would refer to the famous Roman poet Petronius.

PARVA DOMVS · MAGNA QVIES

MARNE ★ ROUTE-N^{LE} N° 3
EPERNAY
← PLACE DE LA RÉPUBLIQUE À 0^K ½
CHOUILLY À 3^K ¾ →
CHALONS À 31^K ½ →

Hôtels particuliers

Alignés le long de l'avenue de Champagne, les hôtels particuliers, maisons de maître et châteaux ont été édifiés pour la plupart au XIXe siècle, période pendant laquelle la commercialisation du Champagne connaît un essor sans précédent. À la fois lieu de résidence, de prestige et bâtiments d'exploitation, ils reprennent tous l'architecture de l'hôtel particulier aristocratique : un corps de logis prolongé de deux ailes donnant sur une cour pavée à l'avant et un jardin à l'arrière. Cette régularité architecturale participe au prestige et au caractère unique de l'avenue de Champagne.

Aligned along the avenue de Champagne, the private mansions, manor houses and châteaux were, for most of them, erected in the 19th century, a period during which the commercialization of Champagne knows an unprecedented growth. Being accommodating places, places of prestige and operational buildings, they all take over the architecture of an aristocratic private mansion: a main building extended by two wings opening onto a squared yard in the front and a garden in the back. This architectural regularity brings further prestige and uniqueness to the avenue de Champagne.

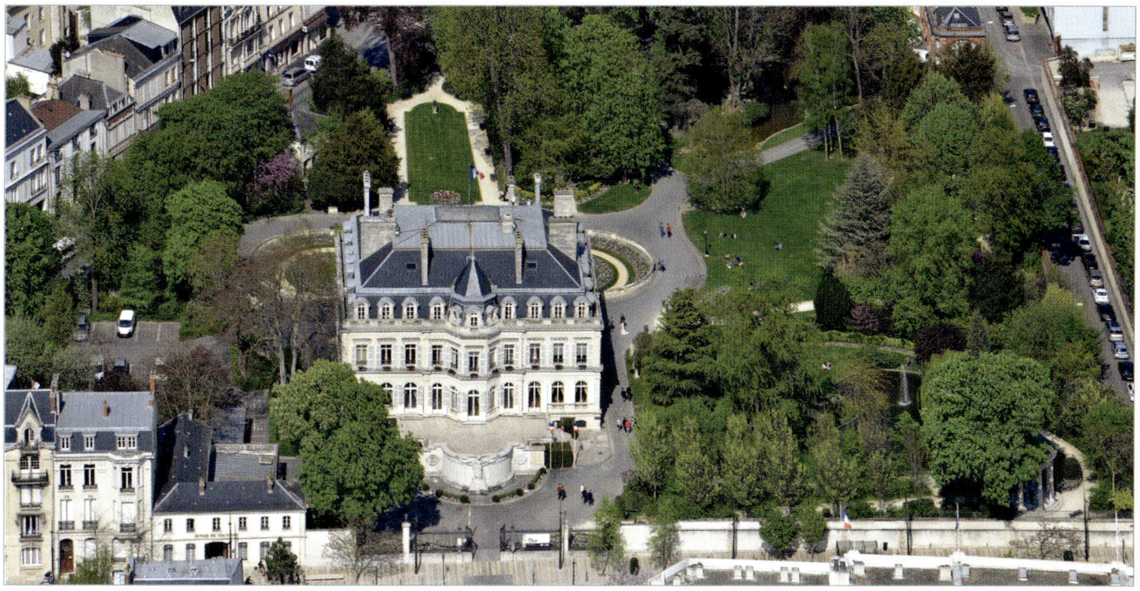

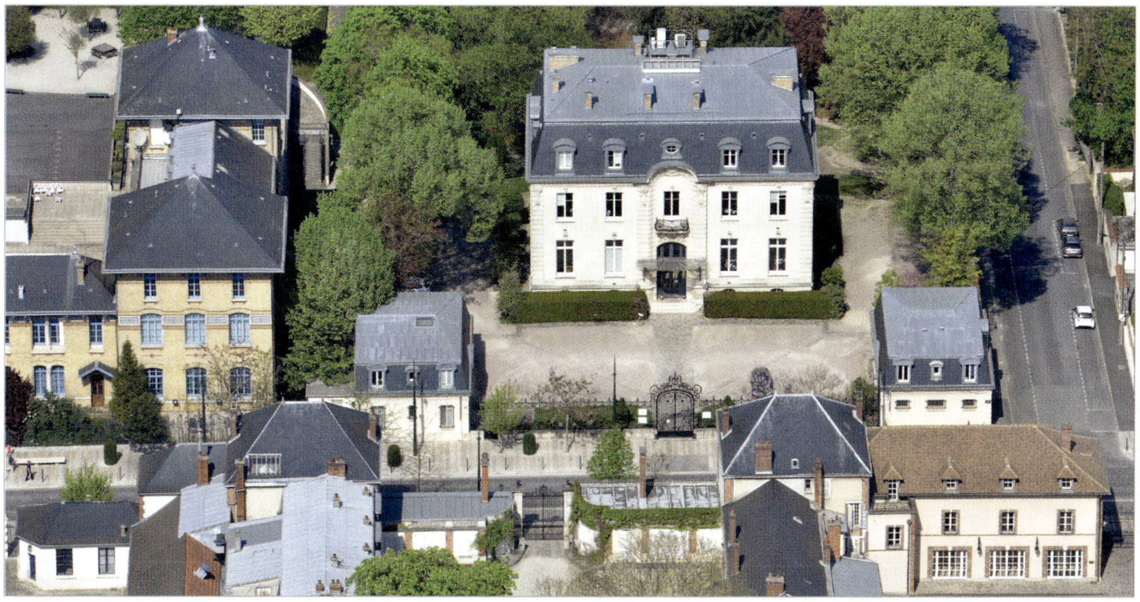

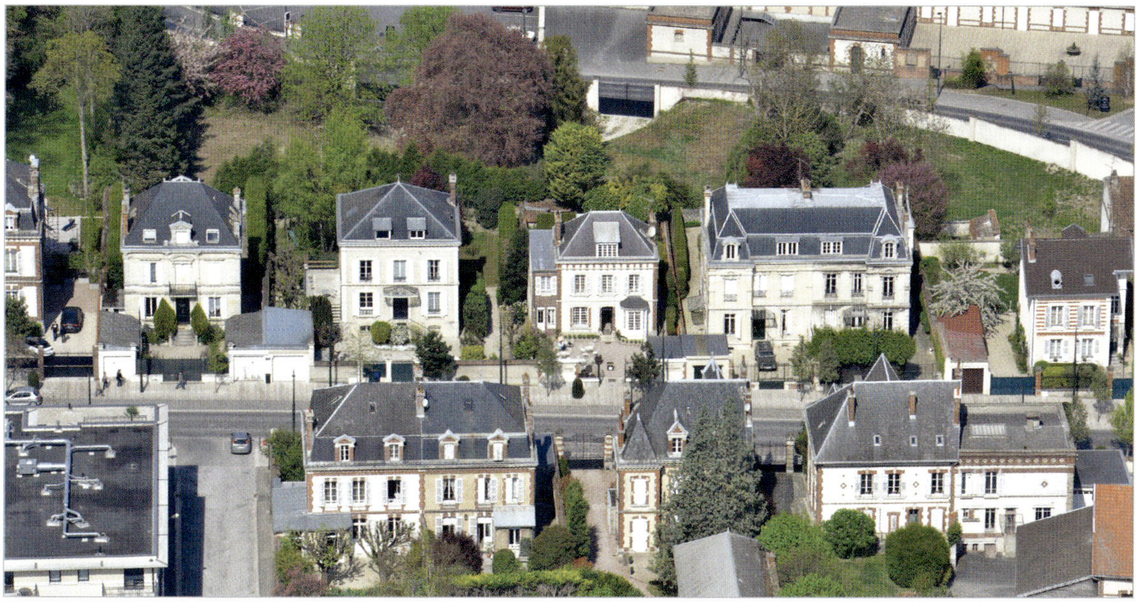

Grilles et portails

Au fil de l'avenue, alternent grilles et portails. Plus ou moins ouvragés selon les époques, ils marquent l'entrée de chaque maison. Pour certaines, les initiales des premiers propriétaires sont forgées dans la grille. Pour la plupart, les portails reprennent les matériaux utilisés sur les façades pour s'harmoniser avec le style de la demeure.

Along the avenue fences and gates alternate. More or less elaborated according to time periods, they mark the entrance of each house. For some of them, the initials of the first owners are forged in the gate. For most of them, the gates take over the materials used on façades to be in harmony with the style of the house.

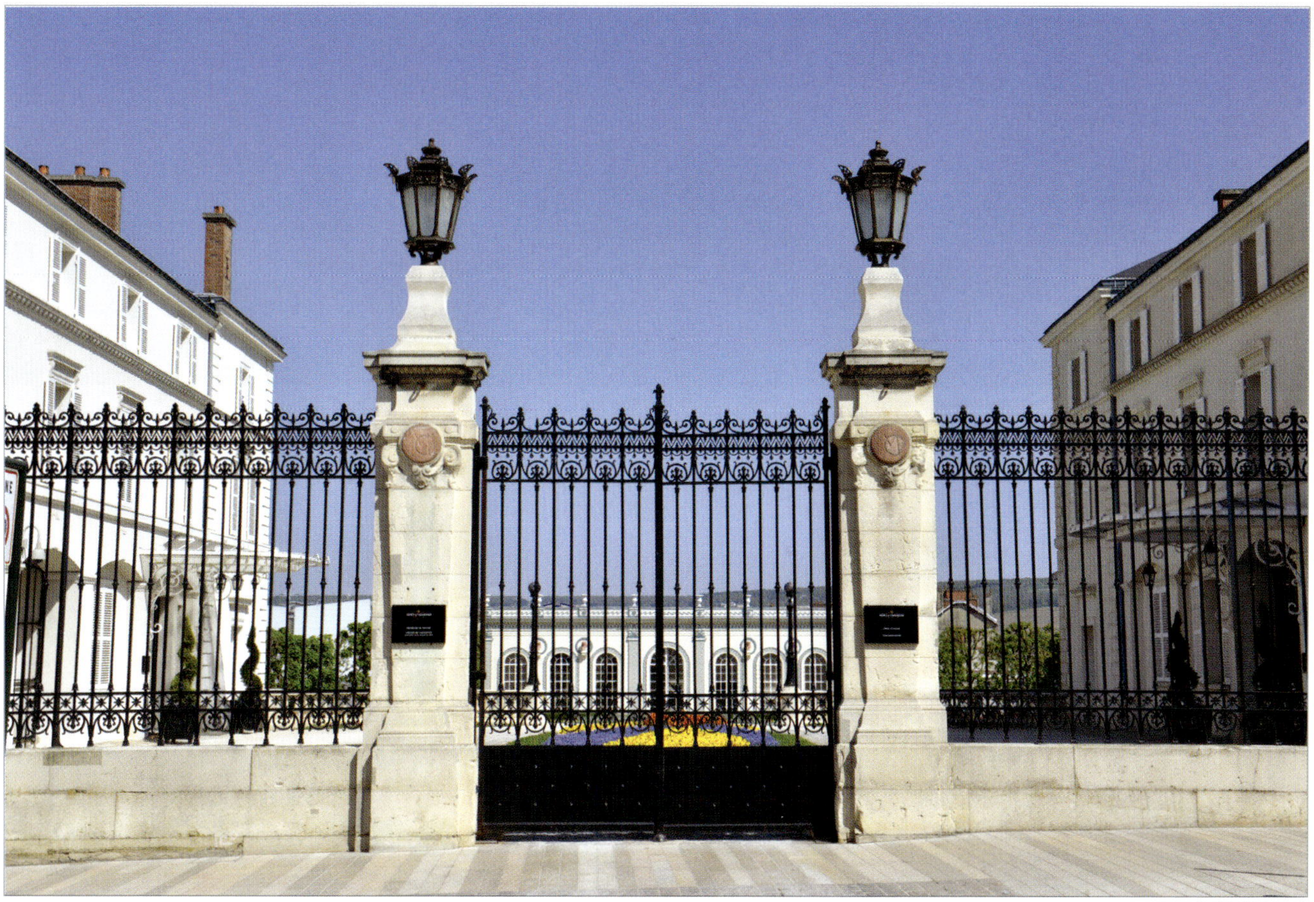

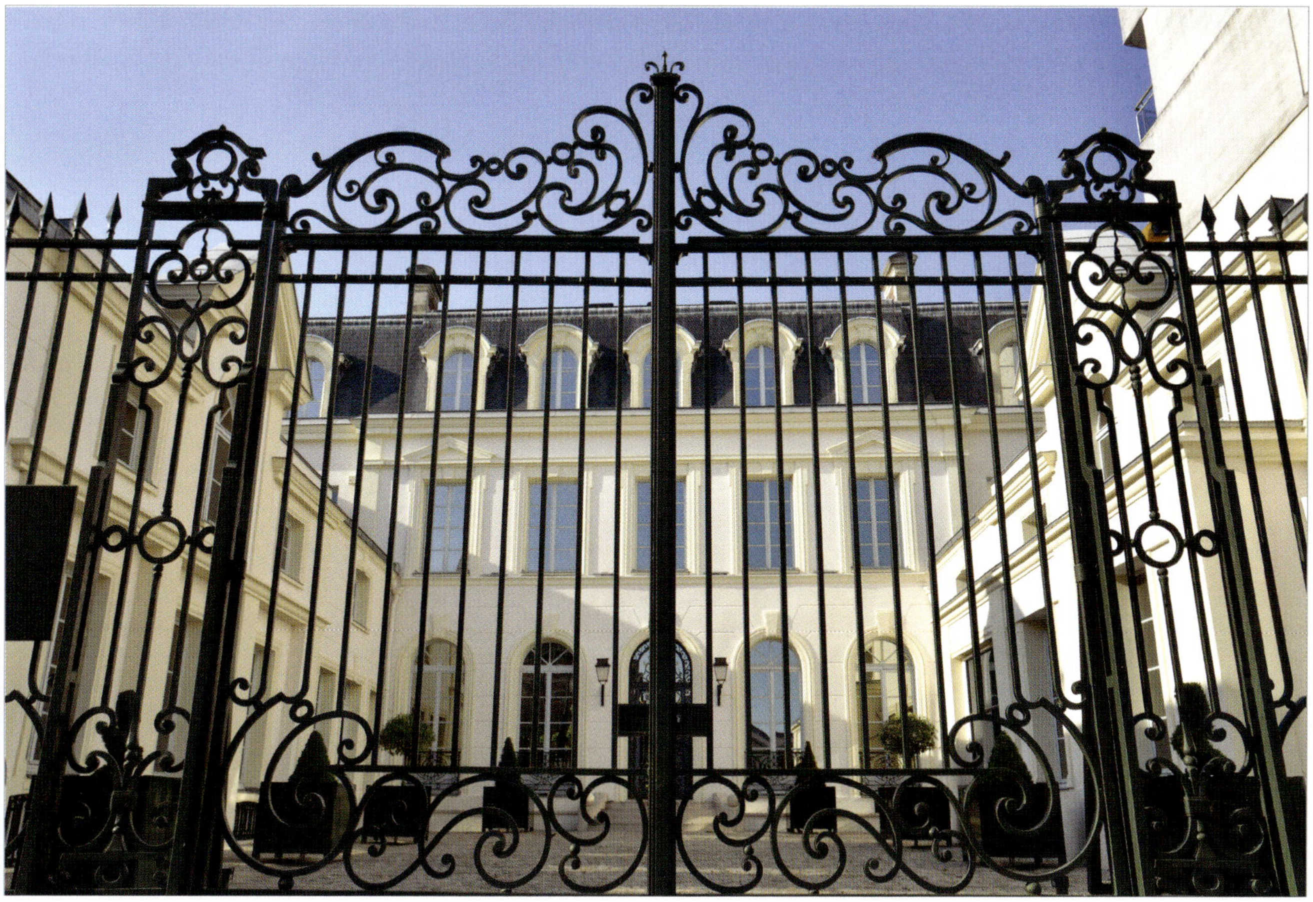

Champagne Paul-Étienne Saint-Germain

Champagne Michel Gonet

Champagne A. Bergère

Champagne Collard-Picard

Parcs et jardins

À l'arrière des hôtels, nombreux sont les parcs et jardins qui ont fait l'objet d'une attention particulière de la part de leurs propriétaires, soucieux de l'image de leurs maisons. Les styles sont variés : à l'anglaise pour son caractère pittoresque ou à la française pour son classicisme. Temple d'Amour, orangerie, rivière artificielle et serres agrémentent la plupart de ces jardins.

At the back of the mansions, numerous parks and gardens have been given special attention from their owners, careful of the image of their houses. The styles are diverse: English-style for its picturesque character or French-style for its classicism. Temple of Love, orangery, artificial river and greenhouses embellish most of these gardens.

Champagne Perrier-Jouët - Maison Belle Epoque

Activités viticoles

Derrière les façades luxueuses et ostentatoires des hôtels et des châteaux, se cachent celliers, pressoirs et descentes aux caves qui rappellent la fonction industrielle des Maisons de Champagne. Depuis le XVIIIe siècle, l'avenue de Champagne est un axe de communication qui permet à la fois la production et la commercialisation du vin des rois. Encore aujourd'hui, les Maisons demeurent des lieux de production en pleine activité.

- Champagne Pol Roger – cuverie

Behind the luxury and conspicuous façades of the mansions and châteaux, hide storerooms, wine presses and cellar stairways which remind the industrial function of the Houses of Champagne. Since the 18th century, the avenue de Champagne has been an axis of communication which allows both for the production and commercialization of the wine of kings. Again today, the Houses remain production places in full activity.

- Champagne Pol Roger – winery

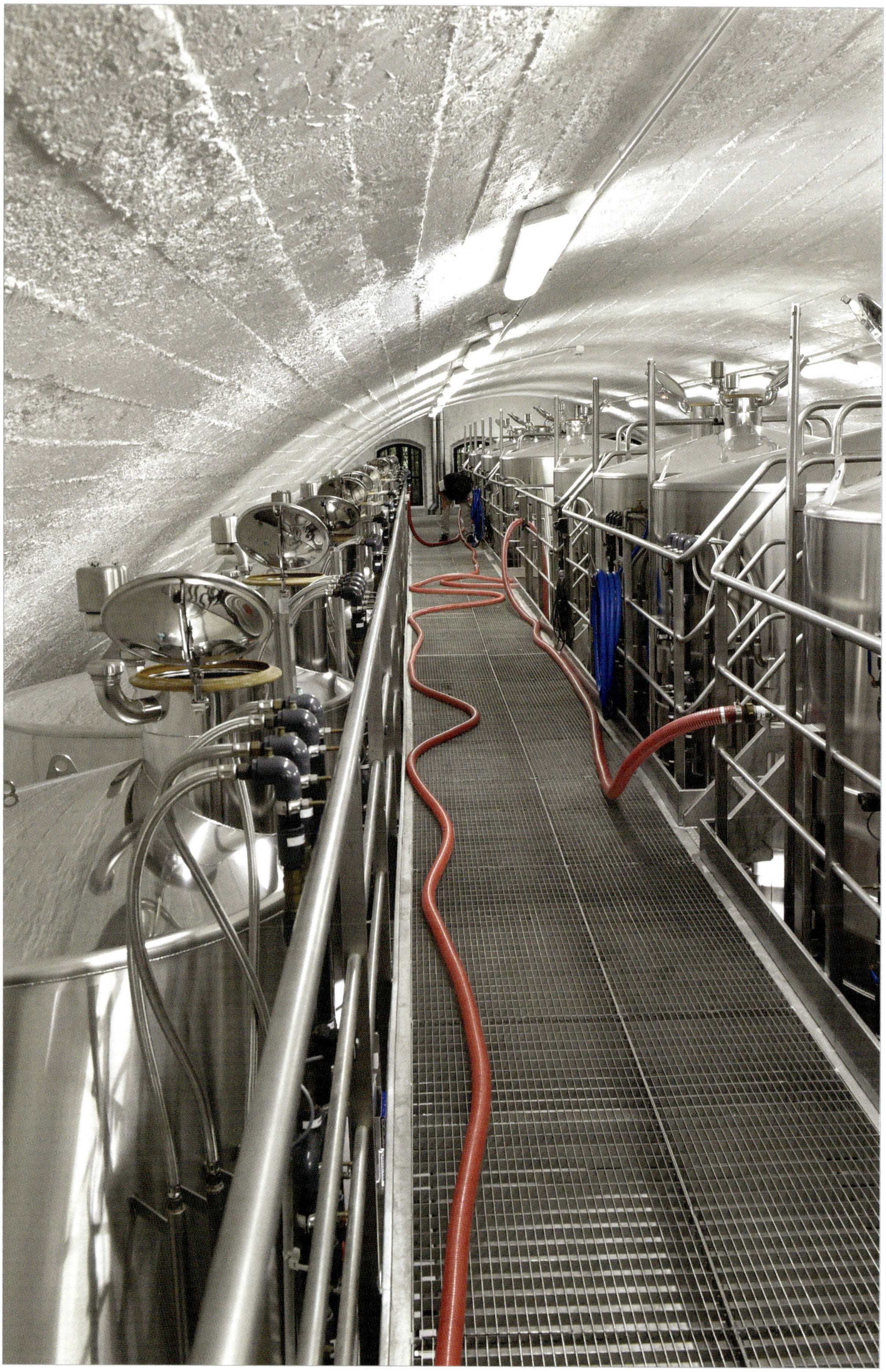

Expéditions

L'avenue de Champagne est devenue au cours du XIXᵉ siècle la colonne vertébrale du négoce du champagne dont la commercialisation s'est développée avec l'arrivée du chemin de fer en 1849. Les caves des maisons Mercier et de Castellane débouchent de plain-pied sur les quais de déchargement des voies pour faciliter l'expédition.

Over the 19th century, the avenue de Champagne has become the backbone of champagne wine trade whose sales have developed with the arrival of the railway in 1849. The cellars of the Houses Mercier and De Castellane lead directly to the loading platforms of the lines so as to ease shipping operations.

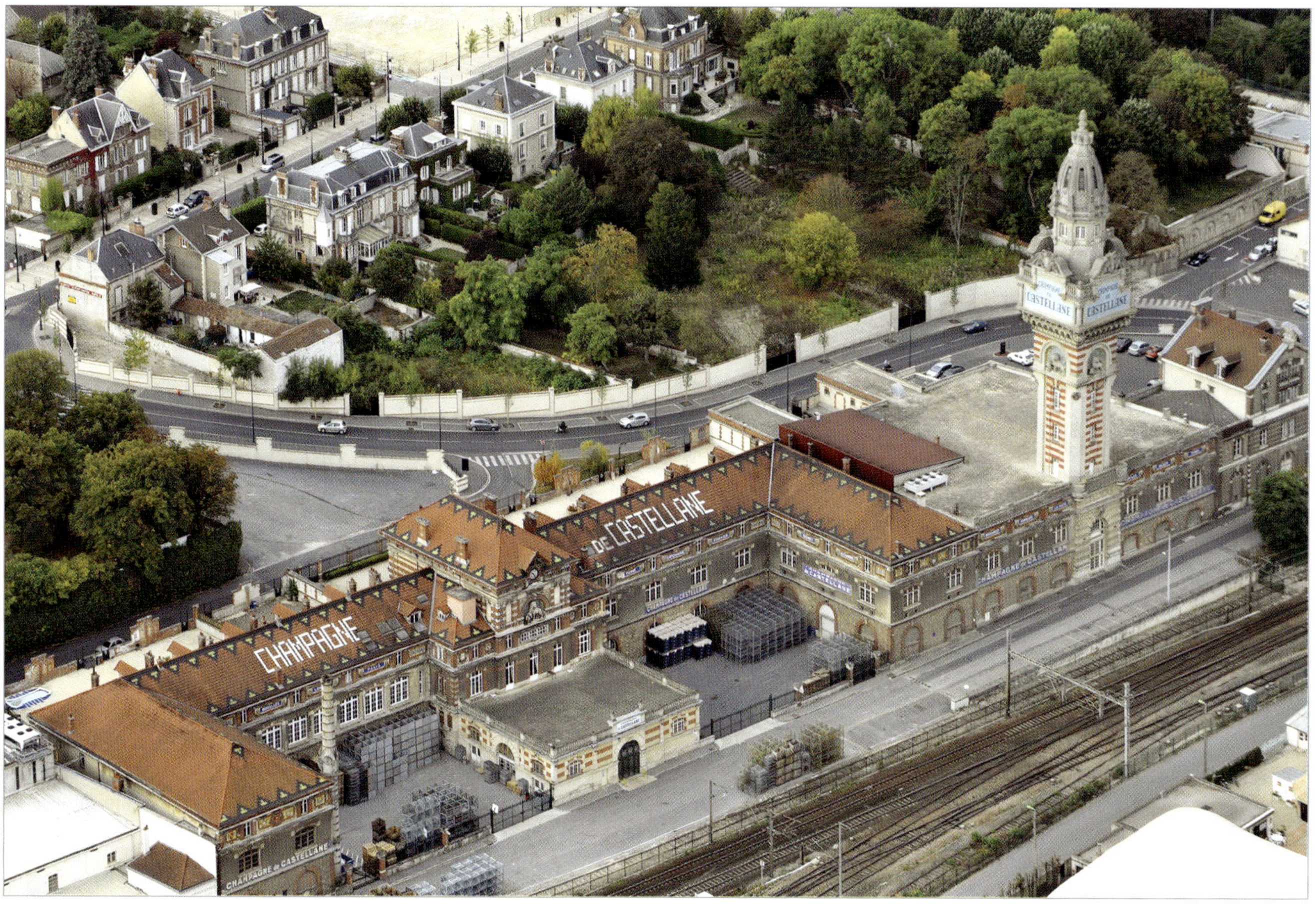
CHAMPAGNE
DE CASTELLANE

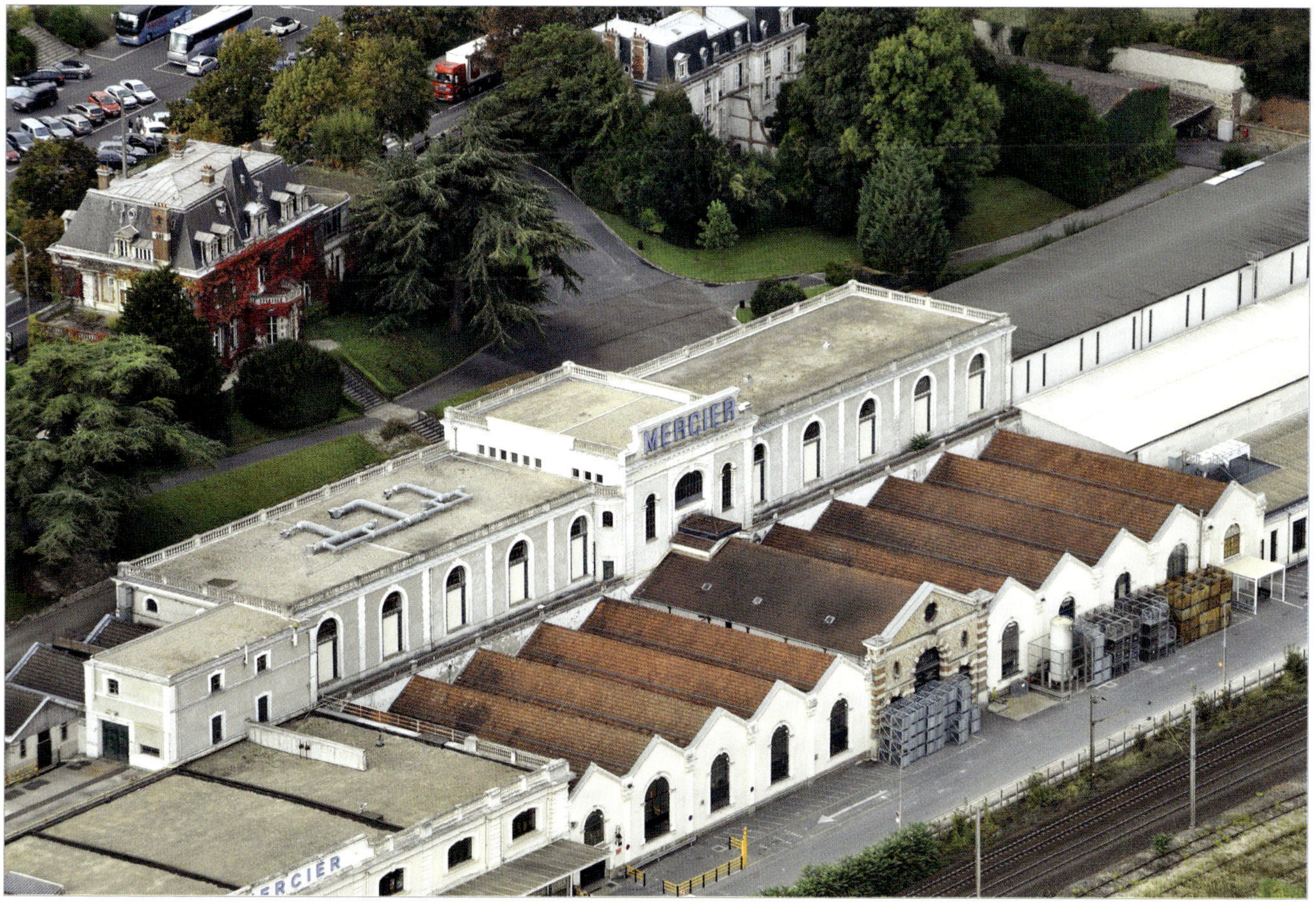
MERCIER

Établissements

En respectant son code architectural, d'autres établissements se sont implantés sur l'avenue de Champagne. Le lycée Stéphane-Hessel et le Syndicat Général des Vignerons de la Champagne s'harmonisent avec les Maisons de Champagne en présentant un corps de logis en U, le premier tourné vers la Marne et le second vers l'avenue.

While respecting its architectural code, other establishments have settled in the avenue de Champagne. The Stéphane-Hessel High School and the General Syndicate of Champagne Winegrowers are in harmony with the Houses of Champagne by presenting a main U-building, the first turned towards the Marne river and the second towards the avenue.

149

Champagnes R&L Legras et Pertois-Moriset

■ L'Avenue

Capitale du Champagne, Epernay entreprit en 2007 le réaménagement de sa célèbre avenue. De par sa fonction, elle est considérée comme le symbole de l'élégance et de la fête. Sa rénovation permet d'offrir un véritable « écrin patrimonial » à l'ensemble des Maisons de Champagne qui la bordent. Le concept de « parc-avenue » a ainsi été privilégié pour mettre en valeur leur architecture, laisser davantage la place au piéton et favoriser l'accueil d'événements festifs.

La qualité de ces aménagements a permis à l'avenue de Champagne d'intégrer les trois lieux témoins dans le cadre de la candidature « Coteaux, Maisons et Caves de Champagne » au classement du Patrimoine mondial de l'unesco.

The Capital of Champagne, Epernay started in 2007 the redevelopment of its famous avenue. By its function, it is considered as the symbol of elegance and celebrations. Its rehabilitation offers a real « heritage place » for all the Houses of Champagne lining it. The concept of « park-avenue » has therefore been chosen to enhance their architecture, make more room for pedestrians and host festive events.

The quality of such improvements has enabled the avenue de Champagne to integrate the three witness locations within the application « Vineyard Slopes, Houses of Champagne and Cellars of Champagne » for unesco World Heritage listing.

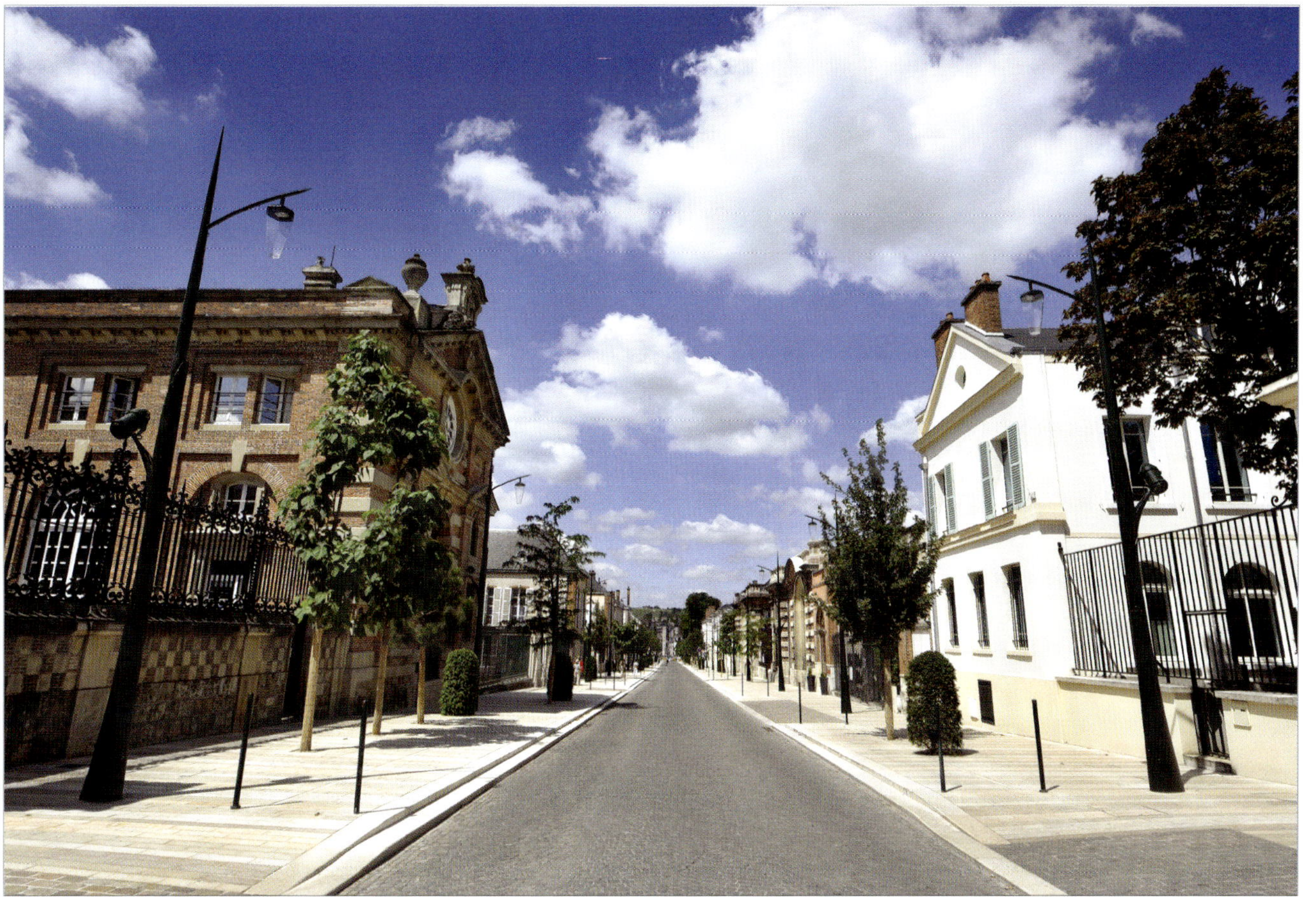

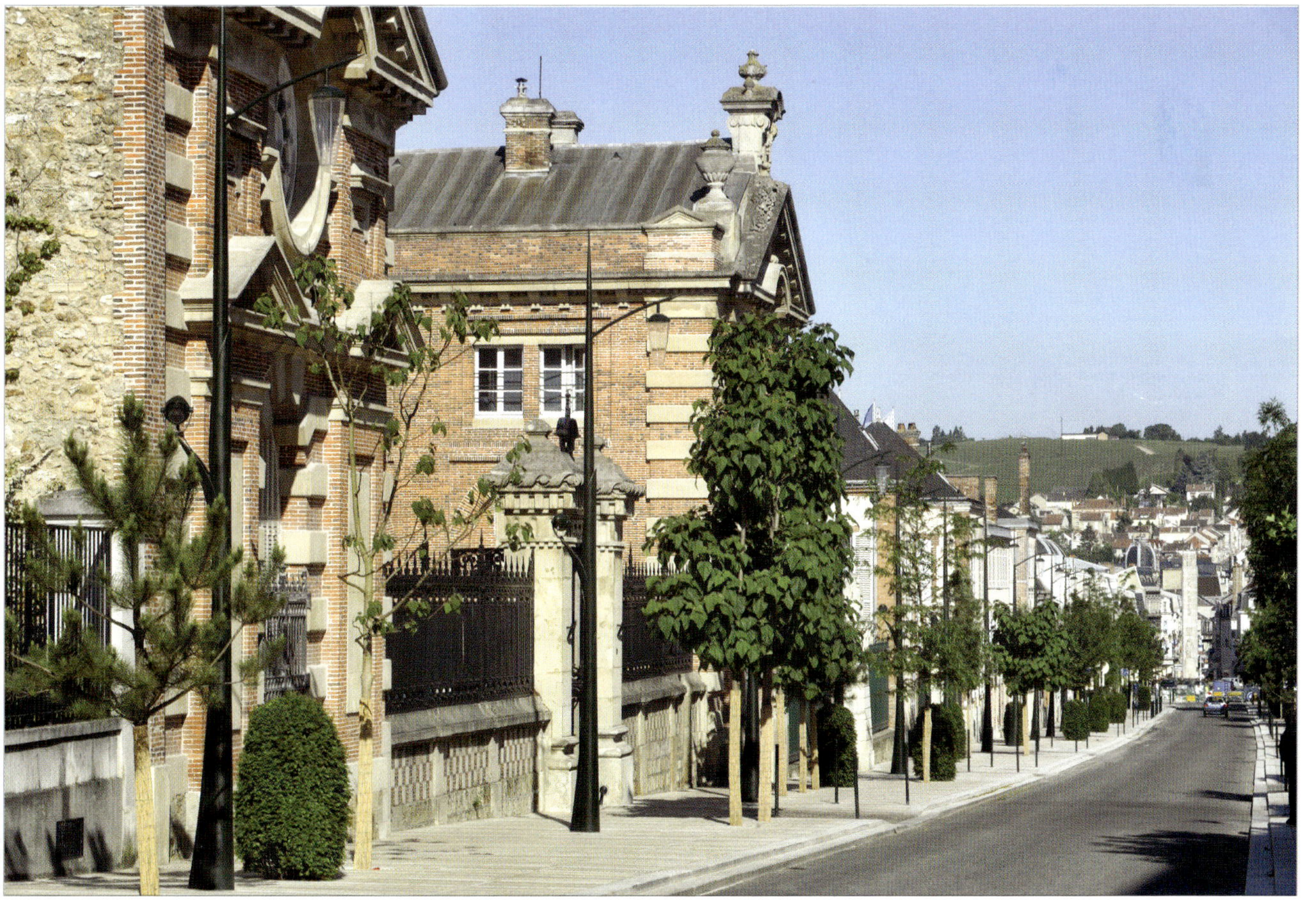

L'Avenue de Champagne, son effervescence

■ Inauguration

En 2009, après plus de deux ans de travaux, la prestigieuse avenue de Champagne est entièrement rénovée. Pour fêter cette renaissance, des concerts, un son et lumière, des saynètes théâtrales... animent l'avenue toute une journée et attirent des milliers de personnes. Des festivités qui célèbrent une nouvelle ère pour l'avenue, qui va devenir le décor privilégié de tous les grands rendez-vous festifs de la ville.

In 2009, after more than two years of works, the prestigious avenue de Champagne was totally renovated. To celebrate this rebirth, some concerts, a sound and light show, theatre skits... move the avenue the whole day long and attract thousands of people. Such celebrations mark a new era for the avenue, which is to become the privileged decor of all the great festive events of the city.

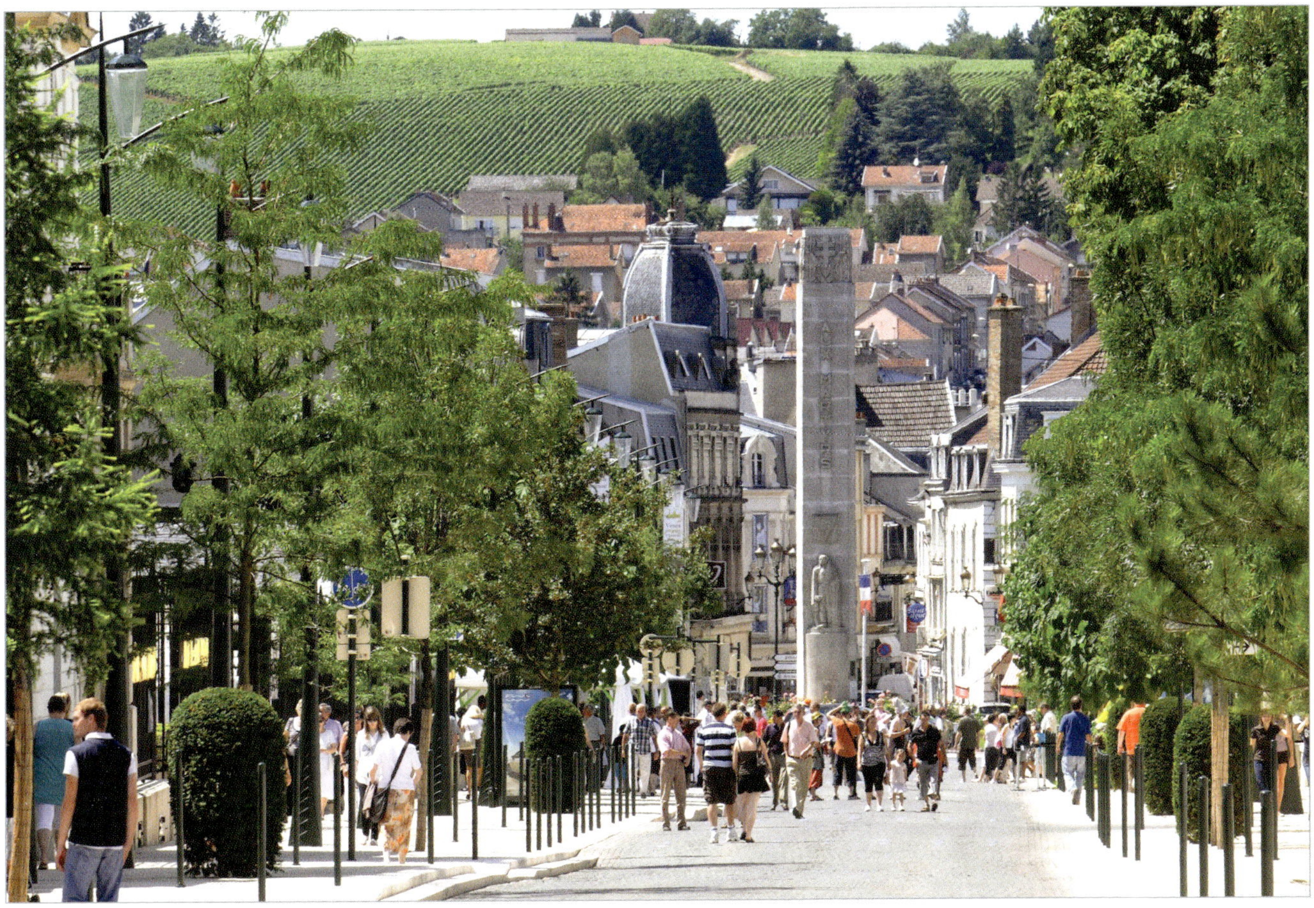

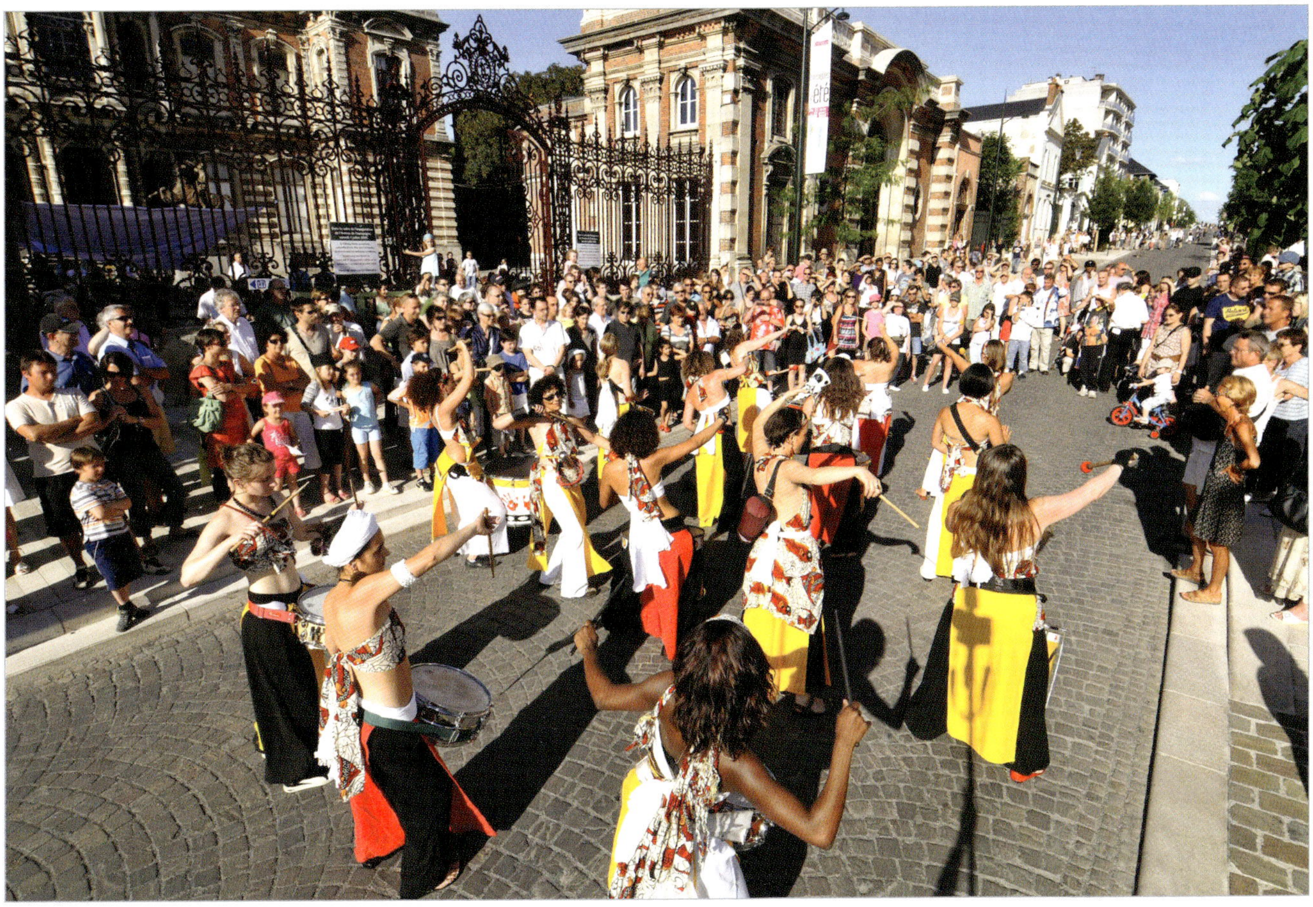

■ Archiconfrérie Saint-Vincent

« *Avant d'intégrer l'Archiconfrérie Saint-Vincent, je dois avouer que je ne voyais que le folklore... alors que l'Archiconfrérie rassemble des vignerons et des Maisons autour d'un terroir, d'un savoir-faire, de valeurs à préserver et à transmettre,* souligne Evelyne Roques-Boizel, co-présidente de l'Archiconfrérie Saint-Vincent. *Je suis donc assez fière d'avoir contribué à la mise en place du défilé sur l'avenue de Champagne : quel plus bel endroit pour un tel rassemblement ?* ». Il est vrai que l'avenue de Champagne, Evelyne Roques-Boizel la connaît depuis toujours. Elle a vécu son enfance à quelques encablures, l'a arpentée de long en large, connaît par cœur l'histoire des hommes et des Maisons. Et quand l'opportunité s'est présentée, il y a quelques années, d'y implanter la Maison de Champagne qu'elle dirige, elle n'a pas laissé passer l'occasion. « *L'avenue de Champagne, c'est la belle adresse pour une Maison de Champagne !* »

« Before joining the Archconfraternity Saint-Vincent, I must say that I only saw the local folklore in it... whereas the Archconfraternity gathers wine-growers and Houses around the land, know-how, some values to be preserved and transmitted, Evelyne Roques-Boizel, co-president of the Archconfraternity Saint-Vincent notes - I am rather proud to have contributed to the creation of a parade in the avenue de Champagne: what nicer place for such a gathering ? » It is true that Evelyne Roques-Boizel has always known the avenue. She lived her childhood just a few metres off, walked it up and down and she knows the story of men and champagne Houses by heart. So, when the opportunity to settle the House of Champagne that she leads arose a few years ago, she did not let it go. «The avenue de Champagne, it's the smartest address for a House of Champagne! »

AMSTEL LE PETIT CHINOIS AMSTEL
VERZENAY
TRIGNY
PIERRY
MANCY
EPERNAY
BROUILLET
GRAUVES
MOSLINS

St VINCENT

St VINCENT

Archiconfrérie Saint-Vincent

Deux années sur trois, en janvier, dans la Capitale du Champagne, l'Archiconfrérie Saint-Vincent rassemble des dizaines de confréries, qui célèbrent le vin des rois en défilant fièrement dans l'avenue de Champagne.

Two out of three years, in January, in the Capital of Champagne, the Archconfraternity Saint-Vincent gathers dozens of confraternities, which celebrate the wine of kings by proudly parading in the avenue de Champagne.

Saint Vincent
des Vignerons
VINCELLES
VERNEUIL
TRELOU S/MARNE

GRAUVES

■ Archiconfrérie Saint-Vincent

En 2014, l'Archiconfrérie Saint-Vincent a défilé aux couleurs de la candidature « Coteaux, Maisons et Caves de Champagne » au Patrimoine mondial de l'Unesco. Les Maisons et les vignerons se sont en effet pleinement mobilisés autour de cette démarche, qui - comme l'Archiconfrérie - met en valeur tout un territoire, mais aussi des femmes et des hommes qui transmettent le savoir-faire champenois de génération en génération.

In 2014, the Archconfraternity Saint-Vincent paraded to stand for the colours of the application « Slopes, Houses and Cellars of Champagne » to Unesco World Heritage. Both Houses and winegrowers got fully implied in this process, which - as the Archconfraternity - enhances all the land, but also the women and the men who transmit the Champagne knowledge from generation to generation.

AMBONNAY
GRAND CRU
CONFRÉRIE DE ST VINCENT
CRAMANT
Confrérie de Saint Vincent
RED
Plus
de coup
de barres.

Défilés

L'avenue de Champagne accueille parfois des invités inattendus lors de ce traditionnel défilé, tels que la Garde républicaine en 2005, ou encore la fanfare d'Epinal, en 2008.

The avenue de Champagne sometimes welcomes unexpected guests during the traditional parade, such as the National Republican Guard in 2005, or even Epinal's band, in 2008.

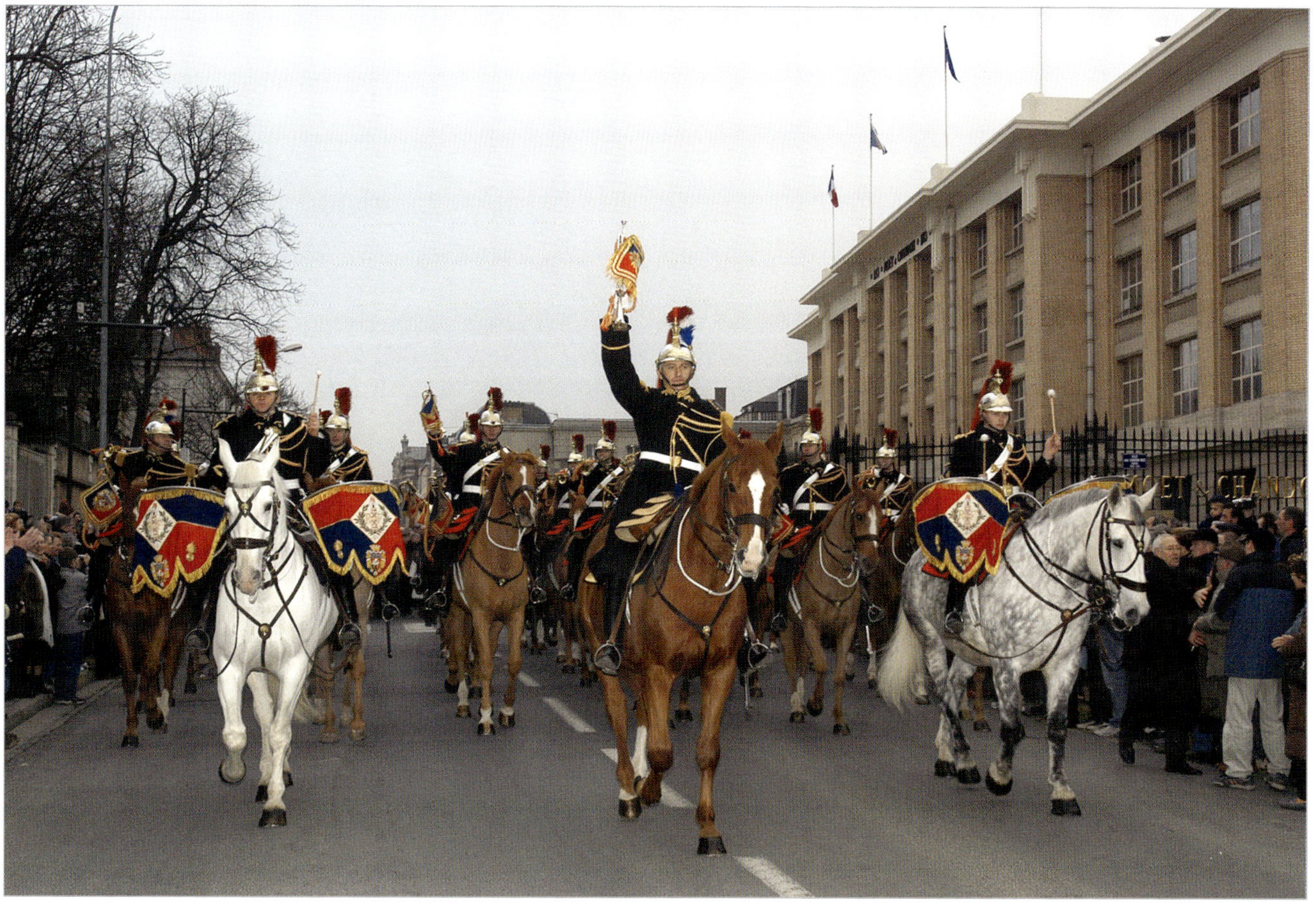

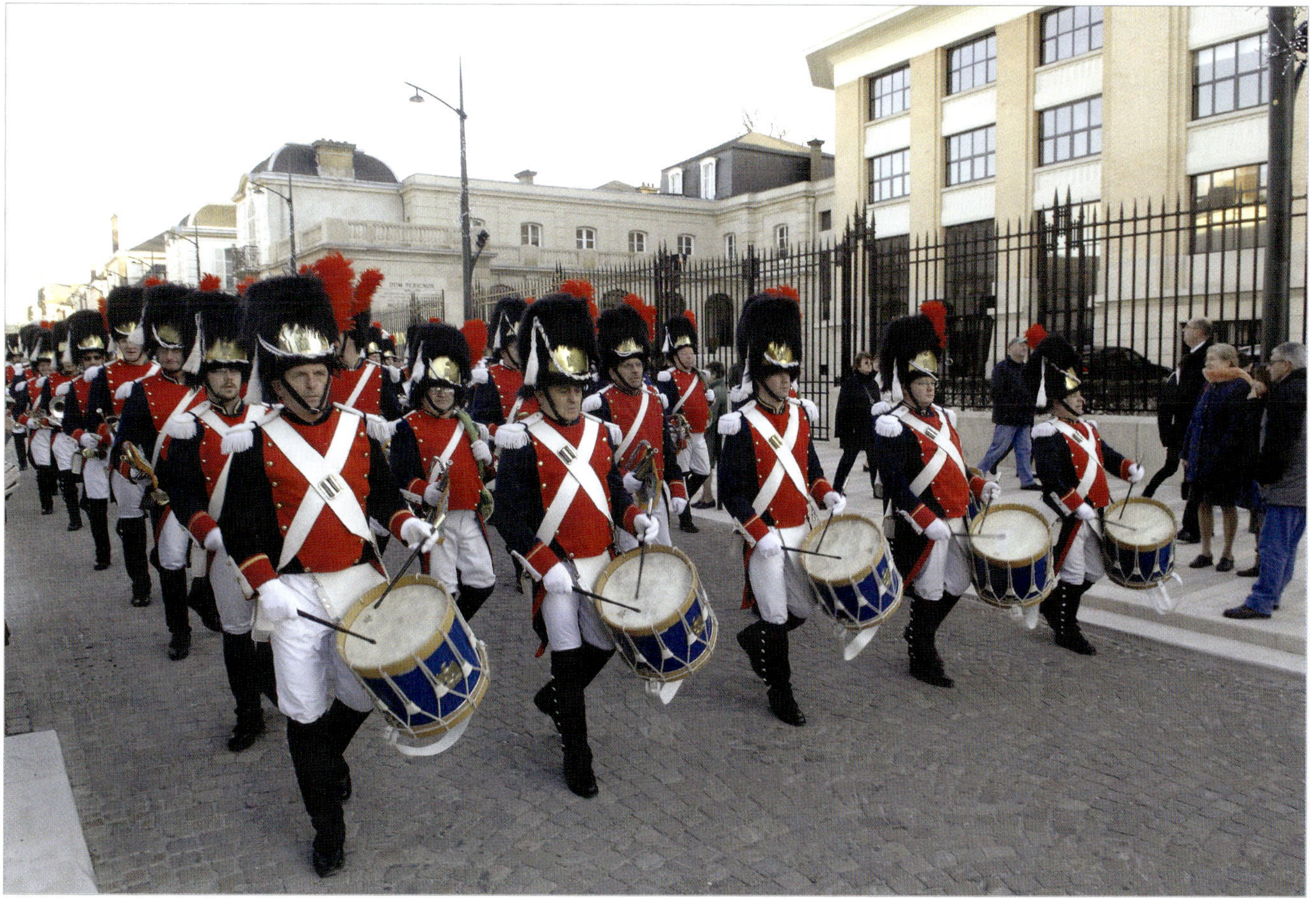

■ Royal Scott Dragon Guards

Autre moment exceptionnel dans l'histoire de l'avenue de Champagne : la venue des Royal Scott Dragon Guards, dont Christian Pol-Roger est Officier d'honneur. Invités à participer aux commémorations du Bicentenaire de la Révolution française, ils font une halte à Epernay sur le chemin du retour, le temps de défiler sur l'avenue...

Another outstanding moment in the history of the avenue de Champagne: the coming of the Royal Scott Dragon Guards, of which Christian Pol-Roger is Honour Officer. Invited to participate to the commemorations of the Bicentenary of the French Revolution, they stopped over in Epernay on their way back, just time for them to parade in the avenue...

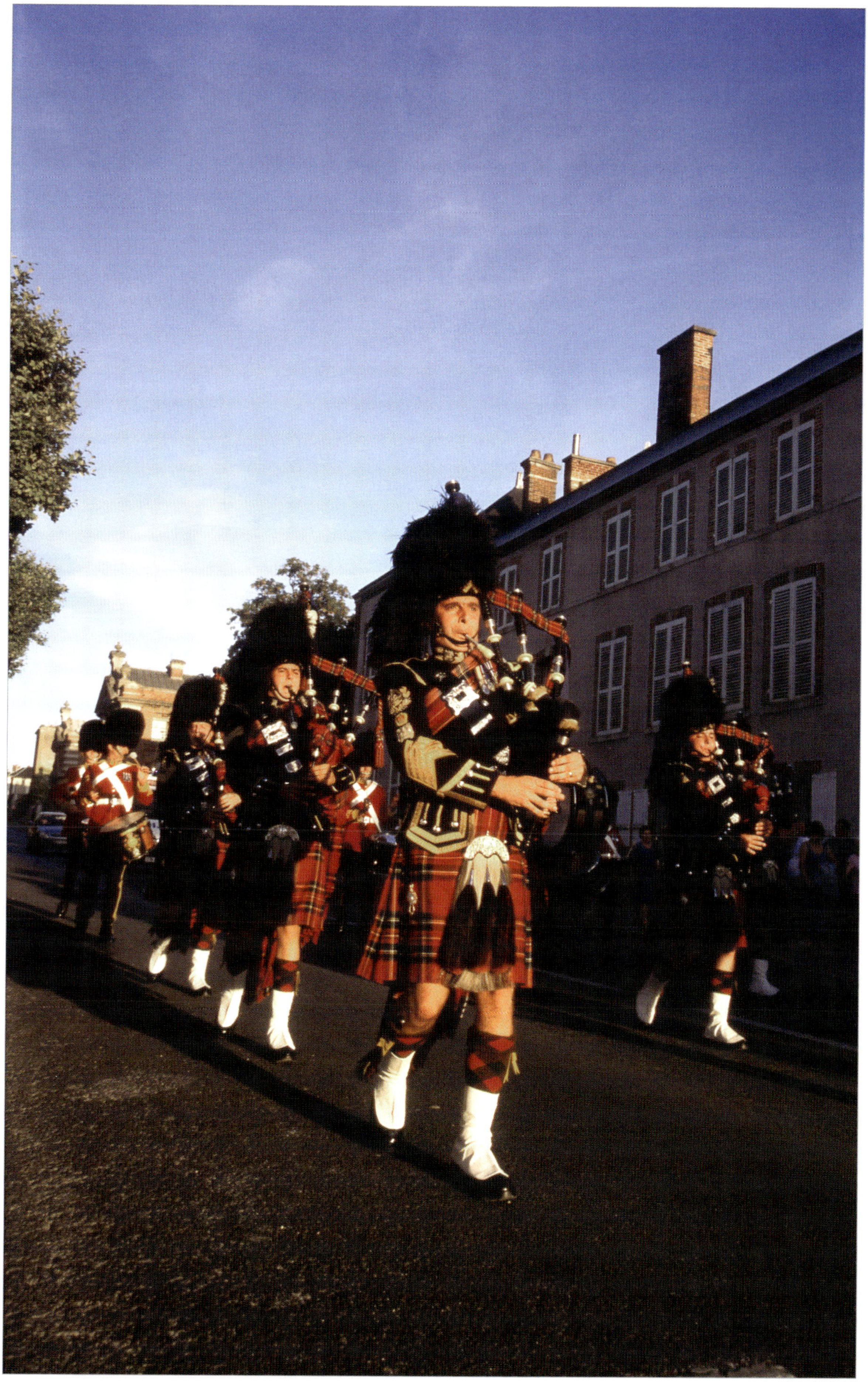

■ Tour de France

En 2010, 2012 et 2014, la Grande Boucle a fait étape à Epernay. Les coureurs ont pu goûter au charme des pavés de l'avenue de Champagne, devenue en quelques éditions une étape champenoise appréciée !

In 2010, 2012 and 2014, The Big Loop -Tour de France- made a stop-off in Epernay. The riding racers could taste the charm of the paving stones of the avenue de Champagne, which in a few editions has become an appreciated Champagne stop-off!

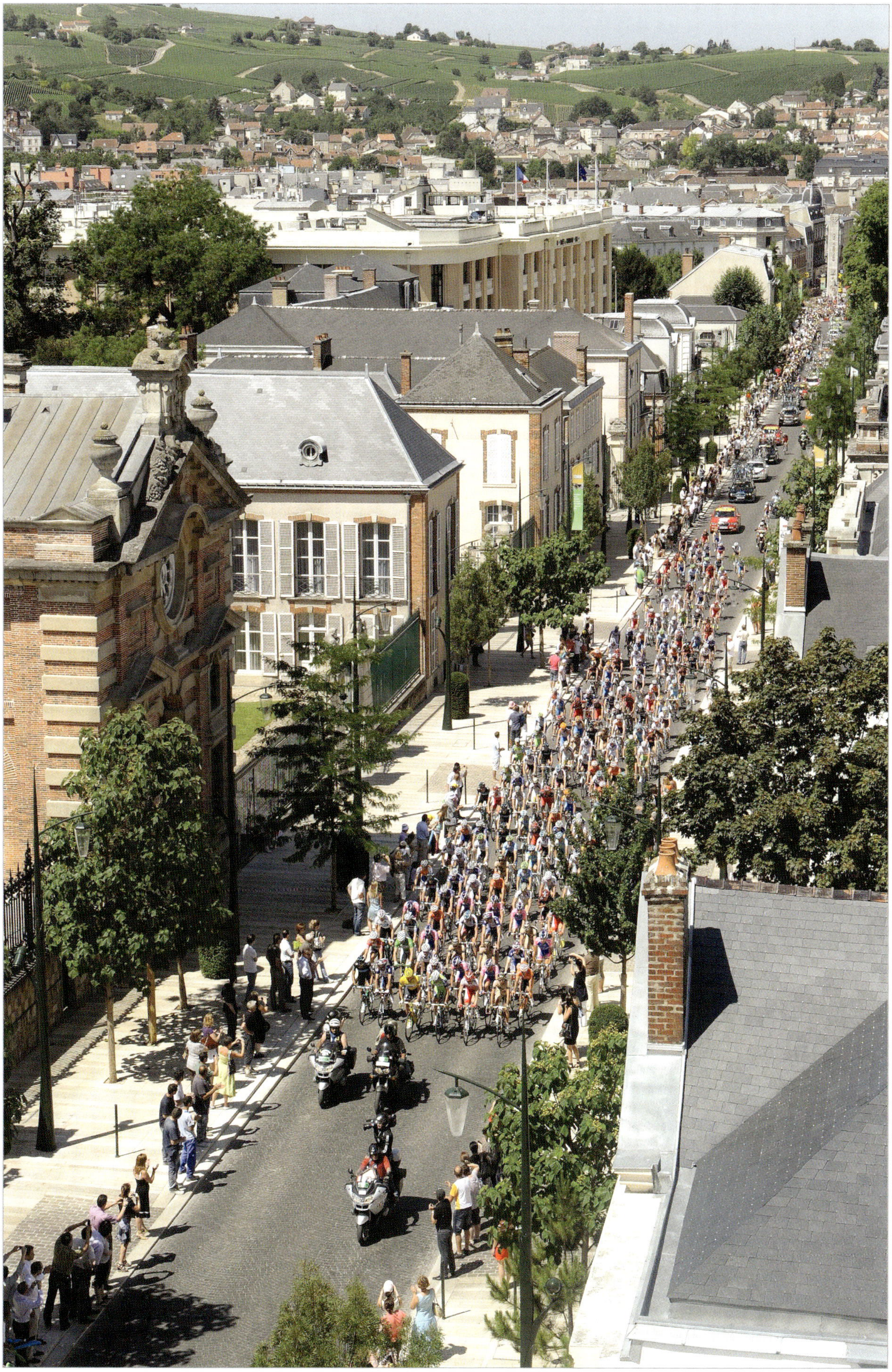

■ Défil'mania

Tous les ans, en juillet, Epernay accueille quelque 2000 motos à l'occasion du « Défil'mania ». Un défilé qui a pris ses quartiers avenue de Champagne depuis plusieurs années.

Every year, in July, Epernay welcomes around 2,000 motorcycles for « Défil'mania » - a parade which has set up avenue de Champagne for several years.

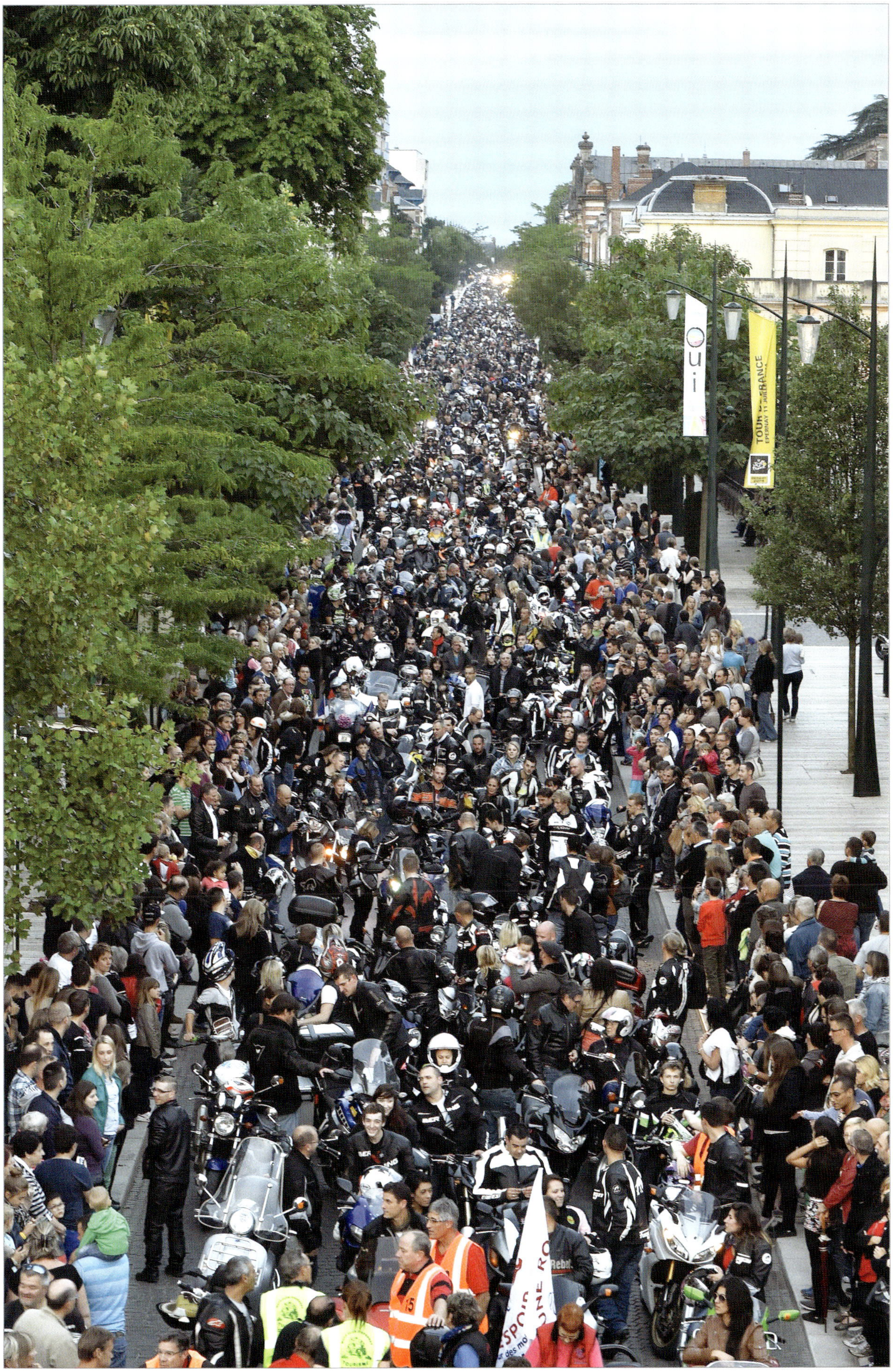
Oui
TOUR
FRANCE
EPERNAY 11

■ 14 Juillet

Pour le 14 juillet, l'avenue est rendue aux piétons pour une soirée haute en couleurs : bal, son et lumière, pique-nique, feu d'artifice sont de la fête.

For July 14th, the avenue is returned to pedestrians for a colourful evening: ball, music and light show, picnic, firework are parts of the celebrations.

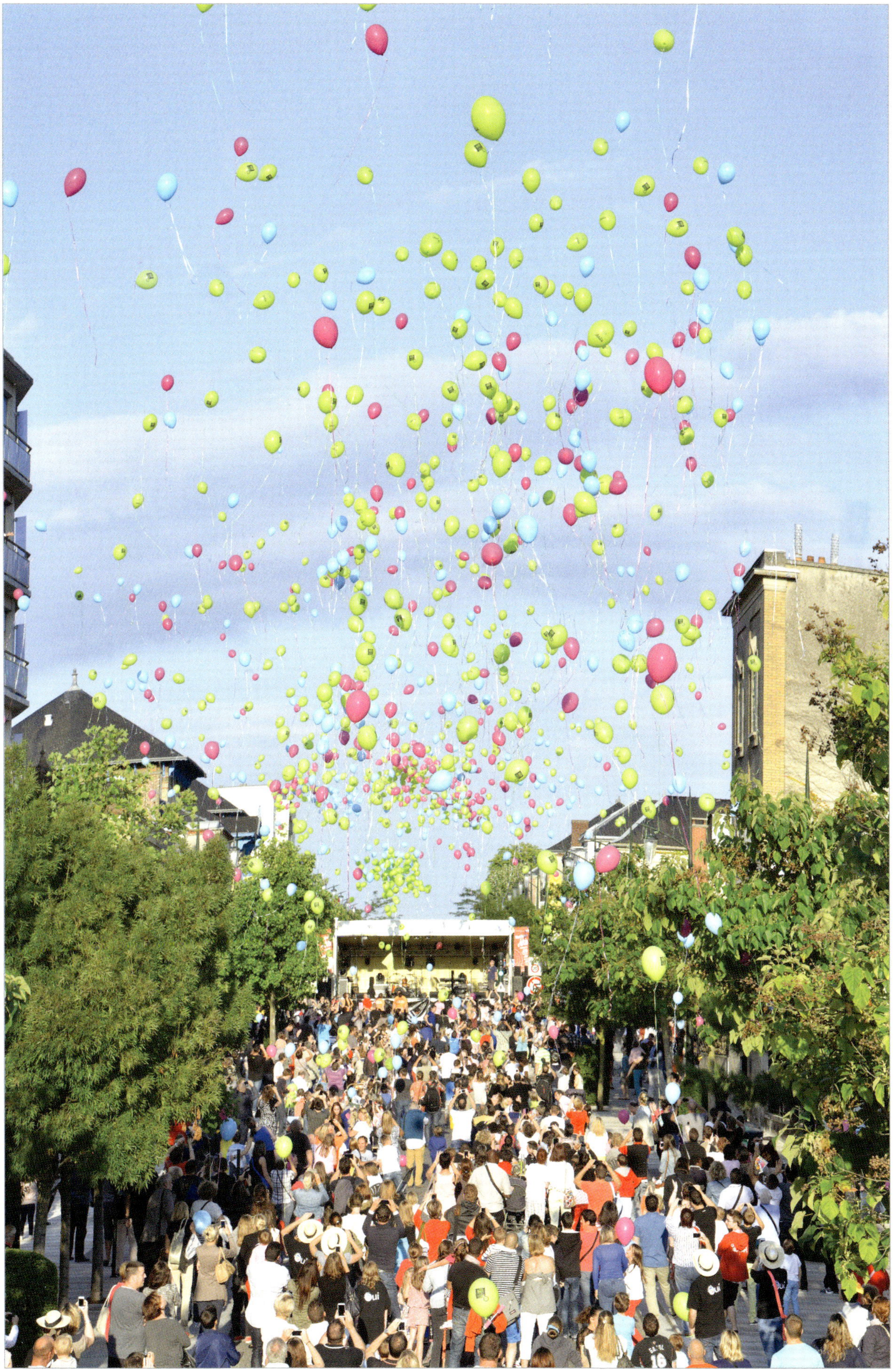

■ Nuits de l'Avenue de Champagne

Depuis 2009, l'avenue de Champagne se métamorphose certains soirs d'été. Spectacles, théâtre ou encore vidéo-mappings uniques et originaux sur le château Perrier attirent des milliers de visiteurs lors des « Nuits de l'Avenue de Champagne ».

Since 2009, the avenue de Champagne has transformed itself during some summer nights. Shows, theatre or unique and original video-mappings on the château Perrier attract thousands of visitors during the event « Nuits de l'avenue de Champagne ».

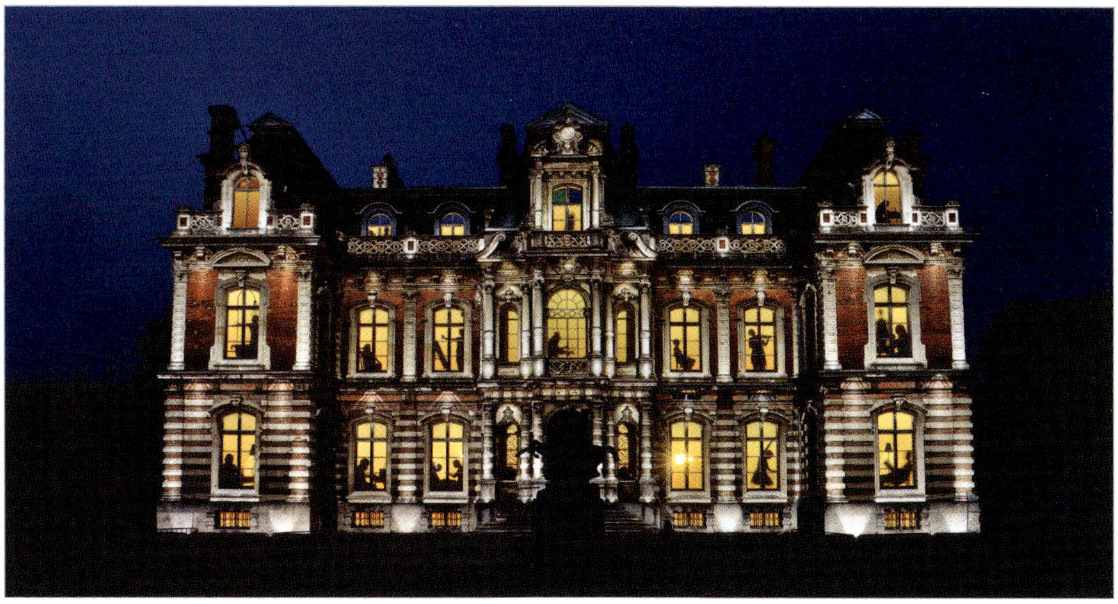

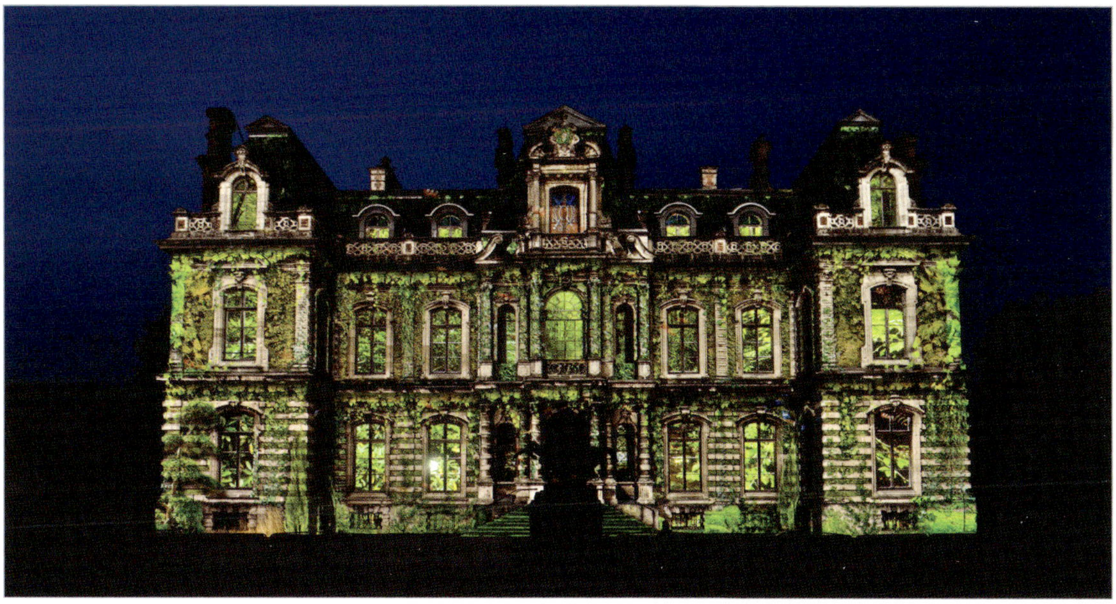

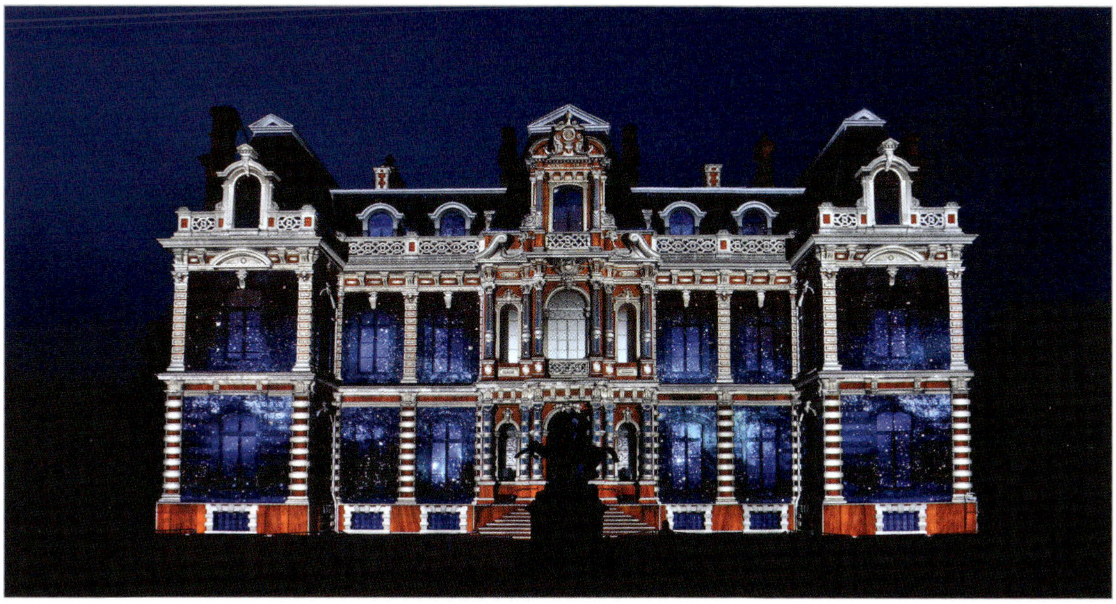

■ Musiques d'été

Dans les jardins de l'Hôtel de Ville, à l'orangerie de la Maison Moët & Chandon, dans la cour du château Perrier... à chaque saison estivale, des artistes de Musiques d'été s'installent dans les parcs et demeures de l'avenue de Champagne, comme ici lors du concert de Nina Attal, dans les jardins de l'Hôtel de Ville en 2014.

Whether in the gardens of the City Hall, at the orangery of the House Moët & Chandon, in the yard of the château Perrier... At each summer season, the artists of « Musiques d'été » move into the Park and houses of avenue de Champagne, like here during Nina Attal's concert, in the gardens of the City Hall in 2014.

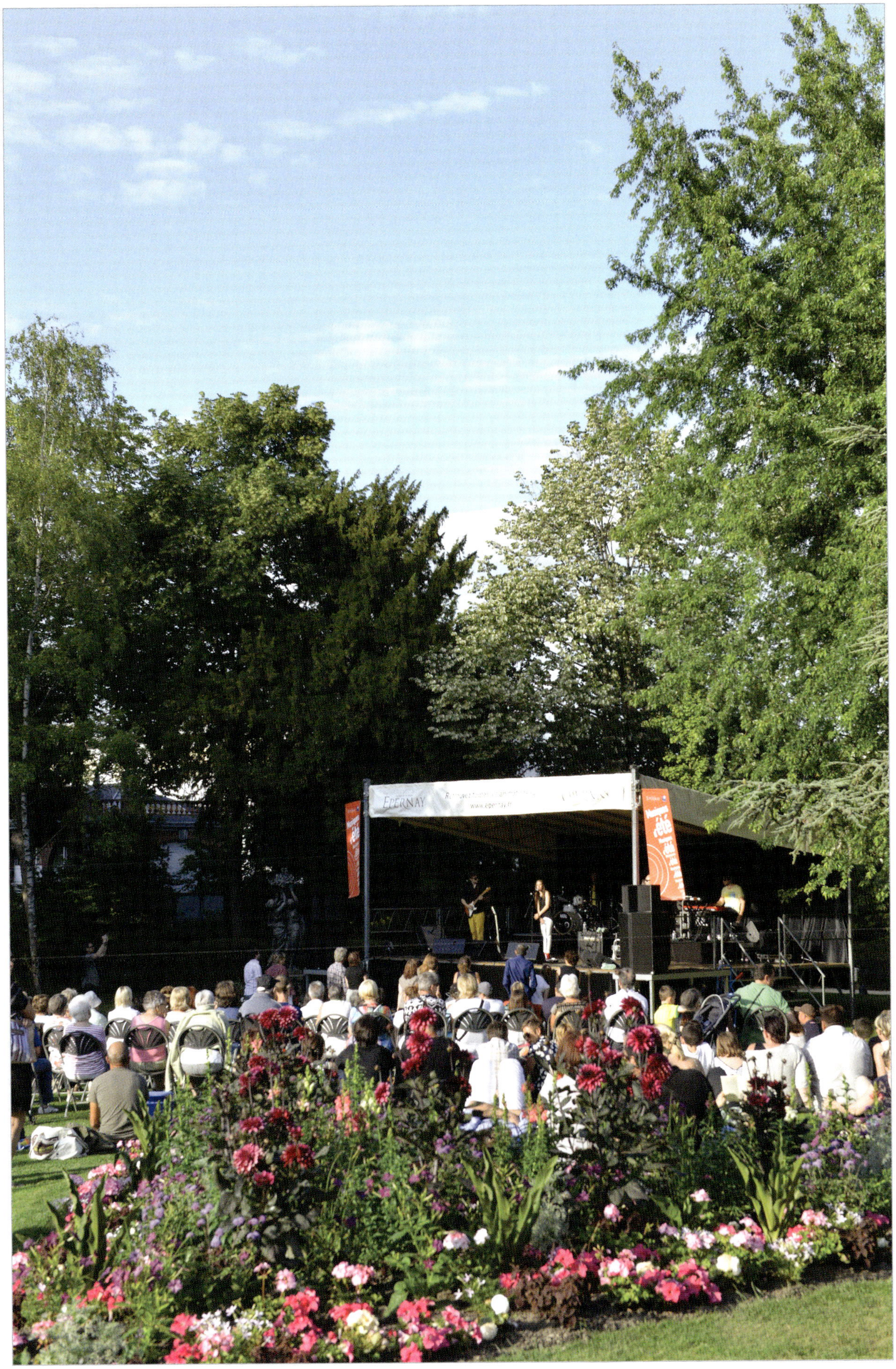

Habits de Lumière

En 2000, les « Habits de Lumière » devaient, le temps d'une soirée, habiller les Maisons de Champagne pour célébrer l'entrée dans le XXIe siècle... Quinze ans plus tard, les Habits de Lumière sont devenus un rendez-vous incontournable pendant tout un week-end de décembre. Plus de 40 000 visiteurs s'y pressent à chaque édition.

In 2000, the event « Habits de Lumière » had to dress up the Houses of Champagne for a night, to celebrate our entry in the 21st century... Fifteen years later, « Habits de Lumière » has become a key event for a whole weekend of December. More than 40,000 visitors hurry down there at each edition.

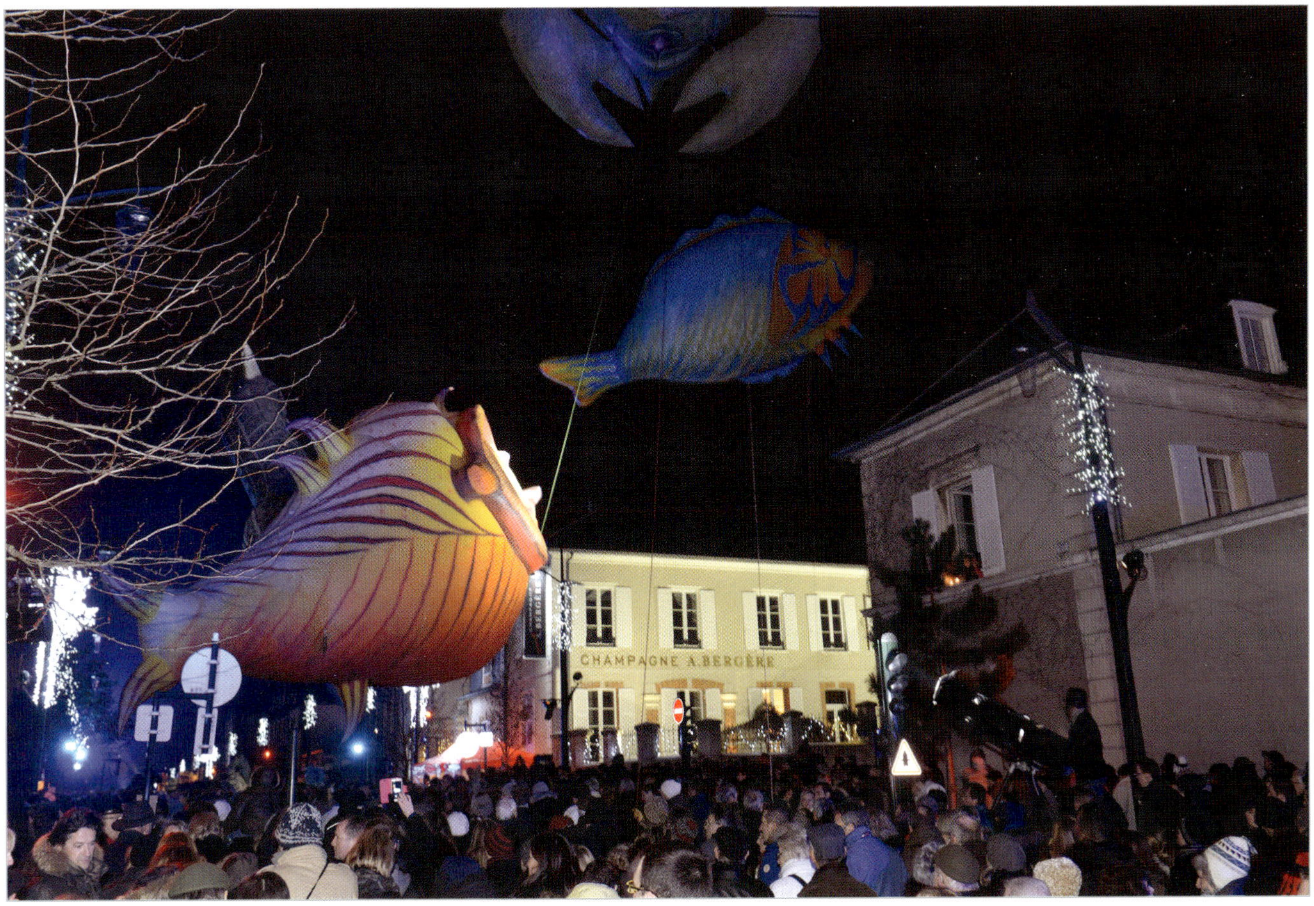
CHAMPAGNE A.BERGÈRE

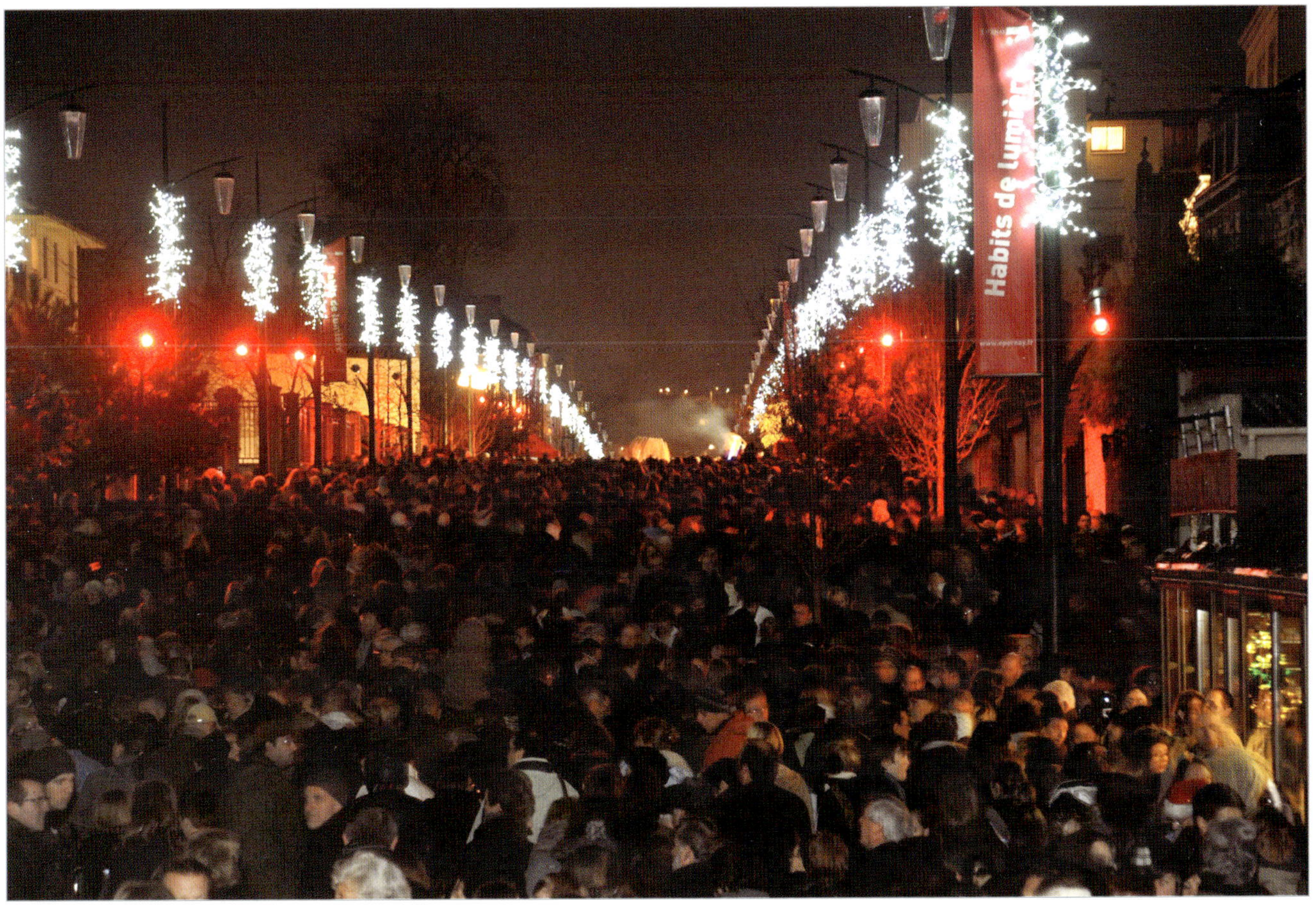
Habits de lumière

■ Habits de Lumière

Le vidéo-mapping projeté sur la façade de l'Hôtel de Ville lance la soirée inaugurale des Habits de Lumière. Un nouveau spectacle est créé spécialement chaque année pour l'occasion.

The video-mapping projected on the façade of the City Hall launches the opening evening of « Habits de Lumière ». A new show is specially created each year for the occasion.

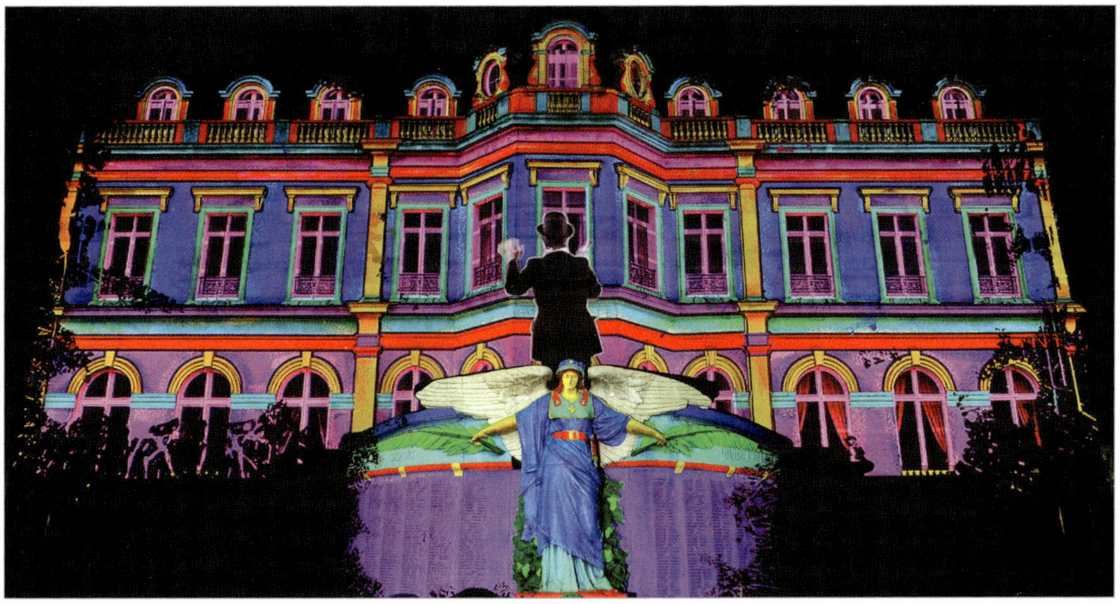

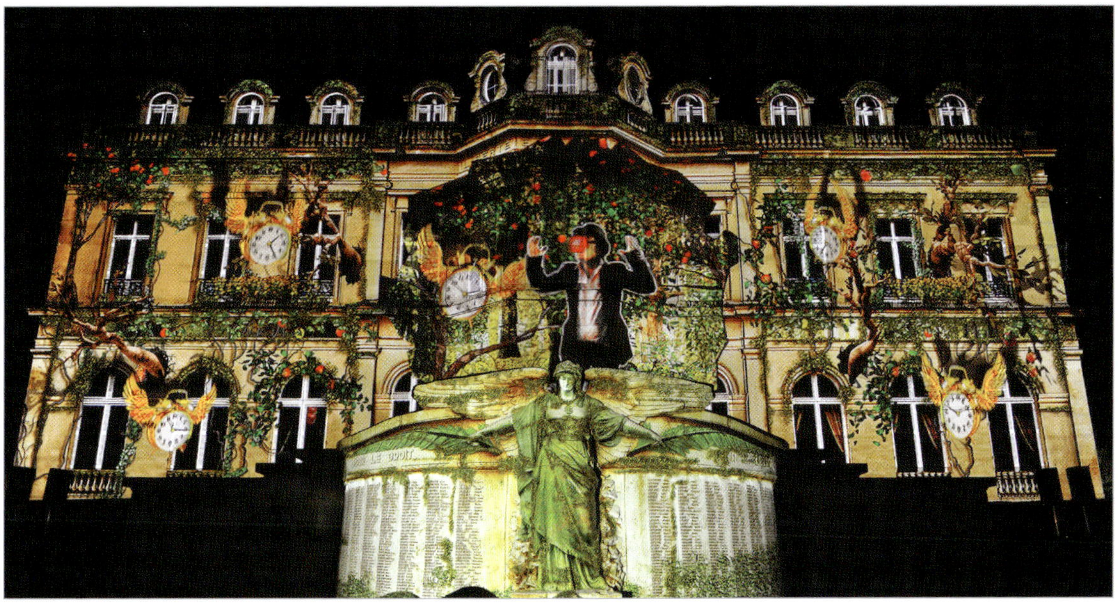

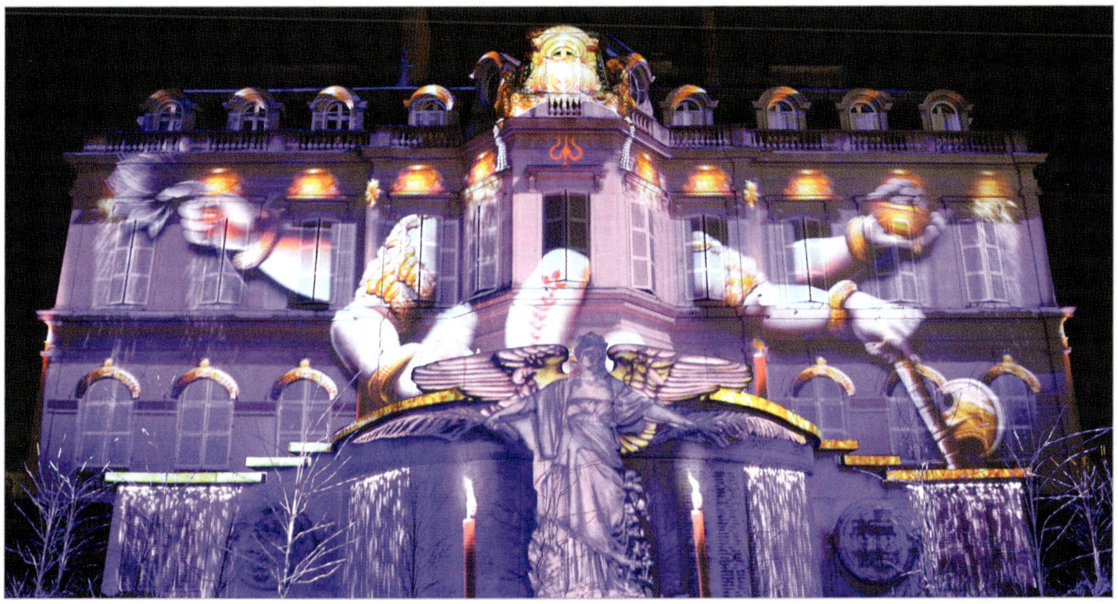

■ Habits de Lumière

De prestigieuses compagnies artistiques sont invitées à proposer des cortèges spectaculaires et colorés qui ensoleillent les nuits d'hiver sparnaciennes !

Prestigious art companies are invited to present spectacular and colourful processions that brighten Epernay's winter nights!

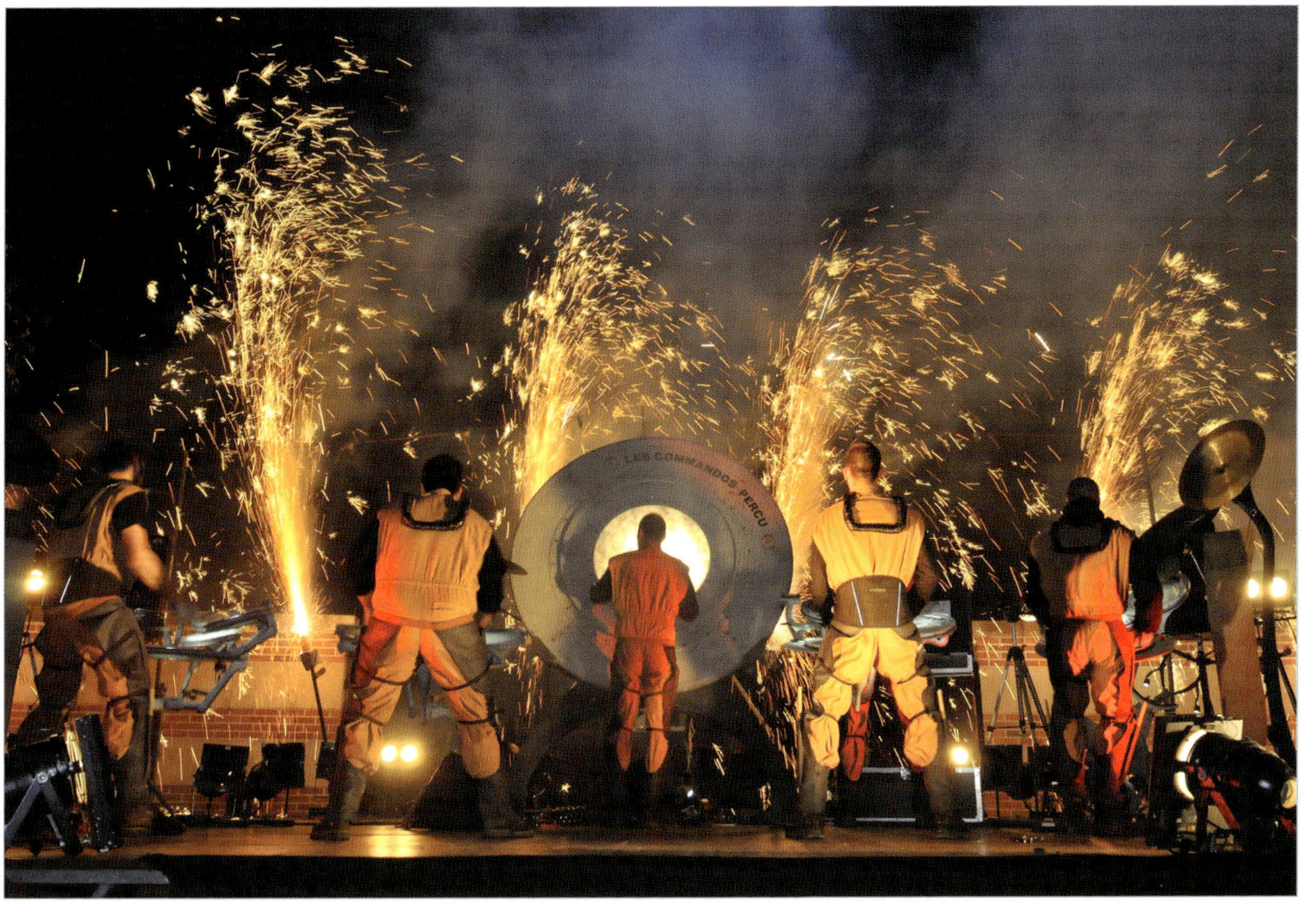
LES COMMANDOS PERCU

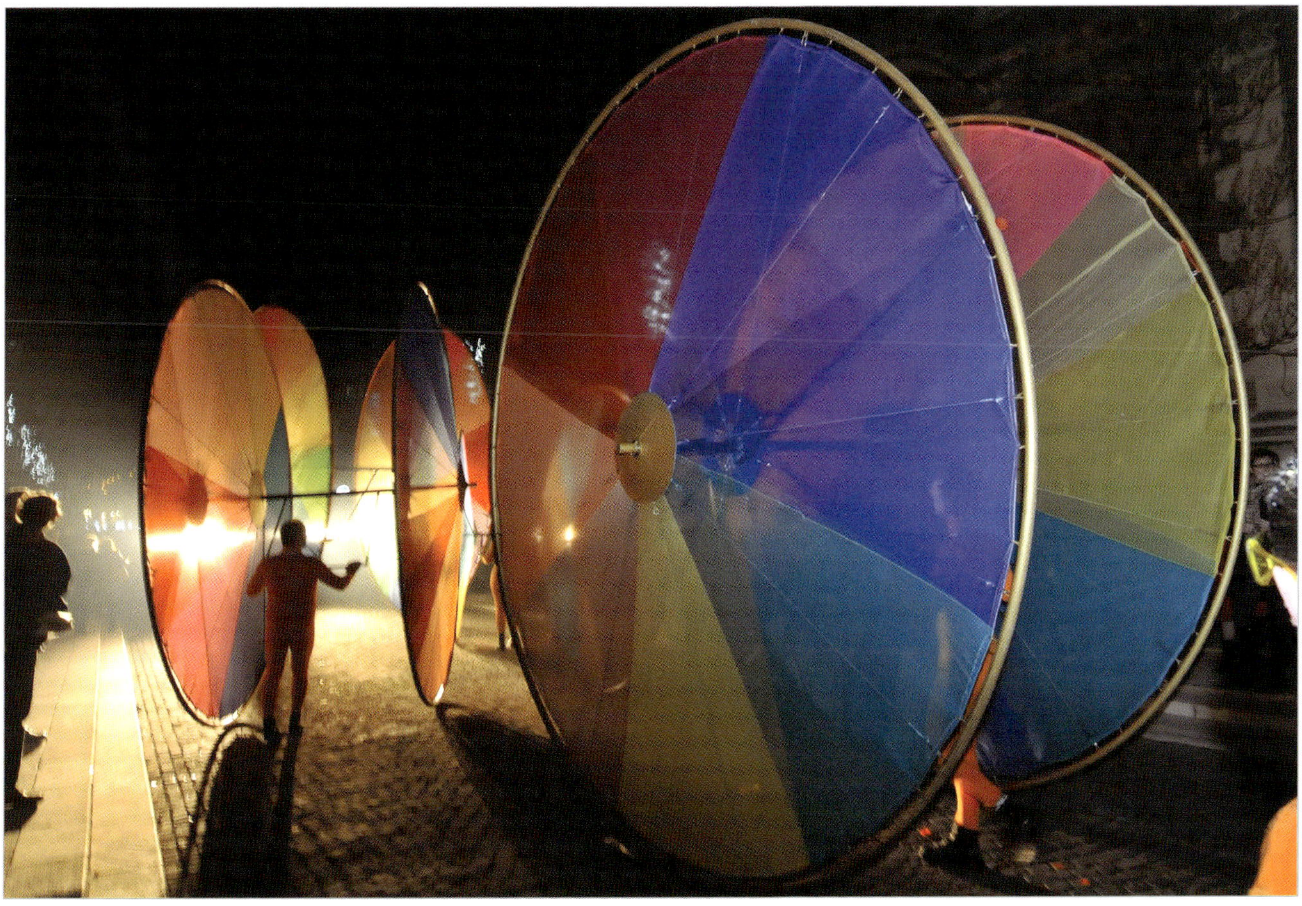

■ Habits de Lumière

Malgré des conditions climatiques parfois difficiles, artistes et spectateurs se retrouvent pour des soirées inoubliables sur une avenue de Champagne festive et illuminée...

In spite of sometimes difficult weather conditions, artists and spectators gather for unforgettable evenings in the festive and illuminated avenue de Champagne...

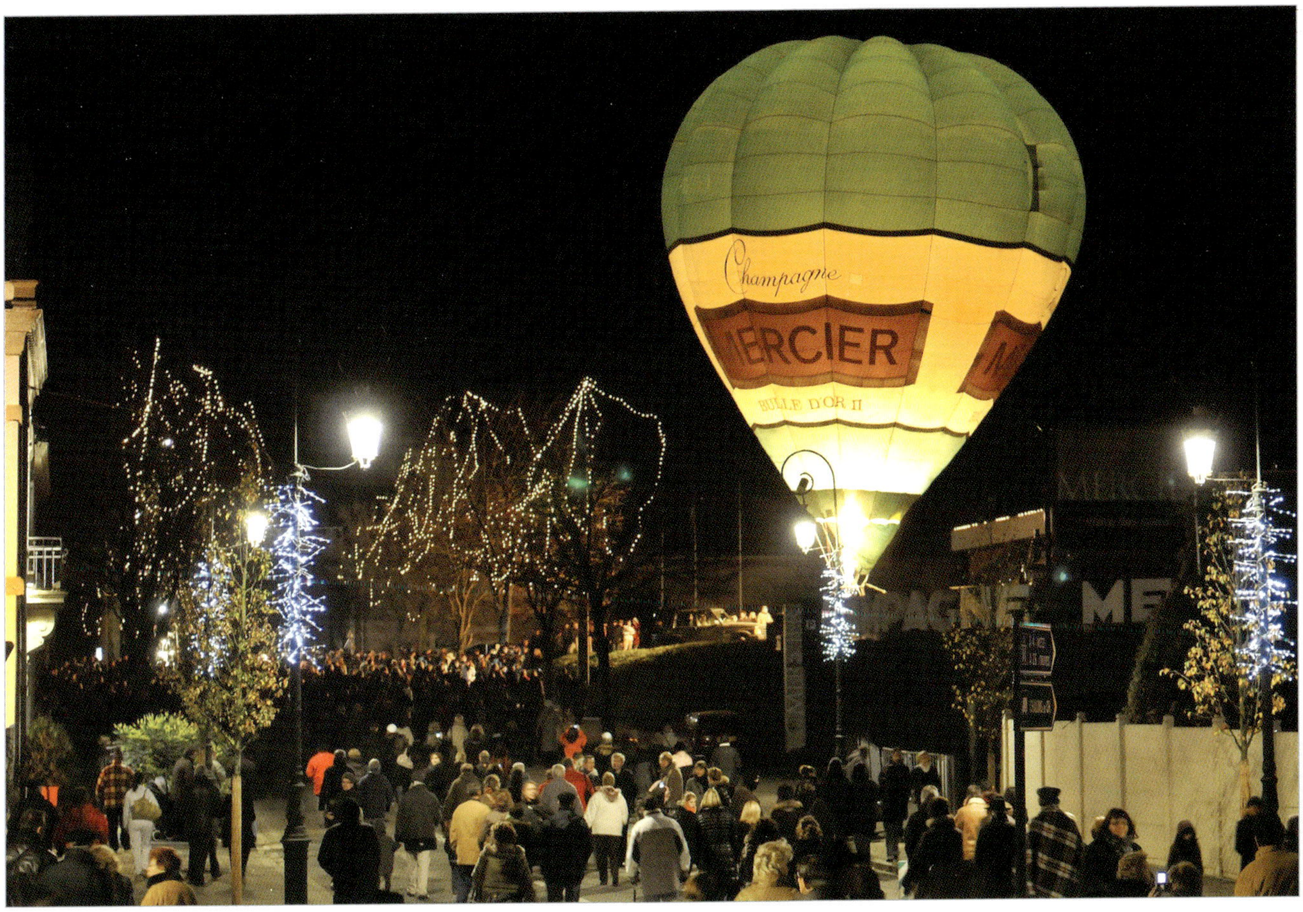
Champagne
MERCIER
BULLE D'OR II

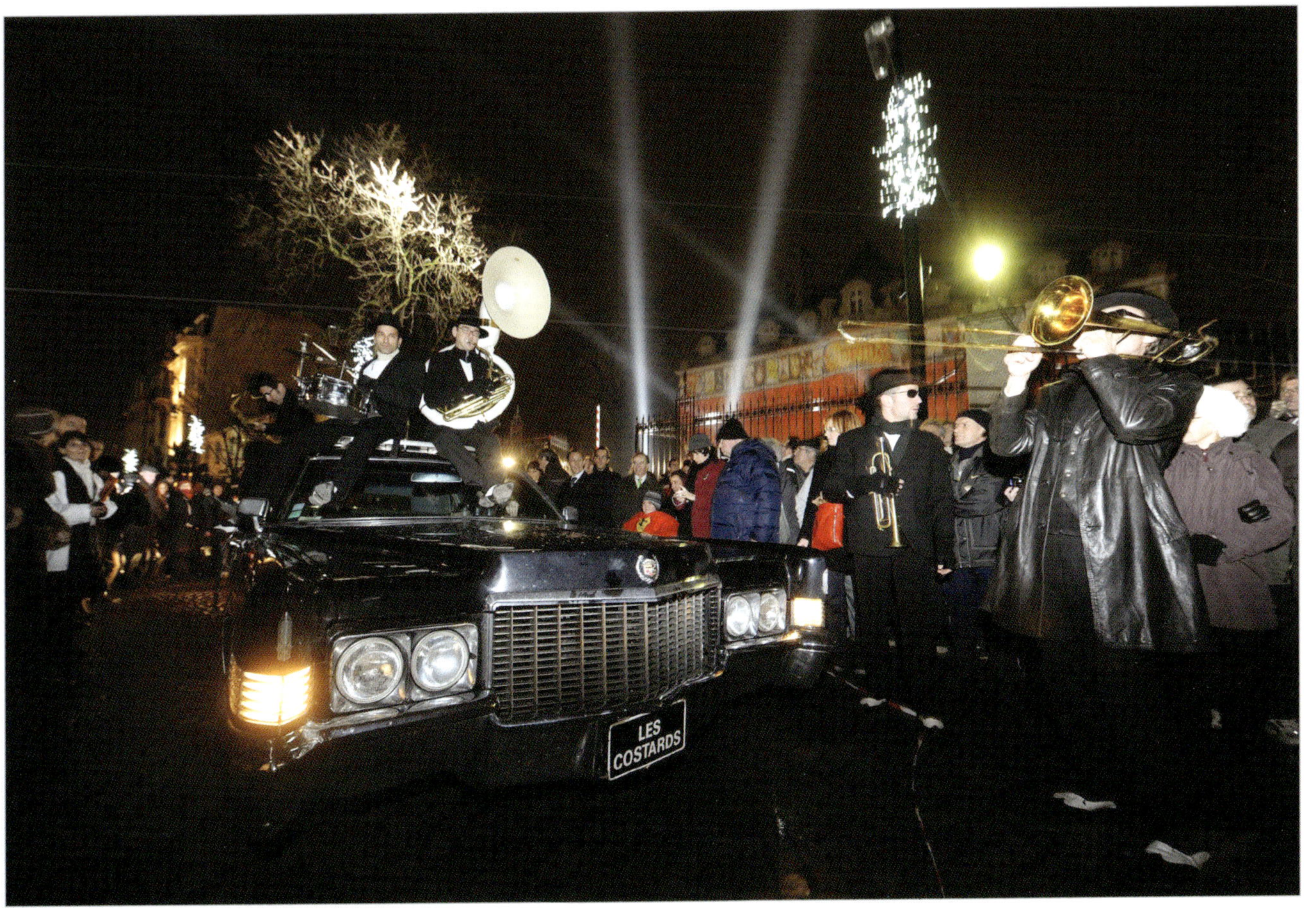
LES
COSTARDS

■ Habits de Lumière

Des girafes rouges de 8 mètres de haut, un Grand Veneur rose, mais aussi de vrais dromadaires et un éléphant... le bestiaire des Habits de Lumière s'enrichit régulièrement de nouvelles espèces animales pour le plus grand plaisir des petits... et des grands.

8 metre-high red giraffes, a pink Master of the Hounds, but also real dromedaries and an elephant... the bestiary of « Habits de Lumière » is regularly enriched with new animal species for the delight of young... and old alike.

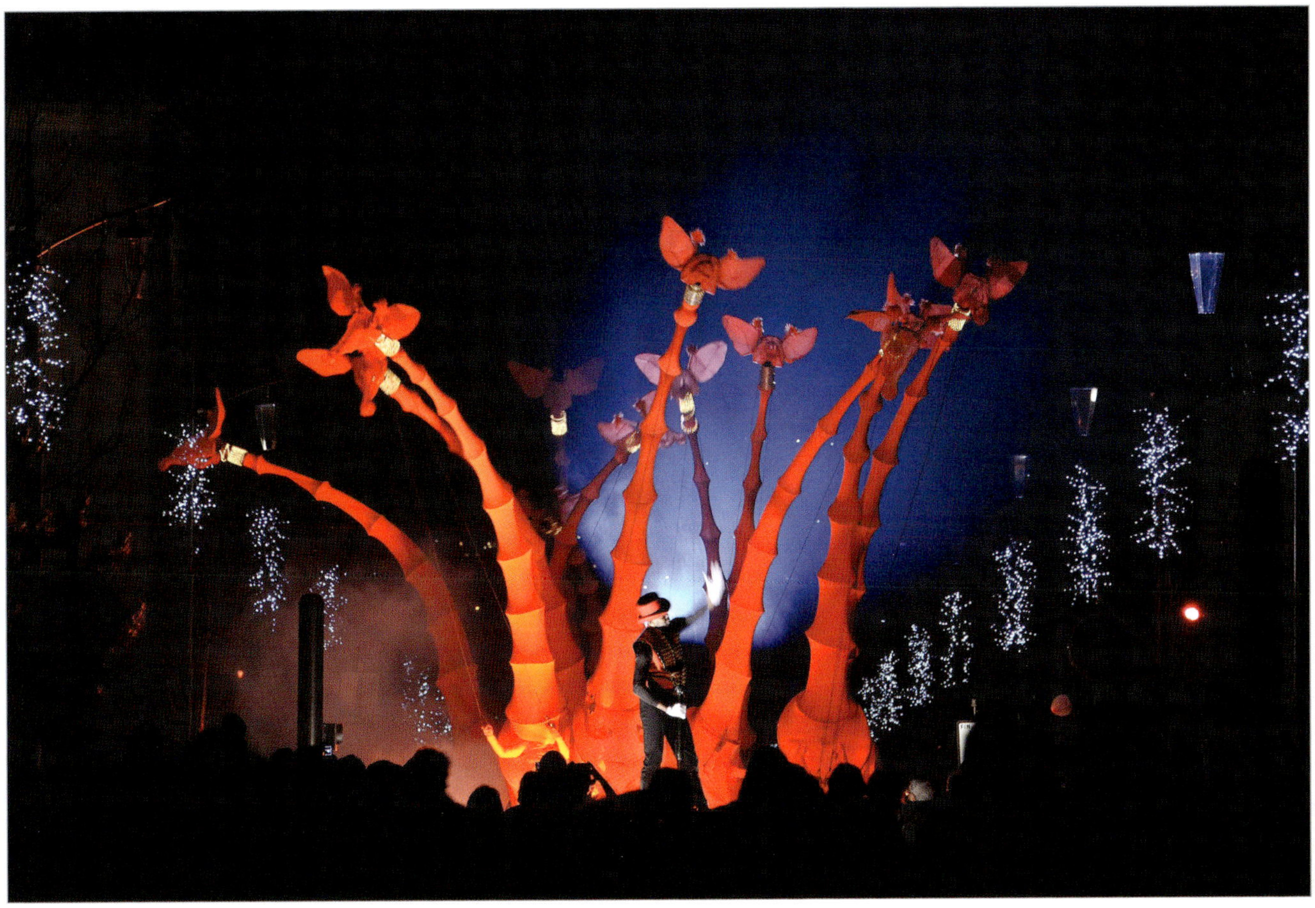

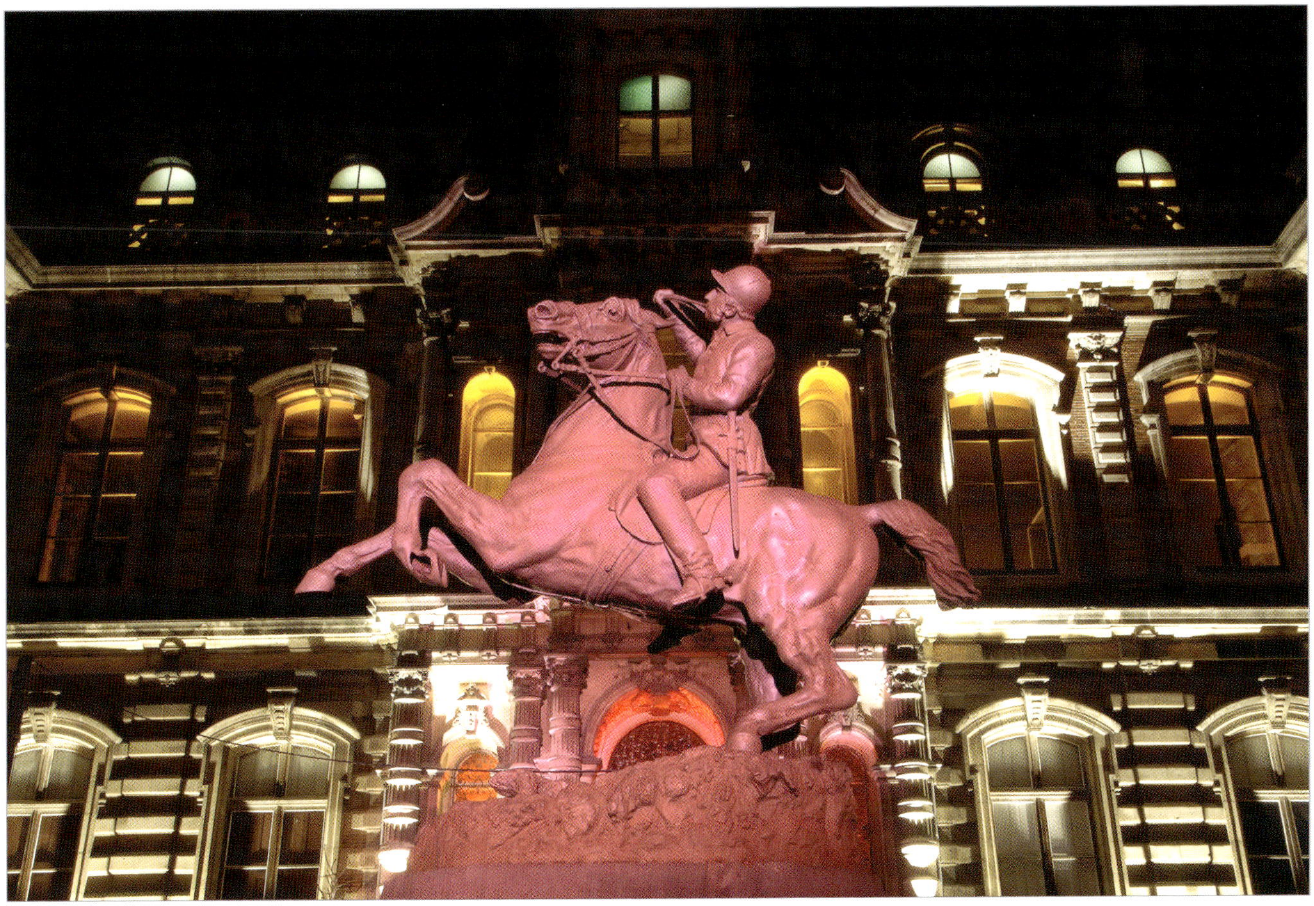

Habits de Lumière

La lumière, sous toutes ses formes, révèle les trésors de l'avenue, son patrimoine, son histoire...

The light, in all its forms, reveals the treasures of the avenue, its heritage, its history...

- Champagne Esterlin
- Champagne Boizel
- Champagne Demoiselle

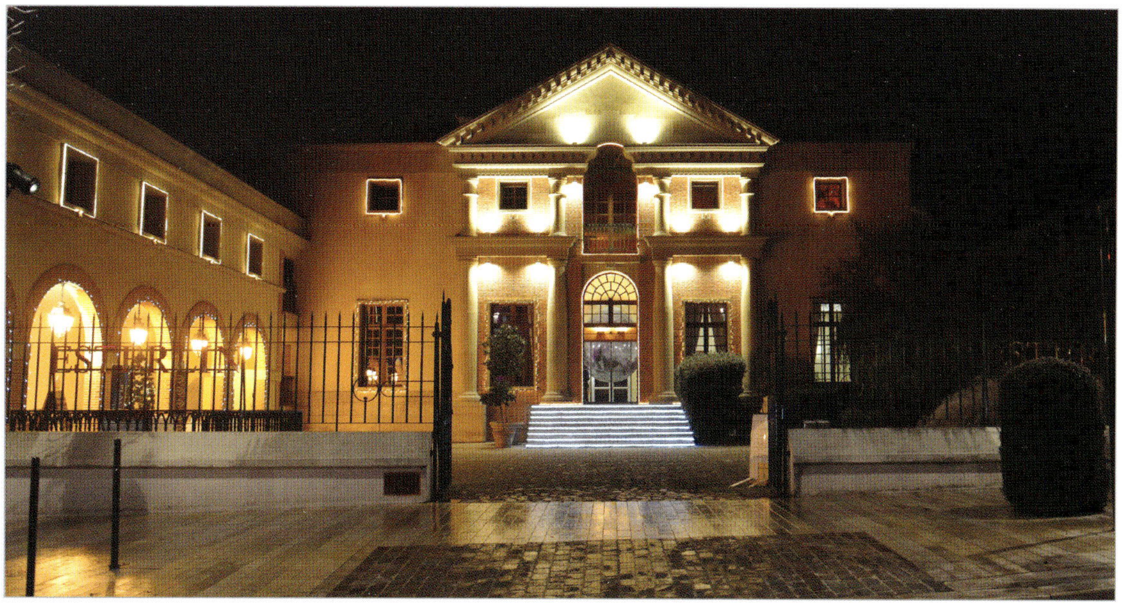

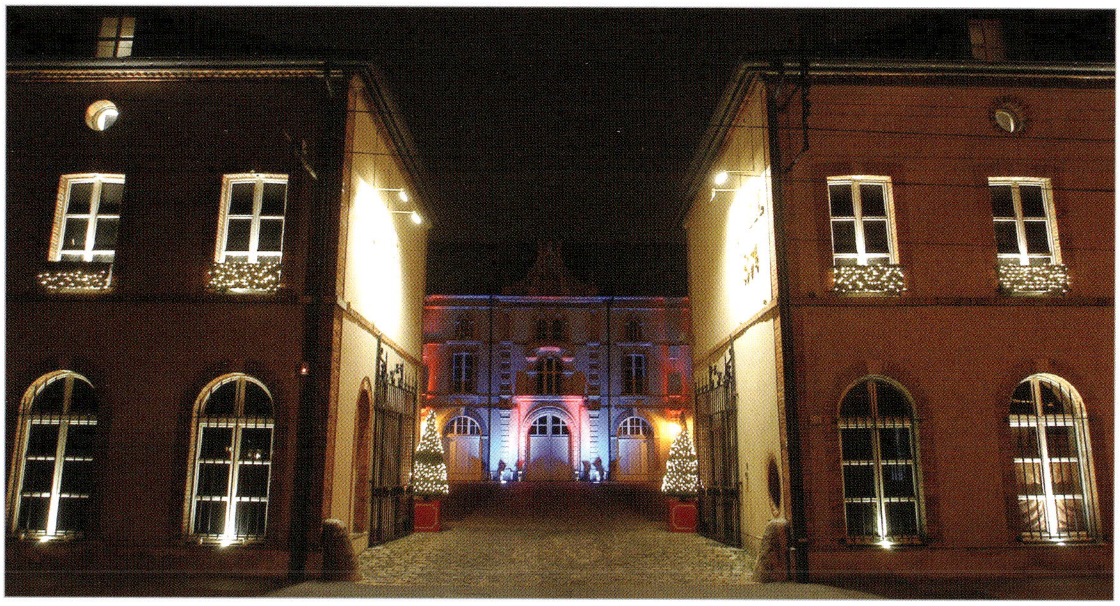

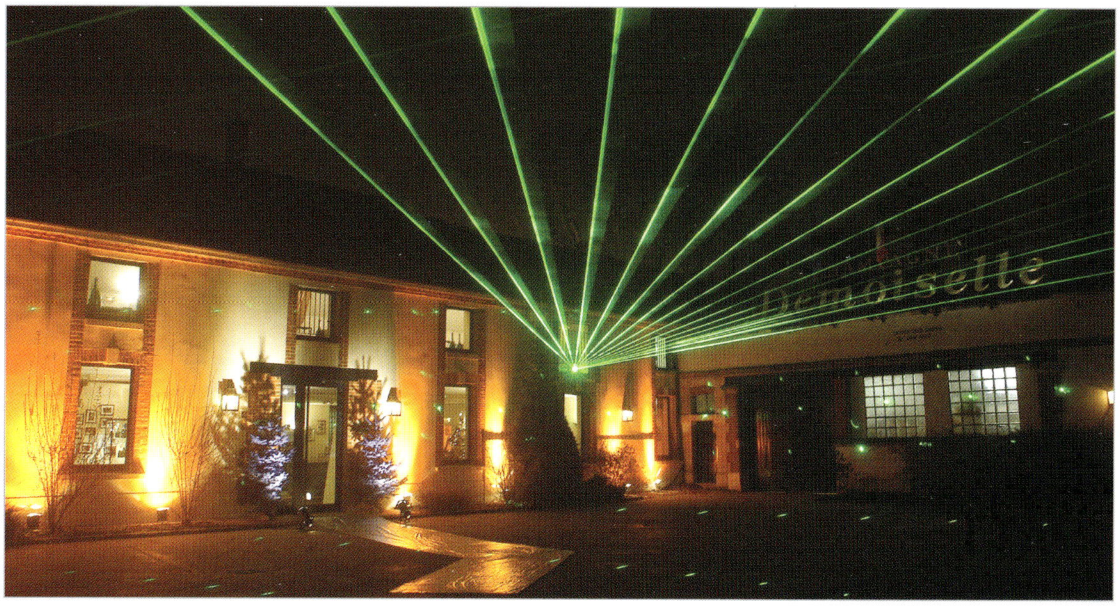
Demoiselle

Habits de Lumière

Et soudain, dans le ciel de l'avenue, des tambours s'élèvent à 30 mètres du sol... C'est la magie des Habits de Lumière !

And all of a sudden, in the sky of the avenue, drums raise 30 meters high from the ground... Such is the magic of « Habits de Lumière »!

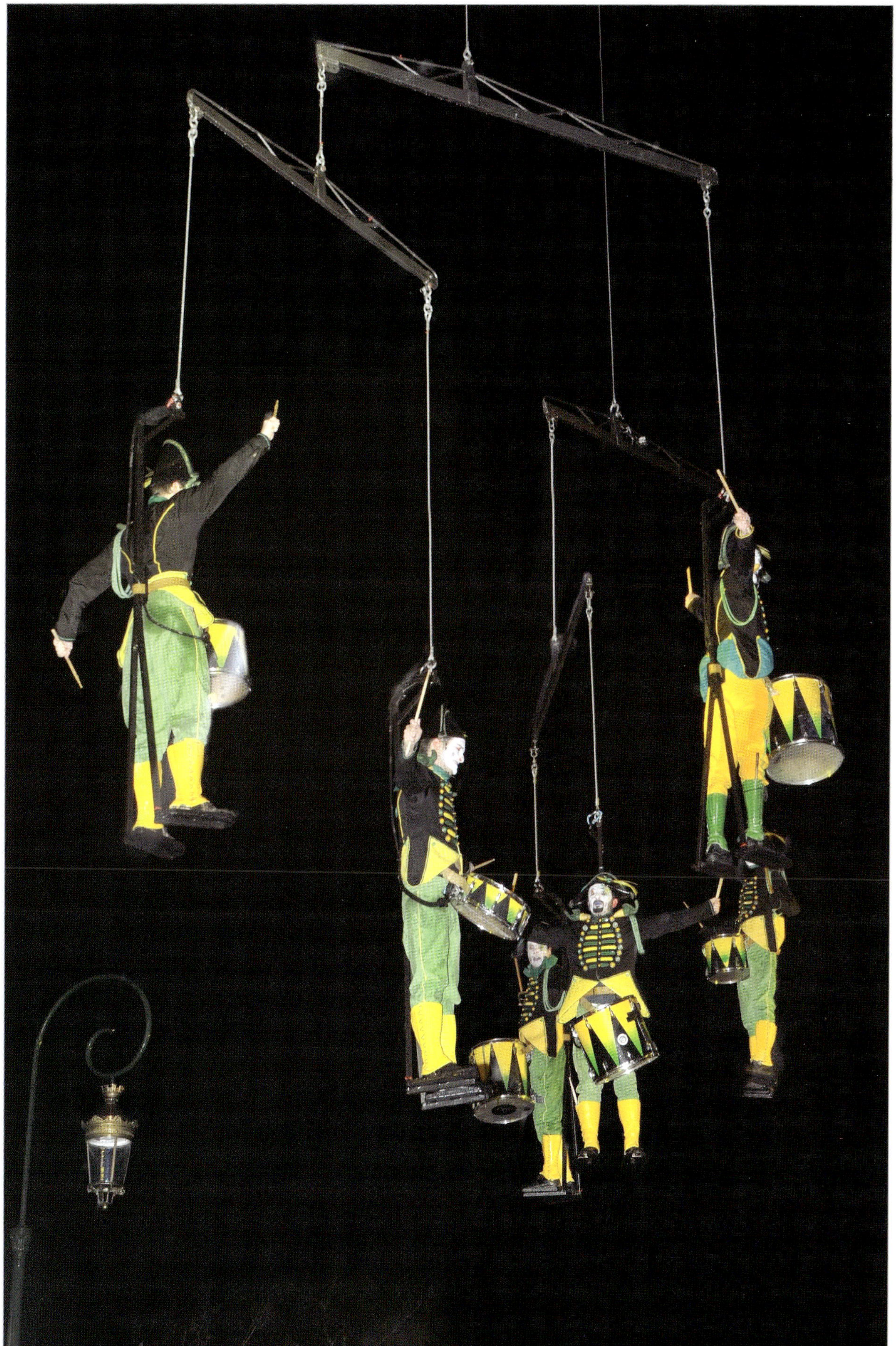

■ Habits de Lumière

Festifs, mais aussi délicats, évanescents, oniriques, les Habits de Lumière ne seraient pas ce qu'ils sont sans leur première richesse : l'avenue de Champagne.

Festive, but also delicate, evanescent, dreamlike, the « Habits de Lumière » would not be what they are without their first richness: the avenue de Champagne.

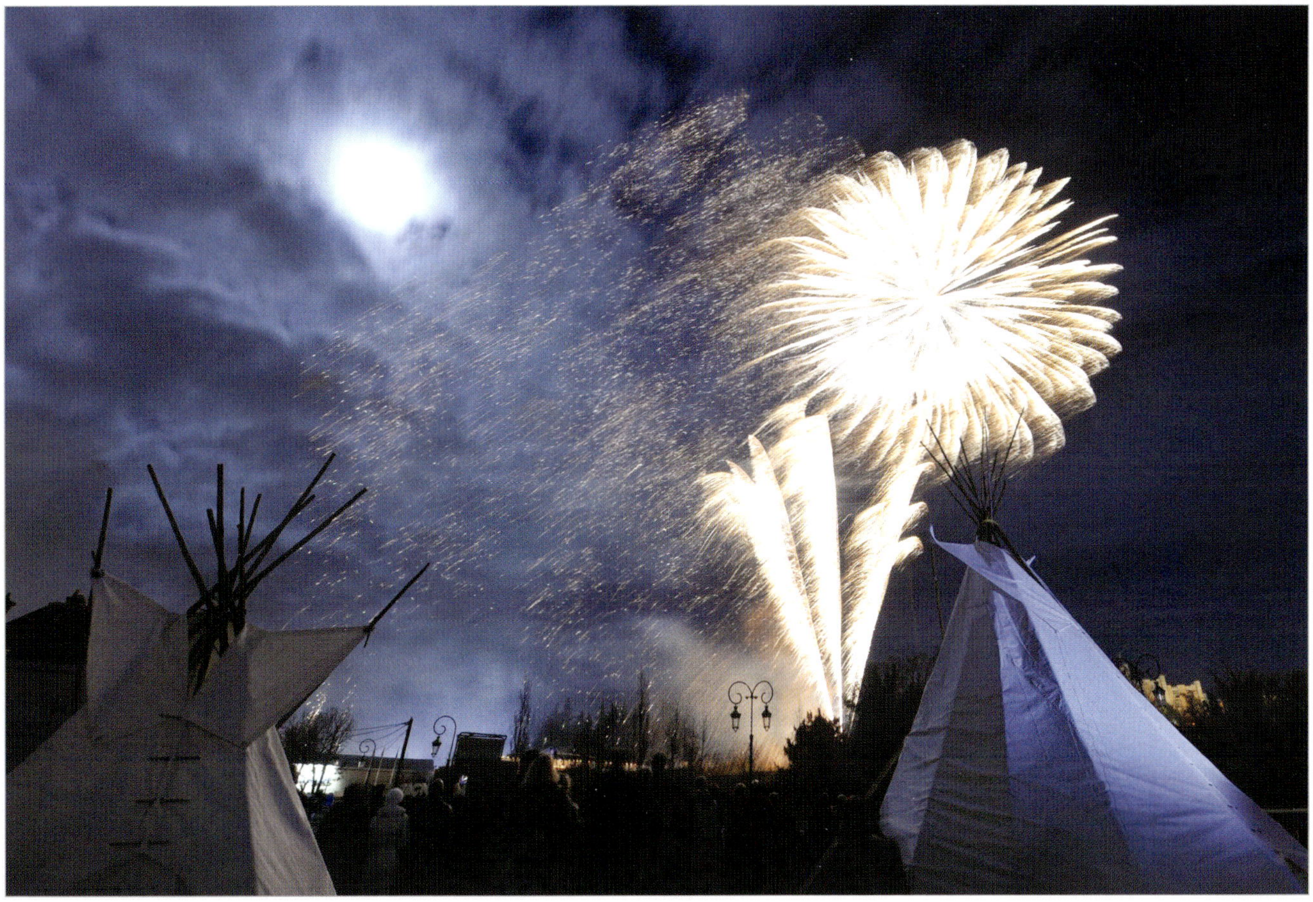

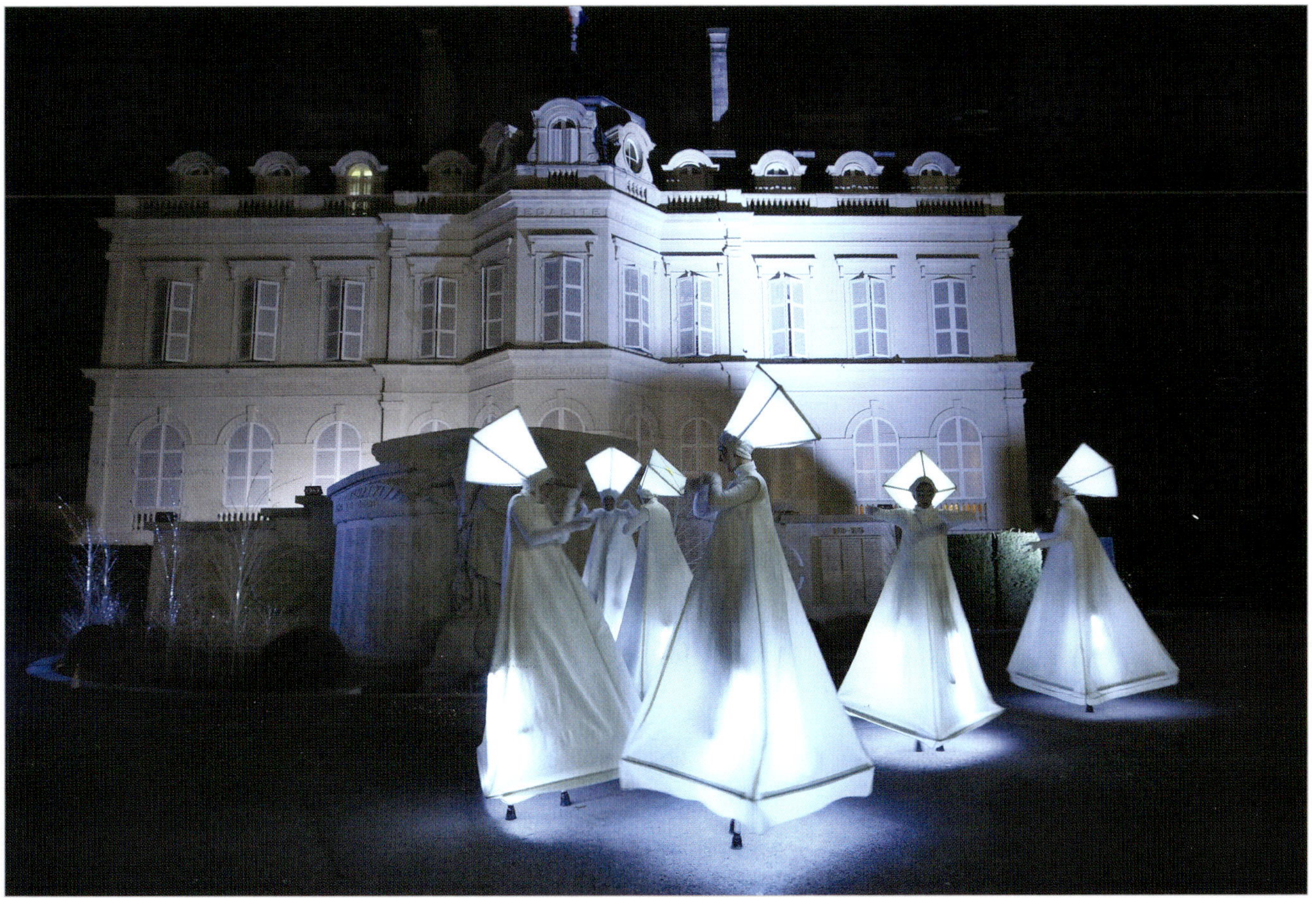

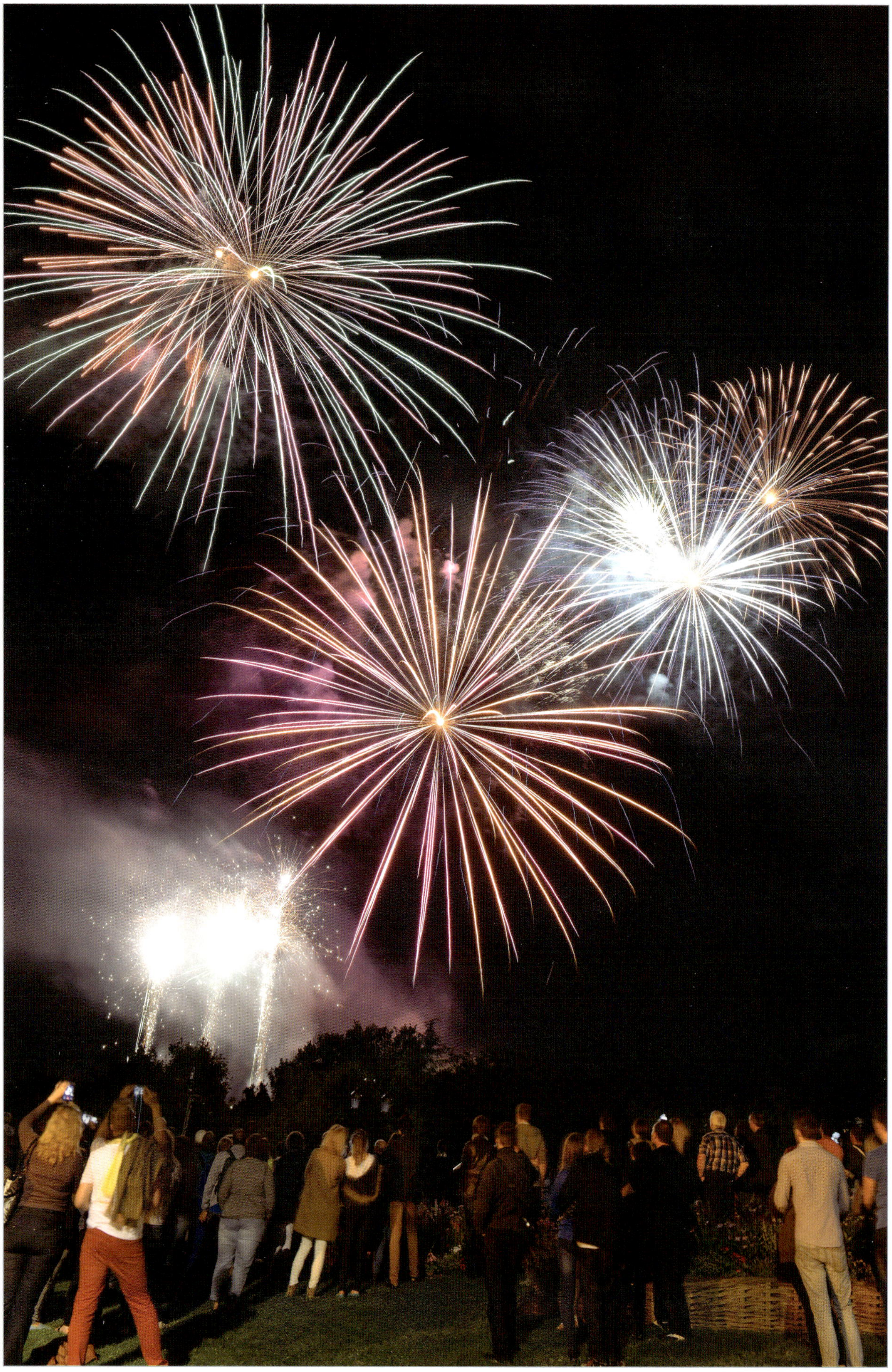

Avec l'accord des créateurs et compagnies artistiques suivants :

p.171 : Spectaculaires
- p.175 haut : Les Plasticiens Volants
- p.177 haut et milieu : L'atelier du Peintre - Une création Cosmo AV
- p.177 bas : Marco Polo pour Guide - Une création Cosmo AV
- p. 179 haut : Les Commandos Percu
- p.179 bas : Compagnie OFF
- p.181 bas : Les Costards
- p.183 haut : Compagnie OFF
- p.187 : Transe Express
- p.189 haut : Tipi.net - Eudrop Pyragric
- p.189 bas : Les Lutins Réfractaires

Crédits photographiques :

Photos Michel Jolyot, sauf légendes particulières et :
- Poyet p.37 bas, p.39
- J. Petit p.43 haut et bas
- Marcel p.45 haut
- DR p.49 haut et bas

Remerciements

Franck Leroy, maire d'Epernay
Jean-François Lerbré, directeur de cabinet du Maire
Séverine Adam, directrice de la Communication
Isabelle Lakomy, directrice des Archives et de la Documentation
Aurélie Bouré, chargée de mission Patrimoine

Benoît Moittié, président de l'Office de Tourisme d'Epernay 'Pays de Champagne'
Frédérick Nebout, directeur de l'Office de Tourisme d'Epernay 'Pays de Champagne'
Solange Lasne, Office de Tourisme d'Epernay 'Pays de Champagne'

Gaëlle Gautier, directrice du Musée d'Archéologie et du vin de Champagne
Eléonore Debar, directrice des Médiathèques d'Epernay

Jean-Luc Barbier, directeur du Comité Interprofessionnel du Vin de Champagne
Pascal Férat, président du Syndicat Général des Vignerons de la Champagne

Les Champagnes :
A. Bergère, Boizel, Collard-Picard, Comtesse Lafond, de Castellane ,
Demoiselle, de Venoge, Esterlin, Mercier, Michel Gonet, Moët & Chandon,
Paul-Etienne Saint-Germain, Perrier-Jouët, Pertois-Moriset, Pol Roger, R&L Legras

Et un merci particulier à :
Stéphane Baschiera, Yuka Gansser, Véronique Foureur (Champagne Moët & Chandon)
Christian de Billy, Hubert de Billy, Laurent d'Harcourt, Sylviane Lemaire (Champagne Pol Roger)
Michel Letter, Hervé Deschamps, Stéphanie Mingam, Frédérique Baveret (Champagne Perrier-Jouët)
Emmanuel Mercier (Champagne Mercier), Evelyne Roques-Boizel (Champagne Boizel)
Olivier Kanengieser, Candie Lheureux (Champagne de Castellane)

Association Epernay Patrimoine
Hubert Ballu (fonds Poyet)

Traduction : Coralie Martin-Zammit

Lucie et Victor Jolyot - Studio01 pour l'élaboration graphique de ce livre,
la communication et relations presse, www.studio01.fr

Ma compagne Catherine

1er TIRAGE - ACHEVÉ D'IMPRIMER OCTOBRE 2014 - IMPRIMERIE DE CHAMPAGNE 52200 LANGRES
DÉPÔT LÉGAL NOVEMBRE 2014 - ISBN N° 978-2-9537745-6-6 - TOUS DROITS RÉSERVÉS POUR TOUS PAYS
REPRODUCTION TOTALE OU PARTIELLE INTERDITE